소박한 자율의 사상가,

이 반 일 리 치

소박한 자율의 사상가,
이반 일리치

초판 1쇄 인쇄 2023년 7월 11일
초판 1쇄 발행 2023년 7월 21일

지은이 박홍규
펴낸이 김승희
펴낸곳 도서출판 살림터

기획 정광일
편집 이희연
북디자인 이순민

인쇄.제본 (주)신화프린팅
종이 (주)명동지류
주소 서울시 양천구 목동동로 293 22층 2215-1호
전화 02) 3141-6553
팩스 02) 3141-6555
출판등록 2008년 3월 18일 제313-1990-12호
이메일 gwang80@hanmail.net
블로그 https://blog.naver.com/dkffk1020

ISBN 979-11-5930-260-2 03370

소박한 자율의 사상가,
이반 일리치

I v a n   I l l i c h

박홍규 지음

살림터

2019년 6월, 이반 일리치가 자란 동네를 찾아 다녀온 크로아티아의 서부, 아드리아해 연안의 달마티아는 그곳이 원산지인 얼룩반점 개 달마티안의 우아한 자태와는 달리 여전히 시골 내음이 났다. 일리치 아버지의 집이 있었던 스플리트는 달마티아 지방의 중심 도시로, 옛 로마 황제의 궁전이 남아 있는 세계유산으로 지정된 유명한 관광지이니 상당히 복작거렸지만, 그곳에서 배로 한 시간 만에 도착한 브라치섬은, 중세에 지었다는 조부모의 집이 있던 곳으로 조용하기만 한 마을이었다. 일리치와 비슷하게 생긴 (또는 그렇게 착각한) 그곳 사람들에게 일리치를 아느냐고 물어보았다. 당연히 알 것이라고 생각했는데 아무도 몰랐다. 내 발음에 문제가 있는가 싶어, 일리치니 일리히니 일리크니 하며, 또 이반이니 애번이니 하며 여러 가지로 발음도 해보고, 철자를 적어 보여주어도 모른다고 했다.

몇 년 전, 그가 만년을 보내고 죽어 묻힌 독일 브레멘에서 만난 독일인들도 그를 몰랐다. 2002년 12월에 그가 죽은 브레멘에는 독일인이 아닌 가톨릭 신자를 위한 무덤이 없어서, 특별히 요청하여 교외에 있는 프로테스탄트 교회 뒷마당의 공동묘지에 겨우 묻힐 수 있었다. 대부분의 무덤에는 돌로 된 묘비가 있지만 그의 작은 묘소 중앙에 세워진 나무로 만든 십자가에는 그의 이름과 생몰연도만 새겨져 있어서 소박함이 두드러졌다. 위대한 사상가라고 하여 기꺼이 묻어준 것이 아니어서 그랬을까? 그곳 사람들에게도 일리치에 대해 물어보았지만 역시 아무도 몰랐다. 그래서 조금은 서글픈 일리치 순례였다. 하기는, 몽테뉴의 고향 보르도에서도 여러 사람에게 그에 대해 물어보아도 아는 사람이 없었다. 고향은 본래 그런 곳인가? 아니면 누구나 다 바쁜 일상에 지친 탓일까? 오래전에 살다가 죽은 사람을 기억하지 못한다고 해서 누구를 탓할 수 있을까?

일리치는 1926년 오스트리아 빈에서 태어났지만 소박한 동유럽 발칸반도의 달마티아에서 어린 시절을 보냈다. 세계의 화약고라고 하는 발칸반도에서 터진 제1차 세계대전의 전흔이 아직 채 가시지 않은 시절이었다. 그러나 달마티아는 그곳으로부터의 망명이 그 후의 생애라고 생각한 일리치에게 소박한 자율의 절제된 삶과 생각의 기본이 된 둥지였다. 그래서 그곳에 꼭 가보고 싶었다. 그는 우리 시대의 병폐를 물질적 환경파괴, 사회적 양극화, 심리적 수동성이라고 보고 그 근본 원인을 '만족할 줄 모르는 풍조'라고 하면서 절제를 강조했다. 아직도 시골인 '후진' 동유럽 출신의 비주류 사상가들이 서유럽 '선진' 주류의 풍요 사상을 전복하는 이단의 혁명은 일리치의 절제 사상에도 분명하게 나타난다. 절제는 풍요의 반대다. 그가 생애의 후반에 절제 사상을 강의한 브레멘대학교는 독일에서 가장 진보적인 대학으로 유명한데, 브레멘시 자체가 독일에서 가장 진보적인 도시로 녹색당이 처음 의회에 진출한 곳이기도 하다. 그렇지만 그곳 시내나 대학교에서 사람들에게 그에 대해 물어보아도 아무도 대답을 못했다. 한국식으로 말해 평생 이른바 비정규교수(시간강사)에 불과했던 탓이었을까? 그러나 그 어느 곳보다 일리치 사상을 가장 적극적으로 수용한 독일이 아닌가?

일리치가 1961년부터 1976년까지 15년 동안 살았던 멕시코의 국립자치대학교에서도 그를 아는 사람을 만나지 못했다. 어디에서나 그는 잊힌 사람처럼 보였다. 물론 내가 만난 사람들은 극소수였다. 내가 만난 사람들 중 아무도 일리치를 몰라 처음에는 섭섭했고 이상하게 생각했지만 시간이 지나면서 어쩌면 모르는 게 당연하다고도 생각했다. 세상은 그를 잊고 있었다.

크로아티아는 물론, 오스트리아도, 독일도, 이탈리아도, 멕시코도, 미국에서도 그를 잊고 있었다. 일리치는 평생 그 어느 나라와도 무관하게 방랑자처럼 살았다. 그가 평생 사숙한 12세기 신학자인 성 빅토르의 위그는 "자신의 고국에만 애정을 느끼는 사람은 어린아이와 같다. 세계 모든 곳을 다 자기 고국처럼 느끼는 사람은 강한 사람이다. 그러나 세계 어디를 가도 타국처럼 느끼는 사람이야말로 성숙한 사람이다."라고 했다. 일리치야말로 세계 어디에서도 이방인처럼 느낀 사람이다.

달마티아에서 돌아와 몇 달 뒤 인도에 갔다. 간디의 생가를 비롯하여 그가 살고 죽었던 곳을 찾아다녔는데, 일리치도 간디가 살았던 세바그람 아쉬람에 다녀갔고, 그 후 그곳에 대한 글을 남겼다는 걸 기억했다. 그래서인지 그 아쉬람 사람들은 일리치를 기억했다. 그들에게 내가 오래전부터 간디의 으뜸 수제자가 일리치라고 생각했다고 말했더니 그들도 정말 그렇다고 했다. 일리치는 간디를 읽었다고 하거나 그의 사상에 대해 언급한 적은 없지만, 나는 지금도 그렇게 믿고 있다. 내가 제일 좋아하는 일리치의 글이 그가 1978년에 쓴 「바푸 오두막의 메시지」이다. 내가 사는 집보다 훨씬 넓고 큰 저택이어서 내 집이 도리어 오두막이라는 생각이 들었지만, 간디는 동료들과 함께 그 집을 손수 지었다. 거주뿐 아니라 간디는 배움과 치유와 이동을 스스로 해야 한다고 주장했다. 이처럼 간디가 이미 20세기 초에 말한 것을 좀 더 상세하고 복잡하게 말한 것이 일리치의 학교와 병원과 교통을 비롯한 산업주의 제도에 대한 비판이다. 그래서 그는 자기가 쓴 것은 모두 간디 사상의 각주에 불과하다고 말했다. 그처럼 서양이 아니라 인도에서 비로소 나는 일리치를 뜨겁게 안았다. 그러나 아쉬람 바깥의 인도는 일리치는 물론 간디를 잊고 그들이 했던 말과 거꾸로 살고 있었기에 나는 절망할 수밖에 수 없었다. 세상에서 그나마 일리치의 가르침을 실천하려고 하는 사람들이 많은 간디의 인도였지만, 그것도 옛날이야기이고 지금 그곳엔 일리치가 전혀 남아 있지 않았다.

　인도에서 돌아온 2020년 벽두에 터진 코로나19라는 팬데믹으로 인해 갑자기 전 세계의 사람들이 마스크를 끼고 서로 거리를 두며 만나지 않는 소위 언택트(비대면)라는 기괴한 삶이 시작되었다. 사람들이 서로 만나면 안 되는, 만나면 치명적인 병이 드는, 희한한 세상이 되었다. 모두가 서로 경계해야 하는 병균의 소비자로 여겨졌다. 바로 일리치가 1970년대에 어쩌면 닥칠지도 모른다고 예언한 끔찍한 세상이 현실이 된 것이었다. 특히 학교가 문을 닫았다. 학교가 아주 없어진 것은 아니라 해도 그곳은 버려진 창고처럼 방치되고 학생과 교사는 학교를 떠나, 사방이 벽으로 막힌 집에서 컴퓨터로 수업을 해야 했다. 그래서 50년 전인 1971년에 일리치가 낸『학교 없는 사회』가 오는 듯 착각하게 했다. 일리치가 그 책에서 제기한 공부망이 바로 온라인 수업이라고 말하며 그를 예언자 취급하는 사람들도 나타났다. 그러나 일리치는 오프라인 수업을 학교에서 집으로 옮긴 것에 불과한 온라인 수업 형태에 대해 공부망이라고 말한 적이 없다. 또한 일리치는 전염병 등의 외부 요인으로 그런 사회가 오리라고 말한 것이 아닌, 그 반대로 우리 스스로 그런 사회를 만들어야 한다고 역설했으니 일리치의 말과는 역시 다른 상황이었다. 게다가 그는 마스크를 낀 사람들이 가능한 한 서로 만나지 않는 비대면 사회라는 것을 상상조차 하지 않았다. 그가 희망한 세상은 누구나 자유롭고 평등하게 만나는 우정과 환대의 사회였다. 그가 희망한 학교나 병원 역시 그런 우정과 환대의 장소였다. 학교나 병원을 없애자는 것이 아니라, 배움과 치유의 자율성을 회복하기 위한 비국가화와 비산업화라는 비권력화의 희망이었다. 배움을 학교가 독점하고 치유를 병원이 독점하며 자동차가 이동을 독점하는 학교화, 병원화, 자동차화 된 현재 이 타율의 사회를 자율의 사회로 바꾸자는 것이다. 분명히 말하겠다. 타율적인 학교나 병원에 절대로 가지 말자고 한 것이 아니라, 가고 안 가고를 나 스스로 결정하고 행동하는 자율의 능력을 회복하자는 것이다. 그렇다면 타율적인 학교나 병원이 있다고 해도, 그곳에 가는 것을 자율적으로 결정할 수 있는 사람들이 많으면 된다. 아니 꼭 많지 않아도 좋다. 그 수가 얼마이든 그런 자율적인 사람들이 소수라도 있으면 그 수가 많아질 희망은 있다. 우리는 그런 희망을 품고 살면 된다.

세상이 일리치의 희망과는 거꾸로 이상하게 변했지만 앞으로도 이런 상황은 계속될 수 있다고 전망되는 만큼, 우리는 일리치가 말한 바에 대해 관심을 가질 필요가 있다. 일리치가 주장하듯 우리가 '학교 없는 사회'를 스스로 만든 것은 아니지만, 어쩔 수 없이 그렇게 된 사회에서 어떻게 살아야 하는지에 대한 힌트를 그에게서 얻을 수 있을지도 모르겠다. 가령, 앞으로 교육을 어떻게 할 것인가 하는 문제를 비롯하여 우리 사회를 어떻게 바꾸어야 할 것인가 등이다. 일리치는 교육을 받을수록 어리석어지고, 치료할수록 병이 늘며, 속도가 빠를수록 더 느려진다는 역생산성이 있음을 발견했다. 교육 제도나 수송 제도와 함께 일리치가 비판한 의료 제도의 문제점이 코로나19로 인해 나타난 것은 아니지만, 코로나19로 인해 선진국의 의료 제도에 문제가 많다고 하는 점도 분명히 드러난 것도 사실이다. 특히 공적 의료보험 제도가 없는 미국의 사정이 드러났다. 확진자와 사망자의 수가 세계 최고의 의료 수준을 자랑하는 미국에서 가장 많이 나타났다. 이 책을 쓰기 시작한 2022년 7월 8일 기준으로 미국의 확진자 수는 약 9천만 명, 사망자 수는 1백만 명을 넘었고, 발생률은 27%를 넘는다. 그 발생률은 인도의 9배에 이른다.

이러한 현상을 보고 미국을 무조건적으로 찬양하는 한국인들은 줄어들 것이라 예상도 했으나 2022년 한국에서는 미국을 숭배하는 우익 정권이 들어섰고, 그 어떤 정권보다도 친미적인 행태를 보이고 있다. 그 우익 정권은 서울법대 내지 서울대라고 하는 한국 학교 계급 체계의 최정상 출신들이 중심인 점에서 『학교 없는 사회』의 취지와는 정반대며, 동시에 일리치가 쓴 『병원이 병을 만든다』나 『행복은 자전거를 타고 온다』와 같은 책들의 취지와도 완벽하게 반하는 세상을 만들었다. 물론 이러한 반동은 2022년에 집권한 정권에 의해 정점을 이루기는 했지만, 그전의 정권들 역시 좌우를 가리지 않고 일리치가 주장한 것과는 철저히 반대되었다. 정권만이 아니라 한국 사회, 한국인들이 그랬다. 한국은 세상에 유례없는 학교 종교, 병원 종교, 자가용 종교라는 사이비 종교들의 신들인 학교 신, 병원 신, 자가용 신이 지배하는 곳이고, 한국인들은 대부분 그 신들의 신실한 맹목적 교도들이다. 1세기 전까지는 일부 특권 지배계급(양반)이 그러했지만, 계급이 무너진 일제강점기 이후에는 전 국민이 그렇다. 그밖에도 신들은 흘러넘친다. 당장 생각나는 것만 해도 아파트 신, 백화점 신, 셰퍼먹방 신, 서울대 신, 재벌 신, 미국 신, 텔레비전 신, 핸드폰 신, 컴퓨터 신, 아이티 신, 다이어트 신, 스타 신, 골프 신 … 개개인에게는 더 특별한 신들이 있을 것이다. 세계에서 가장 거대하다는 강남 어느 교회의 목사도 그중 하나이리라. 실제로 그들은 신이다. 예수가 아니라 목사가 신이다. 한국은 신들의 천지이다. 신들의 천국이다.

그런데 세계적 수준의 의료를 자랑한다는 한국의 코로나19 발생률은 미국보다 높은 36%를 넘나든다(단 치명률은 0.1%). 한국보다 높은 나라는 프랑스 49%, 스위스 44%, 네덜란드 48%, 체코 37% 정도이고, 그밖에는 대체로 한국보다 낮다. 즉 그리스 36%, 독일 35%, 영국 34%, 이탈리아 32%, 스페인 28%로 미국보다 높지만 한국보다는 낮다. 이처럼 소위 선진국은 7%대인 일본을 빼고는 모두 높다. 코로나19의 진원지라고 하는 중국은 발생률이 0.01%를 조금 넘고 북한은 아예 통계에 나오지 않는다. 전 세계로 보면, 확진자가 5억 명이고, 사망자는 637만 명을 넘고 치명률은 1.14%이다.

코로나19의 발생 배경이 생태환경의 파괴이고 그 요인이 세계화, 도시화, 집단적 가축 사육 등에 있다는 것은 상식이 되어버렸지만, 지난 2년간 그 어느 것도 개선되기는커녕 도리어 더욱 강화되었는지도 모른다(세계화 중에서 여행은 줄었겠지만 인터넷을 통한 상업 등의 세계화는 전혀 줄지 않았다). 그렇다면 코로나19와 같은 전염병은 더욱 많이 생겨날 것이고, 그 확진률이나 사망률도 더 높아질 것이고, 더욱더 극단적인 사태로까지 나아갈지 모른다. 인류는 언제쯤 생태환경의 파괴를 멈출 것인가? 지금 당장 멈추어야 하지 않는가? 이 책은 이미 반세기 전에 그런 주장을 한 일리치가 누구이고, 그가 『학교 없는 사회』를 비롯한 여러 책에서 무슨 말을 했으며, 그것이 지금 우리에게 무슨 의미가 있는지를 밝혀보려고 쓰는 것이다. 이 책을 계기로 일리치의 소박한 자율의 절제 사상이 우리 땅에도 뿌리내려지기를 희망한다.

이 책은 그런 소박한 자율의 삶과 생각이 옳다고 주장하고 우리 모두 그렇게 살자고, 삶의 방식에 대해 권유한 이반 일리치의 삶과 생각을 이야기하는 책이다. 이 책은 소위 학문적인 전문 연구서가 아니라 내 식으로 소박하고 자율적으로 쓴 것이다. 나는 지난 30여 년 일리치 책의 독자로서 많은 사람들에게 '소박한 자율의 삶'을 알리고자 한 사람에 불과하지만, 이 책에서 내 나름의 소박한 자율적인 일리치 읽기를 시도한다. 이는 일리치를 '소박한 자율의 사상가'라고 말하는 것부터 시작한다. 또 하나, 내 식이라고 하는 점은 내가 일리치를 비판적으로 본다는 뜻이기도 하다. 특히 내가 동의하지 않는 그의 독특한 종교적 신비주의에 대해서는 철저히 비판한다.

이 책이 부디 우리가 '거대한 타율의 삶'을 살고 있는 것이 아닌지 의심하게 하고 많은 사람들이, 특히 많은 젊은이들이 '소박한 자율의 삶'을 추구하는 작은 자각과 실천에 도움이 되기를 빈다. 대학은 물론 세상을 갈아치우고 옛날 농사짓던 시절로 돌아가기만 하면 모든 문제가 해결된다는 식의 허망한 해결사 협박에 주눅들 필요는 없다. 소박한 자율의 삶이 긴장을 잃지 않도록 평생 유의하는 것만으로도 이 지옥 같은 거대한 타율의 획일적 사회를 소박한 자율의 개성적 사회로 바꾸는 데 도움이 될 수 있다고 나는 믿는다. 아무리 암흑의 시대라고 해도 그 어딘가에 작은 불씨는 남아 있기 마련이고 우리는 그저 조심스럽게, 그 불씨를 살려내는 것으로 충분하다.

이 책은 전체를 2부로 나누고 각 부를 3장으로 나눈다. 제1부에서는 일리치의 사상을 이해하기 위한 전제로서 그의 삶을 다루고, 그 사상의 근본과 생태 사상을 설명한다. 그리고 제1부를 토대로 하여 제2부에서는 일리치의 교육사상을 그 배경과 얼개로 검토한 뒤 마지막으로 코로나19 이후의 일리치 사상의 부활에 대해 설명하면서 지금 우리에게 주는 일리치의 메시지를 고민해본다. 이렇게 책을 교육사상 중심으로 구성한 이유는 그의 다양한 사상 가운데 교육사상이 가장 중요하다고 생각한 탓이다. 교육사상은 그의 사상 전모의 일부에 불과하지만 이 책은 특히 교육사상에 초점을 맞춘 것이라고 할 수 있다. 내가 2011년에 낸『이반 일리히 : 소박한 자율의 삶』을 기초로 하여 새로운 자료를 보완한 이 책을 내어준 교육 전문 출판사인 살림터 정광일 사장과 여러분에게 진심으로 감사한다.

2023년 7월 11일

박홍규

제2부 일리치의 교육사상

인용 서적 및 참고 문헌

참고문헌 중 우리말 번역으로 인용할 만한 가치가 있는 것은 그것을 인용했고 번역이 없거나 문제가 있는 경우에는 원저 그대로 인용했다. 이 책에서 두 번 이상 인용하는 문헌의 약어는 다음과 같다.

1. 일리치 저서, 번역서(ㄱㄴㄷ순)

이반 일리치, 허택 옮김, 『깨달음의 혁명』, 사월의 책, 2018 (깨달음)

이반 일리치, 권루시안 옮김, 『과거의 거울에 비추어』, 느린걸음, 2013 (과거)

이반 일리치, 박홍규 옮김, 『그림자 노동』, 미토, 2005 (노동)

이반 일리치, 허택 옮김, 『누가 나를 쓸모 없게 만드는가』, 느린걸음, 2014 (누가)

이반 일리치, 박홍규 옮김, 『병원이 병을 만든다』, 미토, 2004 (병원)

이반 일리치, 데이비드 케일리, 권루시안 옮김, 『이반 일리치와 나눈 대화』, 물레, 2010 (대화)

이반 일리히, 더글러스 루미스, 「일리치와 나눈 대화」, 『그림자 노동』, 부록 (239-269) (루미스)

이반 일리치, 데이비드 케일리, 이한 서범석 옮김, 『이반 일리히의 유언』, 이파르, 2010 (유언)

이반 일리치, 박홍규 옮김, 『절제의 사회』, 생각의나무, 2009 (절제)

이반 일리치, 정영목 옮김, 『텍스트의 포도밭』, 현암사, 2016 (텍스트)

이반 일리치, 박홍규 옮김, 『학교 없는 사회』, 생각의나무, 2009 (학교)

이반 일리치, 박홍규 옮김, 『행복은 자전거를 타고 온다』, 미토, 2004 (자전거)

이반 일리치, 권루시안 옮김, 『ABC, 민중의 마음이 문자가 되다』, 문학동네, 2016 (ABC)

이반 일리치, 안희곤 옮김, 『H2O와 망각의 강』, 사월의 책, 2020 (H2O)

Ivan Illich, Education in the perspective of the dropout, Bulletin of Science, Technology and Society, 16(5-6, 1996), pp. 257-261. (Education)

Ivan Illich, Toward a History of Needs, Heyday Books, 1977 (Toward)

2. 기타

간디, 씨알교육연구회 옮김, 『부자가 있는 한 도둑은 굶주리지 않습니다』, 진리탐구, 1997 (간디)

데니스 뇌르마르크, 아네르스 포그 옌센, 이수영 옮김, 『가짜 노동』, 자음과모음, 2022

데이비드 그레이버, 김병화 옮김, 『불쉿 잡』, 민음사, 2021

라이머 - 라이머, 김석원 옮김, 『학교는 죽었다』, 한마당, 1982

로버트 S. 멘델존, 남점순 옮김, 『나는 현대의학을 믿지 않는다』, 문예출판사, 2000

매트 헌, 기영화 김선주 옮김, 『학교를 버려라』, 나무심는사람, 2004 (헌)

실버맨, 배영사편집실 편역, 『교실의 위기』, 배영사,

엘리아스, 김성재 옮김, 『의식화와 탈학교』, 사계절, 1984

웬델 베리, 정승진 옮김, 『나에게 컴퓨터는 필요 없다』, 양문, 2002

일리치 외, 김광환 옮김, 『탈학교논쟁』, 한마당, 1984 (탈학교)

조엘 스프링, 심성보 옮김, 『자율주의와 진보교육』, 살림터, 2010 (스프링)

존 홀트, 공양희 옮김, 『존 홀트의 학교를 넘어서』, 아침이슬, 2007 (홀트)

찰스 테일러, 이상길 옮김, 『근대의 사회적 상상력』, 이음, 2010

크로폿킨, 백낙철 옮김, 『빵의 쟁취』, 형설출판사, 1970 (크로폿킨)

파울로 프레이리, 채광석 옮김, 『교육과 의식화』, 새밭출판사, 1978

페레르, 이훈도 옮김, 『모던 스쿨의 기원과 이상』, 페레르, 박홍규 옮김, 『꽃으로도 아이를 때리지 말
라』, 우물이있는집, 2002 (페레르)

필립 아리에스, 문지영 옮김, 『아동의 탄생』, 새물결, 2003

J. G. 피히테, 김성진 옮김, 『독일 국민에게 고함』, 삼성문화재단, 1971

Wendell Berry, What are People For? North Point Press, 1990 (Berry)

David Cayley, Ivan Illich: An Intellectual Journey, The Pennsylvania State University
Press, 2021 (Cayley)

M. K. Gandhi, Toward New Education, Navajivan Press, 1953 (Gandhi)

William Godwin, The Enquirer, Reflection on Education, Manners and Literature, In A Series of
Essays, New York, 1965 (Godwin)

The International Encyclopaedia of Education, vol. 3, Pergamon Press, 1985

Madhu Suri Prakash, Gustavo Esteva, Escaping Education: Living as Learning within Grassroots
Cultures, Peter Lang, 1998

제**1**부

일리치의 삶과 사상

제**1**장

일리치의 삶

일리치 삶의 스케치

　일리치[1]는 1926년에 태어나 2002년에 죽었다. 76년을 산 셈이다. 그사이 1976년 전후라는 전환기가 있었다. 쉰 살 무렵이다. 그전에는 학교, 병원, 자가용 등 산업주의가 낳은 제도나 도구를 치열하게 비판하는 작업을 하다가 그 후에는 산업주의의 기원을 탐구하는 근원적인 역사 연구로 방향을 바꾸었다. "현시대의 전제를 예민하게 파악하기 위해서"(과거27), "현재를 바라보는 새로운 통찰을 얻었던 과거의 한 시점時點에 다가가도록 안내하기 위해서"(포도밭17)였다. 여기서 산업주의industrialism란 공장과 자본으로 대표되는 사회로 조직(제도)의 체계를 중시하는 사고 및 생활의 양식을 말한다. 이는 자본주의에서 단적으로 드러나지만 자본주의에 반대하는 공산주의에서도 흔히 나타난다. 그 차이는 자본이 개인 자본이냐 국가 자본이냐, 즉 자본의 소유주

1　1987년 이래 나는 일리치가 아니라 일리히라고 표기했다. 그가 독일어권인 오스트리아 출신으로 소년기를 보냈고 생애 후반에도 주로 독일에서 살다 죽었기 때문에 독일어 발음으로 일리히라고 표기한 것이고, 국어연구원에서도 이를 바른 표기로 인정했다. 이는 독일 태생이지만 멕시코에서 오래 살았던 Erich Fromm을 에리치 프롬이 아니라 에리히 프롬이라고 표기함과 같다. 그 뒤 일리치의 이름 표기에 대한 시비가 있었다. 그 자신과 친구들이 일리치라고 불렀고 그가 독일인이 아니니 그렇게 표기해야 한다는 것이다. 그는 독일인이 아니지만 오스트리아에서도 독일어가 사용된다. 외국인의 이름 표기에는 일리치 외에 다른 사람들의 경우에도 다양한 방식이 있는데 유독 일리치에 대해 시비가 끊이지 않는 것을 이해하기 쉽지 않지만, 이름에 대한 그런 불필요한 시비를 끝내기 위해 이 책에서는 일리치 자신의 발음에 따라 일리치라고 표기한다.

가 누구냐의 차이에 불과하다. 일리치는 산업주의라는 말보다 '산업적 생산 양식'이라는 말을 즐겨 쓰고, 그것에 공장과 자본 외에 학교나 병원 등의 제도를 포함하는 광의로 쓰지만 이를 산업주의라고 해도 무방하므로 이 책에서는 앞으로 그 말을 쓸 것이다.

일리치의 태도가 쉰 살 전후 바뀐 것을 나이가 들어서 성숙해 그렇게 도약했다고 볼 수도 있고, 반대로 나이 때문에 힘을 잃고 그렇게 돌아섰다고 볼 수도 있다. 특히 암에 걸린 60세 전후에 더욱 그러했다. 쉰이 되기 전에 이미 서른(1956년)에 한 번의 전환기가 있었다. 서른 살 이전의 그는 유대인이면서도 가톨릭 신도로 태어나고 자라 가톨릭 사제가 됐다. 그는 유대인이라는 점을 의식적으로 보여준 적이 없지만 가톨릭 신자라는 점은 평생 자랑스럽게 지켰다. 특히 사제직을 그만두는 43세 이전의 글에는 가톨릭 신자임을 분명히 드러냈다. 그러나 1956년 가톨릭 교육 활동에 처음으로 종사하면서 산업주의 교육의 문제점을 깨달았고 더 나아가 미국과 가톨릭이 보이는 산업주의 정책을 비판하게 됐다. 한국의 경우 아무리 진보적인 신부라고 해도 자신의 모태인 가톨릭을 비판하는 것은 불가능한 일이 아닐까? 그것도 사소한 잘못을 비판하는 게 아니라 그 존재나 조직이나 활동의 이념 자체를 부정한다는 것이 있을 수 있는가? 우리의 경우 그 어떤 가톨릭 사제가 그런 적이 있는가? 가톨릭만이 아니라 개신교나 불교나 유교 등에서도 그런 적이 있는가? 아니 어떤 직업에서 가능할 것인가? 비판을 생명으로 삼는다고 하는 대학에서도 불가능한 일이 아닌가? 우리가 일리치의 삶에서 배울 것이 있다면 그러한 철저한 비판 정신일 것이다. 여기서 철저하다는 것은 자기 자신이나 자신이 속하는 집단이나 조직까지도 비판한다는 의미이다. 비판의 대상에 한계가 없다는 것이다.

서구 가톨릭 안에서도 일리치는 극단이었고 예외였다. 그 결과 당연히 소위 파문과 같은 절차를 당했다. 그 결과 일리치는 1969년 마흔세 살에 사제직에서 스스로 물러나, 멕시코의 쿠에르나바카를 중심으로 1970년대, 학교, 병원, 교통 등 산업주의 제도를 비판한 『학교 없는 사회Deschooling Society』(1971), 『병원이 병을 만든다Medical Nemesis』(1974), 『행복은 자전거를 타고 온다 Energy and Equity』(1974)를 비롯한 여러 책을 써서 세계적으로 주목을 받았다. 쿠에르나바카에서의 15년, 즉 1961년부터 1976년까지가 일리치 생애의 찬란한 절정기이다. 즉 35세에서 50세까지, 30대 후반과 40대라는 장년의 시기이다. 그러나 그런 비판 작업은 그다지 길게 이어지지 않았다. 왜냐하면 1976년, 50세에 그는 그런 쿠에르나바카를 떠나 종래의 산업주의에 대한 비판적 작업을 그만두고, 그 역사적 연구, 특히 중세 연구에 침잠했기 때문이다. 그 후 그의 이름은 별안간 잊혔다. 특히 1992년에 암에 걸린 후에는 학문적인 저술을 거의 발표하지 못하고 침묵의 세월을 살다 10년 만인 2002년에 죽었다.

그렇다고 해서 그의 삶과 생각에 일관성이 없는 것은 아니다. '소박한 자율의 삶'이라는 그의 신념에 근거한다는 점에서 초지일관이었다. 그렇기에 여기서는 그의 삶과 생각을 셋으로 나누어 추적한다. 1기가 30세까지, 2기가 30~40대, 3기가 50대 이후에 해당한다. 30~40대의 20년은 절정기, 그 앞의 30년은 성장기, 그 뒤의 26년은 원숙기이다.

일리치가 사용하는 독특한 개념들

일리치의 사상이란 위에서 말한 산업주의가 일정 수준을 넘으면 그 목적과는 반대되는 결과를 낳게 되는 역생산성(逆生産性 counter productivity, 이를 반생산성이라고 번역하기도 하지만, 그 말은 생산성이 본래와 거꾸로 역류한다는 의미이니 반드시 적합한 조어가 아니다)이 생겨남을 분석하고, 그것을 체계적으로 전환하여 '소박한 자율의 삶'을 되찾고자 하는 것이다. 그러한 비산업주의 전환에 따른 '소박한 자율의 삶'에 대해 그는 서브지스턴스subsistence, 버내큘러vernacular, 컨비비얼 convivial, 커먼즈commons 등의 독특한 개념을 사용하여 설명한다. 이를 각각 자급자족, 토착, 공생이나 공생공락, 공용이나 공유재 등으로 번역하기도 하지만 반드시 정확한 번역이라고 할 수 없어서 이 책에서는 원어 그대로 사용하면서 그 뜻을 살펴볼 것이다.

먼저 서브지스턴스란 전근대 지역의 고유한 민중 생활에서 자립·자존을 확립하기 위한 물질적·정신적 기반을 뜻한다. 서브지스턴스를 자급자족이라고 번역하기도 하지만, 이는 시장 경제에 대립하는 의미를 갖는다는 점이 중요하므로 이 책에서는 원어 그대로 표기하도록 한다.

버내큘러도 반시장적·반산업적 입장을 나타내는 것으로 '뿌리내리고 있는 것'과 '거주'를 뜻하는 인도 게르만어계에서 유래하며, 라틴어 vernaculum은 집에서 기르고 짜는 자가산自家産, 자가제自家製의 뜻으로 사용됐다. 곧 교환형식으로 획득한 것과 대립한다. 따라서 토착이라는 번역어가 사용되기도 하지만, 일리치는 가령 남녀에 의해 사회현실이 보완적으로 파악되는 것을 버내큘러 세계라고 부르고, 남녀의 말에 보완성이 있다는 이유에서 버내큘러 언어라고 하는 등, 토착이라고만 번역할 수 없는 의미로도 사용하므로 이 책에서는 원어를 그대로 표기한다.

컨비비얼은 산업적 생산 과정과는 정반대로 자율성과 다른 자율성이 서로 작용하는 일시적 상태라고 이해할 수 있다. 가령 어느 산촌에 그곳 사람들과 전혀 다른(이질적인) 사람이 찾아와 마을 사람들에게 도움이 되는 좋은 이야기를 하여 서로 화기애애한 시간을 함께 보냈을 때를 컨비비얼하다고 말한다. 이를 영어 단어를 분해하는 식으로 con+vivial이라고 보고 공생 또는 공생공락으로 번역하기도 하지만, 같이 살거나 생활한다는 의미의 공생이나 함께 살며 즐긴다는 공생공락과 컨비비얼은 다른 개념이다. 적어도 이질적인 것이 함께하여 즐거운 상태라는 것이 컨비비얼이므로 굳이 우리말로 번역하자면 상반공존相反共存이나 보완공존補完共存 정도가 될지 모르지만, 어색한 한자조어들이니 원어 그대로 표기하도록 한다.

버내큘러라는 말이 일리치의 후기 저술에서는 커먼즈commons라는 말로 대신하기도 한다. 커먼즈는 공유지나 공유재 또는 공용으로 번역되기도 하지만, 지역의 민중 생활에서 자립·자존을 확립하기 위한 물질적·정신적 기반인 서브지스턴스를 위한 활동이 그 속에 뿌리내리고 있는 것이 커먼즈이므로 역시 원어 그대로 표기하도록 한다.

일리치의 성장기 1926~1956(30세까지)

일리치의 빈과 달마티아

달마티안이라는 수많은 얼룩 반점이 있는 개가 있다. 순백색 바탕에 흑색이나 갈색의 바둑알 같은 뚜렷한 얼룩점이 온몸에 아름답게 배치돼 있어 몇 영화에서 주인공 비슷하게 등장하기도 하는 개다. 과거의 유고슬라비아, 지금은 크로아티아의 서부 해안가, 아드리아해 연안인 달마티아가 원산지라서 그렇게 불리는 달마티안은 고대 그리스 조각에 그려졌을 정도로 오래된 개로, 유랑민족인 집시의 반려견伴侶犬으로 유럽에 분포됐고 사냥개로도 유명했다.

달마티아는 14세기부터 일리치의 조상들이 살았던 곳이다. 해안에 임한 2,694미터 높이의 '디나르알프스Dinar Alps' 산맥 사면斜面과 좁은 해안 평야 및 해안을 따라 이어지는 약 1천 개의 섬으로 이루어진 독특한 다도해 지형의 지역이다. 기후는 온화한 지중해식으로 세계적인 관광 휴양지로도 유명하다. 지금은 주로 크로아티아인과 세르비아인이 살지만, 그들은 7세기 이후 들어온 슬라브 민족이었다. 그전부터 원주민들은 로마제국과 투쟁했고, 7세기 후에도 비잔틴, 크로아티아, 헝가리, 베네치아, 투르크, 프랑스, 오스트리아의 지배를 받다가 제1차 세계대전 이후 유고슬라비아에 편입됐으며, 1980년대의 사회주의가 무너진 이후 유고슬라비아가 해체되고 크로아티아가 독립하자 거기에 속해 있다. 그러나 20세기 초 제1차 세계대전이 끝나기까지 끊임없이 이어진 외세의 침략에도 불구하고 그곳 사람들의 소박한 일상생활에는 거의 아무런 변화가 없었다. 이는 비슷한 시기 일본의 식민지가 되기 전 한반도의 삶과도 같았다. 아니 식민지가 끝난 후부터 1960년대까지도 일리치가 다음과 같이 묘사하는 시골 풍경과 거의 비슷했다.

> 똑같은 올리브 나무 서까래가 여전히 할아버지의 집 지붕을 떠받쳤습니다. 지붕 위에 얹힌 똑같은 석판으로 빗물을 받아 모았습니다. 똑같은 통에서 포도를 밟아 포도주를 빚었고, 똑같은 종류의 배를 타고 바다에 나가 물고기를 잡았으며 … 사람들은 자신이 지은 집에서 살았고, 가축이 밟고 다니는 길거리를 따라 움직였으며, 물을 자율적으로 확보하고 쓰고 버렸고, 큰 소리를 말하고 싶을 때는 목청을 돋우면 되었습니다. (과거71)

이반 도메닉 일리치Ivan Domenic Illich는 1926년 9월 4일[2], 그는 오스트리아 빈의 외조부모 집에서 태어났다. 일리치의 아버지 이반 페터 일리치Ivan Peter Illich, Gian Pietro Ilic는 가톨릭을 믿는 크로아티아인 토목기사이자 외교관이었고, 어머니 엘런 로즈 일리치Ellen Rose Illich(통칭은 "Maexie" 결혼 전 성은 Regenstreif-Ortlieb)도 가톨릭을 믿는 독일계 유대인이었다. 아버지는 크로아티아 달마티아의 지주 가문 출신으로 해안 도시인 스플리트(당시 유고슬라비아 왕국의 일부)에

---

2 24일이라는 기록도 있다. (과거361)

집을 갖고 있었고, 그 앞바다의 브라치섬에 포도주와 올리브유를 생산하는 광대한 토지를 소유했을 정도로 부유했다. 두 사람은 1924년 시칠리아의 라구사Ragusa에서 만나 이듬해 결혼해 세 아들을 두었다. 1926년에 태어난 장남인 이반, 그리고 1928년 태어난 쌍둥이인 사스차Sascha, Alexander와 미스차Mischa, Michael였다.

브라치섬에 있는 조부모의 집은 중세 십자군 시대에 지어진, 유서 깊은 저택이었다. 외조부도 보스니아에서 목재 거래로 재산을 모아 제재소를 만들었고, 빈에 아르누보풍의 저택을 세웠을 정도로 부유했다.

일리치의 확성기

일리치는 1926년, 오스트리아의 빈에서 태어났으나 어릴 적에는 달마티아에서 곧잘 지냈다. 그가 태어난 해, 달마티아는 근본적으로 변했다. 이를 일리치는 생후 한 달[3] 된 아기인 자신을 조부의 집이 있는 브라치섬에 데리고 온 배에 확성기가 실려 있었다는 것으로 상징적으로 말한 적이 있다. 그것은 섬에 최초로 등장한 확성기였다. 일리치는 뒤에 이 사건에 대해 다음과 같이 회상했다.

> 그때까지 남자든 여자든 다들 고만고만한 목소리로 말했습니다. 하지만 그날부터 달라졌습니다. 그날부터 마이크를 누가 잡느냐에 따라 누구의 목소리가 확성되는지가 결정되었습니다. 정적은 이제 공용에 포함되지 않게 됐습니다. 확성기들이 서로 차지하려고 경쟁을 벌이는 자원으로 바뀐 것입니다.

....
3 다른 곳에서는 3개월(대화92)이라고도 하는데 아마도 남들에게 들은 이야기라서 혼란이 있는 듯하다.

이로써 지역의 공용물이던 언어 자체가 소통을 위한 국가자원으로 바뀌었습니다. 영주가 울타리를 쳐 개인적으로 양을 몇 마리 치던 농민을 내쫓고 국가의 생산성을 높였듯[4] 확성기가 잠식해 들어오면서 그때까지만 해도 남자와 여자 똑같이 제 목소리를 부여해주던 그 정적이 파괴되었습니다. 확성기를 이용할 수 없으면 그 사람은 입막음을 당하는 것입니다. (과거71~71)

여기서 문제는 확성기가 아니라 그것이 상징하는 국가권력이라는 타율적 도구가 '소박한 자율의 삶'을 파괴했다는 것이다. 그 외딴섬의 경우는 그러한 파괴가 아마도 유럽에서는 가장 늦게 등장했을 것이나, 이미 유럽 대륙에서는 그전의 제1차 세계대전 아니, 그 앞의 19세기부터 파괴되고 있었다. 당시 유럽 최대의 제국이었던 오스트리아-헝가리 제국의 수도였던 빈이 특히 그러했다. 어린 시절 경험한 확성기 혐오는 일리치의 평생을 지배했다. 그는 뒤에 다음과 같이 말했다.

지난 반세기 동안 나는 마이크를 피하려고 노력해왔습니다. … 나는 확성 장치 사용을 거부합니다. … 말을 하려면 한 장소가 생겨난다고 봅니다. 장소는 뭔가 귀중한 것인데도, 빠른 교통기관, 표준화된 계획방식, 영사 스크린, 확성기 등이 만들어낸 균질한 공간 탓에 상당히 많이 말살돼버렸습니다. (대화11)

그래서 그는 평생 인터뷰도 싫어했고, 강연에서도 마이크 사용을 거부했

---

4 13세기 영국에서 시작된 인클로우저enclosure를 말한다. 이는 미개간지·공유지 등 공동이용이 가능한 토지에 담이나 울타리 등의 경계선을 쳐서 외부인의 이용을 막고 사유지로 삼은 법적 절차로, 목축업의 자본주의화를 위한 경작지 몰수라고 할 수 있다.

다. 마이크는 화자의 목소리와 청중을 갈라놓아 진짜 목소리를 듣지 못하게 한다고 생각했기 때문이다. 그래서 원래의 목소리 자체를 공유하고자 했다. 1990년의 강연 「탑 위의 확성기」에서 일리치는 종탑이 11세기부터 세워져 12세기에는 교구 통합의 중심이 되었다고 했는데, 그 경우 확성기는 반드시 부정적인 의미는 아닌 듯하다. 여하튼 일리치가 어린 시절의 추억으로 말하는 유일한 이야기인 확성기에 대한 회상이 그가 과연 직접 보고 기억한 것인지는 알 수 없어도, 어린 시절 그는 섬의 대지주 아들로서 행복했음에 틀림없었을 것이다.

일리치의 빈

1932년 일리치 부모의 결혼 생활은 파탄나고 여섯 살의 일리치와 그의 쌍둥이 동생은 어머니와 함께 빈의 외가로 갔다. 파경의 이유는 확실하지 않지만, 어머니가 유대인이라는 점, 특히 외조부가 유대인 부자라는 점과 관련이 있는 듯하다. (Cayley27) 일리치가 태어나기 전후부터 유럽은 반유대주의와 외국인 배척으로 들끓었고, 크로아티아도 예외가 아니어서 어머니 쪽에서 유대인 피를 물려받은 일리치 가족에게도 위기가 닥쳐왔다. 그 뒤로 일리치가 만나지 못한 아버지는 제2차 세계대전 중에 죽었는데 일리치는 부모에 대해 언급한 적이 거의 없다. 일리치는 1932년의 빈 이주 뒤로, 즉 여섯 살 이후에는 평생 방랑자로 텐트 생활과도 같이 살았다고 말했다. 언제 어디에서나 그 주변에서 가장 허름한 집을 골라 살았다.

당시의 빈은 지금처럼 오스트리아 공화국의 수도였다. 제1차 세계대전의 패배로 오스트리아-헝가리제국은 해체되어 오스트리아는 지금과 같은 소국으로 줄어들었다. 그 뒤 1920년의 빈은 좌파인 사회민주당이 정권을 잡

아 '붉은 빈Das Rotes Wien'[5]으로 불릴 정도로 진보적인 도시였다. 그러나 일
리치 가족이 빈에 돌아오고 2년 뒤인 1934년, 우파인 '오스트리아 파시즘
Austrofacism'을 내세운 '조국전선Vaterländische Front'[6] 정권이 들어서면서 반유대
주의는 더욱 극심해졌다. 이어 1938년 독일이 오스트리아를 합병하고 빈이
나치에 점령당했다. 빈에 있는 외가의 대저택도 몰수됐다. 당시 열두 살의
나이에 자신은 결혼을 하지 않고 아이를 낳지 않겠다고 결심(대화15, 87)했을
정도로 일리치는 엄청난 충격을 받았다. 빈에서 소년 일리치는 같은 유대인
인 정신분석학자 프로이트Sigmund Freud의 손을 잡고 산보하면서 정신분석학
에 대한 이야기를 듣기도 했다는 이야기도 있지만, 사실인지는 명확하지 않
다. 당시 빈은 물론 유럽 전역을 휩쓴 반유대인주의 때문에 그와 그의 가족
은 엄청난 고통을 당했다.

  일리치와 그의 가족은 나치의 인종법 시행에 따른 유대인 박해를 피해

----

5 1918년에서 1934년 사이에 빈의 사회민주주의 정부는 최초의 '지역자치체 사회주의Kommunalsozialismus'의
   모델이자 러시아의 소비에트 모델과 비교되는 유럽 사회주의의 실험무대였다. 1918년 제1차 세계대전의 종
   결과 동시에 합스부르크 왕가가 붕괴하고, 11월에는 연합군의 지원하에 오스트리아에서는 제1공화국이 선
   포되었다. 당시 오스트리아의 '사회민주노동자당SDAP ; Sozialdemokratische Aarbeiterpartei'은 러시아의 소비에
   트와 독일의 평의회Rate 형식의 혁명과 달리, 볼셰비즘과 수정주의 사이에서 제3의 길을 모색하였고, 이를
   구성하는 이론적인 입장이 오스트로맑시즘Austromarxismus이었다. SDAP는 역사발전 과정에서 인간 의식
   의 역할을 중시하며 계급의 사회화 과정, 즉 교육을 통해서 개인이나 노동자가 보다 높은 의식에 도달할 수
   있다고 보았다. 따라서 가장 중요하고 강력한 방법은 바로 교육Bildung이었다. 빈에서 문화 정치의 일환으로
   행해진 교육은 노동자의 지식수준 향상뿐만 아니라 그들의 행동을 직접적으로 변화시키는 보다 종합적인
   정책으로 인식되었다. 나아가 노동자 및 시민의 환경개선을 추구하면서, 야심적인 주거정책, 공공보건, 사회
   복지 서비스의 확대와 교육의 급진적 개혁 그리고 노동자문화 정책이 집행되었다. 이후 '붉은 빈'은 지자체
   단위의 정치가 사회주의 운동의 목표가 된 최초의 사례이자 또 다른 계급투쟁의 장, 일상생활로부터 출발
   하여 의식을 개조하는 사회주의, 대안운동이자 대안적인 사회모델, '새로운 인간'의 창조를 표방하는 도덕주
   의적 사회주의 등의 다양한 이름을 얻게 되었다.
6 이 정당의 이념은 오스트리아인들을 통합하여 노동조합과 기존 정당들을 대체하는 사회적인 단결을 세
   우는 것이었다. 관료와 군인, 그리고 시골의 큰 인구와 충성스러운 합스부르크가를 부흥시키는 목적으로
   로마 가톨릭교회가 이를 뒷받침하였으며, 이는 돌푸스의 오스트리아 기독사회당, 농민 정당인 농촌연맹
   Landbund, 우익 준군사조직 보국단을 토합한 것이었다. 이들은 모두 사회주의와 자유 시장 자본주의 및 자
   유 민주주의에 반대했다. 조국전선은 산업화된 도시와 수도의 거점으로 오스트리아 사회민주당, 공화수호
   동맹과 충돌을 일으켜 오스트리아 내전을 일으켰는데, 이로 인하여 공화수호동맹은 내전 종전 후에 폐지되
   었다.

1943년 1월[7], 이탈리아 피렌체로 건너갔다. 일리치는 피렌체에서 고등학교를 마치고 피렌체대학교에서 조직학과 결정학을 공부하였다고 하는데 이는 파시즘하에서 그의 신분을 보장받기 위한 것이었다.-그러나 당시 일리치가 대학에 등록했다는 증거는 남아 있지 않다-또 일리치는 나치에 저항하는 레지스탕스 운동[8]에 참여하기도 했다. 특히 뛰어난 언어 실력으로 나치로부터 소를 구해내기도 했다.

> 내게 있어서 레지스탕스는 운명적이었지 선택될 수조차 없는 것이었다. 어머니가 유태인이었기 때문에 히틀러 치하에서 나는 아웃사이더라는 역할을 맡았다. 17세에 나는 일종의 지하활동에 들어가지 않을 수 없었다. 나는 여러 외국어가 가능했으므로 낙하산으로 뛰어내리기도 했고, 전선의 배후에서 발견된 영국 미국의 군인을 도왔고, 프랑스를 통하여 스페인 국경을 넘는 것을 지원했다. 그리고 소를 구출한 적도 있었다. … 독일인은 이탈리아에서 철군할 때에 초토화焦土化 전술을 결정하고 가축을 끌고 갔다. 나는 독일군 사령관으로부터 정보를 얻어 어디에서 소를 징발하려고 하는지를 사전에 알았기 때문에 독일인에게 들키지 않도록 산속에 소를 끌고 갔다. 이것은 굉장한 영웅적인 행동이진 않았으나, 그 후 나는 아웃사이더로서 뿌리를 내리게 되었다. 레지스탕스란 지극히 자연스러운 것이었다. 그리고 일관하여 자연스러운 것이 계속되었을 뿐만 아니라, 정치와 종교를 섞은 것에 대한 저항, 특권을 부여

---

7 1942년이라는 설명도 있다. (과거362)
8 당시 이탈리아 레지스탕스의 모습을 볼 수 있는 문헌으로는 『레지스탕스 사형수들의 마지막 편지Lettere di condannati a morte della Resistenza italiana』(피에로 말베치·조반니 피렐리 엮음, 임희연 옮김, 올드맨, 2021)가 있다. 이 책은 이탈리아 북부에서 나치 독일, 파시즘에 맞섰다가 사형당한 레지스탕스 201명이 보낸 생의 마지막 편지 모음집이다.

하는 사람보다 타락시키는 사람들 쪽이 많은 교육에의 저항, 만족
시킬 수 있는 요구보다도 더 많은 기본적 요구를 만들어내는 이른
바 '진보'에 대한 저항에로 발전하였다. (루미스244-245)

이러한 불의에 대한 치열한 저항정신이 일리치의 평생을 이끌었을 것이다.

일리치의 학업

일리치는 제2차 세계대전이 끝난 뒤 1946년부터 오스트리아의 잘츠부르
크대학교에서 역사학을 공부했다. 당시 일리치는 잘츠부르크대학교의 교수
로 12세기 수난신학을 전공한 알베르트 아우어Alfred Auer와 고대문헌해석을
전공한 미켈 뮈클린Michel Müchlin에게 매료됐다. 일리치가 평생 12세기에 매달
린 것과 고대문헌에 나타나는 단어나 개념의 변천을 중심으로 사색한 것은
이 두 사람의 영향을 받았다. 특히 만년에 고통과 수난에 대한 체험과 연구
를 한 것은 베네딕트회 수사이기도 한 아우어의 수난신학에서 비롯되었다.

일리치는 아우어의 지도를 받아 영국의 역사학자 아널드 토인비Arnold
Toynbee의 역사철학에 대한 논문으로 1951년에 박사학위를 받았다. 역사 연
구는 일리치의 평생을 지배한 것이었으나 평생 토인비에 대해 언급한 바[9]는
별로 없어 일리치가 토인비나 그와 유사한 오스발트 슈펭글러Oswald Spengler
의 영향을 받았다고 보기는 힘들다. 일리치 자신은 그 두 사람과는 무관하
다고 말했으나(Cayley32) 그래도 역사 연구는 일리치에게 가장 중요한 사상적
근원이었다.

잘츠부르크대학교 시절, 일리치는 평생의 친구가 된 렌츠 크리스-레텐벡

---

9 가령 "아널드 토인비는 위대한 문화가 쇠퇴할 때 항상 새로운 종교가 나타난다고 지적했다."고 한다. (학교96)

Lenz Kriss-Rettenbeck을 만났다. 그들은 '기독교 민중문화Christliche Volkskunde'에 대한 관심을 공유했다. 이는 뒤에 일리치가 라틴아메리카 기독교에 대한 미국의 선교 침략에 대항하여 라틴아메리카에서 비롯된 '버내큘러 기독교성vernacular christianity'을 찾는 단초가 되었다. 앞에서도 보았듯이 버내큘러란 '토착문화'로 번역되기도 하지만, 이는 산업주의 이후의 생산과정과는 정반대인 '소박한 자율적 절제'를 뜻하는 일리치 사상의 핵심 개념이다.

잘츠부르크에서 공부를 마친 뒤 일리치는 로마 바티칸에 있는 그레고리안대학교에서 신학과 철학을 공부했다.[10] 그가 전공한 분야인 예전학ecclesiology은 예배학이라고도 하는데, 이는 뒤에 일리치가 기독교와 사회제도를 비판하는 출발이 된다. 또한 당시 바티칸의 프랑스 대사로 와 있던 자크 마리텡Jacques Maritain의 토마스 아퀴나스St. Thomas Aquinas 세미나에 참석했다. 토미즘[11]은 뒤에 일리치 사상 형성의 기본이 되었다. 또한 가톨릭교회의 사제이자 작가, 신학자로 20세기의 가톨릭 지성인 중 가장 중요한 인물의 한 사람인 로마노 구아르디니Romano Guardini에 대해 연구했다. 그는 나치 시대에 예수의 인격에 대한 나치의 신화화를 비판하고 예수의 유대성을 강조한 점에서 일리치의 중요한 스승이었다.

---

10 1943년, 열일곱 나이의 일리치는 사제가 되기 위해 그레고리안대학교에 갔다는 설명(과거362)도 있으나 사실인지 의문이다.

11 토미즘은 토마스 아퀴나스에 의하여 세워진 철학과 신학의 체계로 주로 철학적 실재론으로 이루어진다. 토미즘은 시기와 상황에 따라 여러 형태를 취해 왔으며, 그중 몇몇은 극히 자유로운 해석을 추구한 한편, 다른 이들은 『신학대전』을 글자 그대로 보존하는 것에 만족했다. 르네 데카르트, 존 로크, 고트프리트 빌헬름 라이프니츠와 이후의 이마누엘 칸트와 같은 근대 대부분의 철학자들은 직간접적으로 토미즘과 대화했다. 신토마스주의라고도 불리는 토미즘의 부흥은 20세기 초반부터 전개되었고, 그 중심이 자크 마리텡이었다.

사제 일리치

일리치는 1951년 사제 서품을 받고 초기 기독교 신자들이 박해를 피해 살 았던 카타콤Catacomb에서 첫 미사를 집도했다. 그때부터 그는 공동체의 살아 있는 구체화인 교회와 세속적 권력인 교회를 구별하며 전자의 교회만을 중 시하고 후자의 교회는 멸시했다. 이처럼 젊은 시절에 형성된 교회에 대한 비 판적 태도가 일리치 사상의 핵심이라고 할 수 있다. 가톨릭의 관료주의와 배 타적인 보신주의에 대한 그의 비판은 적어도 사제가 된 1952년부터 시작됐 으나, 그런 비판 의식은 잘츠부르크대학교 재학 중에 싹틀 수 있었다.

일리치는 그의 폭넓은 지식과 십여 개의 언어에 능통한 언어능력을 인정 받았으며 그로 인해, 뒤에 교황 바오로 6세Pope Paul VI가 된 바티칸 사무국 의 일반 사무 대리인 조반니 바티스타 몬티니 몬시뇰Monsignor Giovanni Battista Montini은 일리치에게 그가 교황 외교관으로서의 경력을 준비할 수 있는 엘 리트 교회 대학인 '콜레지오 디 놀비 에크레시아티시Collrgio di Nobili Ecclesiastici' 에 입학하기를 희망한다고 전했다. 당시 그는 후대의 교황 후보자로 꼽힐 만 큼 탁월한 자질을 보였다고 하는 이야기도 있으나, 사실인지 확인할 수는 없다. 하지만 일리치는 로마에서 벗어나고자 했으며 그래서인지 1951년 10 월, 미국 프린스턴대학교에서 중세 연금술사인 알베르투스 마그누스Albertus Magnus의 연금술을 연구할 목적으로 미국으로 건너갔다.

뉴욕에 도착하자마자 일리치는 우연한 기회에 알게 된 뉴욕 중심가 아일 랜드—푸에르토리코 교구에서 5년간 신부로 일하면서 학문적 경력을 포기 했다. 원래 아일랜드 사람들이 중심이었던 그 교구에 푸에르토리코 이주민 들이 대량으로 들어오자 생긴 문화 변용에 대해 일리치는 주목하고 미국 문 화와 히스페닉 문화의 중개자이자 교육가로 활동하기 시작한 것이다. 뒤에 그는 그 5년이 그의 생애에 유일하게 "진짜 인생이라 부를 만한 생활"(대화98)

이었다고 회상했다.

당시 일리치가 미국에서 만난 사람들 중에 폴 굿맨Paul Goodman이 있었다. 1952년 마약 문제를 논의하는 자리에서 만난 굿맨은 마약의 전면 해제를 주장했고, 이에 대해 일리치는 "불같이 화를 냈다." (루미스242) 일리치는 10년 이상이 지난 뒤에는 굿맨과 같은 입장이 되었다고 회고했고, 굿맨을 통해 러시아 출신의 아나키스트인 크로포트킨Peter Kropotkin[12]을 알았다(루미스243)고 했다. 이처럼 일리치는 20대에 아나키즘을 접했으리라고 짐작된다. 뒤에서 보듯이 일리치는 『절제의 사회Tools for Conviviality』를 쓰는 동안 크로포트킨의 저술을 참조했으나, 그 밖의 아나키스트들에 대해 언급한 적은 거의 없다.

일리치가 1956년 〈커먼웰Commonweal〉에 발표한 「외국인 아닌 외국인」이라는 글에서 우리는 당시 그의 생각을 볼 수 있다. 이는 미국의 푸에르토리코인이 외국인이 아닌데도 외국인 이상으로 외국인 취급을 받는 현실을 고발하면서 그들을 이해할 필요가 있다고 역설한 글이기 때문이다.

> 스페인 문화권의 기독교 전통, 인종 혼혈에 대한 기독교의 훌륭한 태도를 당연하게 받아들이는 가톨릭 정신, 열대지방에 적응하면서 만든 소박하고 참신한 세계관, 미국 사회와 연합할 수 있는 새로운 형태의 정치적 자유, 경제 분야뿐만 아니라 정치와 문화 영역에서 구대륙과 신대륙을 잇는 다리 역할 등이 있다. (깨달음58)

----

[12] 1842년 러시아에서 태어난 크로포트킨은 자본주의자들이 특권을 증진시키기 위해 인위적인 회소Artificial scarcity 상태를 유발시킨다고 보고, 그것을 대신하는 상호협력에 기반한 분권화된 경제 구조를 제안했는데, 이는 일리치의 회소성 이론 및 유토피아 구상과 매우 흡사하다. 크로포트킨의 상호협력 사회 구상은 1901년에 나온 「상호협력Mutual Aid」에서 볼 수 있다.

이 글에서 일리치는 가톨릭 사상에 근거해 인종 결합을 주장하는 평등주의자이자 국제주의자이다. 그런 인종 결합을 위해 일리치는 스페인어 구어에 관한 연구와 현장 경험, 그리고 푸에르토리코의 시, 역사, 노래, 사회현실을 매우 집약적으로 결합하는 연구 집단을 제안했다. 그의 제안에 많은 사람들이 개인적인 희생을 무릅쓰고 참여했다. 대부분 35세 미만이었고, 반이상이 성직자였다. 그들은 도시 빈민들과 생활을 함께했다.

그들과 함께한 일리치는 외국어 공부의 깊은 의미를 인식하고 적절한 외국어 공부는 성인이 "청빈과 무권력 및 타인의 선의에 대한 신뢰라는 심오한 경험"[13]을 하는 드문 기회라고 믿게 됐다. 매일 밤 일리치와 그 동료들은 한시간씩 침묵의 기도를 올렸다. 그 시작 전에 그들 중 한 사람이 묵상을 위해 생각할 점을 제시했다. 그중 하나는 「침묵의 웅변」이라는 글로 발표됐다.

그 글은 침묵의 웅변에 세 가지가 있다고 하고서 그 세 가지의 점진적 성숙에서 나오는 궁극적인 침묵을 피에타의 침묵, 즉 죽어가는 예수의 침묵이라고 한다. 그 세 가지 중 첫째는 순수한 경청자의 여성적 수동성의 침묵이고, 그 둘째는 성모마리아가 신의 말을 듣고 난 뒤에 갖는 이심전심의 침묵이며, 그 셋째는 말 뒤의 침묵이다. 이러한 침묵은 특히 선교사가 지켜야 할 덕목으로 제시됐다.[14]

---

13 이는 "of poverty, of weakness, amd of dependence on the good will of another"의 번역인데 이는 "타인의 선의에 기댈 수밖에 없는 빈자와 약자의 처지"(깨달음63)라고 번역되기도 한다. 청빈과 무권력 및 타인의 선의에 대한 신뢰라는 이 세 가지는 일리치가 기독교의 핵심이라고 생각하는 것이다. 이에 대해서는 뒤에서 다시 상세히 설명하겠다.

14 '침묵'은 뒤에서 보는 일리치의 언어론에서 '말하는 것'과 함께 중심을 이루는 것이다. 1982년 일리치는 「빼앗긴 공용, 들판과 고요Silence is a Commons」라는 강연에서 침묵은 산업주의 이전 사회에서는 동서양을 막론하고 인격 형성에 중요한 것이었으나 산업주의에 의해 침묵이 인간을 모방한 기계인 확성기에 의해 커먼즈가 아니게 되었고, 그 결과 언어가 지역의 커먼즈로부터 소통을 위한 국가자원으로 변했다고 보았다.

일리치의 절정기 1956~1976(30~40대)

라틴아메리카의 일리치

일리치는 1956년부터 1976년까지 20년을 라틴아메리카에서 살았다. 30세부터 50세까지이니 장년 시절을 라틴아메리카에서 보낸 것이다. 그러나 그가 좋아서 그곳에 간 것이 아니었다. 25세였던 1951년, '선진' 미국 뉴욕으로 유학을 떠났다가 우연히 푸에르토리코 사람들을 만나 신부로서 그들에게 봉사했고, 그것이 계기가 되어 1956년부터 5년간 푸에르토리코, 1961년부터 15년간 멕시코에서 살게 된 것이었다. 또한 보다 근원적인 역사를 공부하기 위해 1976년 그곳을 떠나 독일로 갔다.

그 20년의 라틴아메리카 시절에 그는 학교, 병원, 자동차를 비롯한 현대 산업주의를 비판하는 책들을 썼다. 따라서 일리치를 이해하기 위해서는 라틴아메리카의 현실에 대한 인식이 불가결하다. 우리가 알다시피 라틴아메리카의 20세기는 대단히 복잡다단한 역사의 현장이다. 미국의 실질적 지배와 이에 저항한 혁명, 그 반동으로 일어난 쿠데타와 독재, 다시 이에 대한 게

릴라 투쟁과 혁명 등이 악순환하는 곳이었다. 특히 1959년의 쿠바 혁명[15] 이후 그러한 악순환은 더욱더 치열해졌다. 그 정점이 선거를 통해 라틴아메리카 최초의 사회주의 정권인 칠레의 아옌데Salvador Isabelino Allende Gossens[16] 정권

---

15 쿠바 혁명(1953~1959)은 쿠바에서 피델 카스트로, 체 게바라, 라울 카스트로 등의 공산주의 혁명가들이 두 차례에 걸친 무장 투쟁을 벌여 1959년 1월 1일 풀헨시오 바티스타를 몰아내고 정권을 잡은 혁명을 말한다. 7월 26일단과 혁명 조직들이 당시 풀헨시오 바티스타 장군의 독재 정권을 전복하여 쿠바는 공산주의 국가가 되었다. 그 배경에는 16세기 신항로 개척 이후 스페인의 식민지였던 쿠바가 미국과 스페인의 전쟁 이후 1902년 독립하였지만, 미국 자본에 예속된 사탕수수 단일 작물 재배 경제가 형성되어 실질적으로는 미국의 지배하에 있었고, 토지가 미국 자본과 쿠바인 대지주들에게 집중되어 있었기 때문에 일반 국민들은 궁핍한 생활을 벗어날 수 없었으며, 독재정권의 부패가 심화되어 여러 차례의 민중봉기가 일어났지만 미국의 비호하에 진압되었다는 역사가 있었다.
혁명 후 바티스타의 하수인으로 의심받는 자들과 경찰, 병사들이 살인, 고문 같은 인권 유린과 전쟁 범죄로 인민 재판정에 섰다. 정치범죄 혁명 재판소에서 거의 대부분의 죄수는 총살되었고, 나머지는 장기 징역이 선고되었다. 1961년 피그스만 침공 이후 쿠바 정부는 로마 가톨릭교회 등 종교 단체의 모든 재산을 국유화했다. 정부는 공식적으로 무신론을 표방하며 주교를 비롯한 수백 명의 성직자들을 추방했다. 벽촌에까지 학교가 세워져 모든 인민이 9학년까지 양질의 무상교육 서비스를 보장받게 되었다. 의료 부문 역시 국유화되어 학교와 마찬가지로 벽촌에까지 의료 시설이 들어서게 되었으며, 모든 인민이 양질의 의료 서비스를 무상으로 제공받게 되었다. 토지개혁법으로 보상이 거의 없이 사유 토지 및 재산을 몰수하였고, 400헥타르 이상의 토지와 공공시설을 유상 몰수하여 국유화하였으며, 민영 부문에 대한 통제를 강화하는 한편, 도박 산업을 금지했다.
미국 소유의 원유, 전화, 전기 회사와 설탕 공장의 국유화에 따라 미국의 이익이 직접적으로 영향을 받으면서 미국과의 관계도 악화되었다. 대신에 미국은 쿠바의 설탕 수입을 줄였고 소련은 쿠바의 설탕 잉여분을 사들였으며 무역과 기술 대표단을 파견하였다. 1960년 말까지 혁명 정부는 총 250억 미국달러에 달하는 사유재산을 국유화하였다.

16 1908년 칠레의 발파라이스에서 태어나 소아과 의사를 지내다가 1970년 칠레 대통령 선거에서 36.62% 득표율로 승리하여 라틴아메리카에서 최초로 민주 선거를 통해 집권한 사회주의 정당(칠레사회당)의 대통령이 되었다. '사회주의를 향한 칠레의 길La via chilena al socialismo'이라는 사회주의 정책을 실행하였다. 특히 대규모 산업(특히 구리 광산과 은행)을 국유화하며, 정부의 의료 및 교육 복지 관리, 영양실조로 병든 어린이에 대한 무료 우유 배급 등이 있었다. 소수 대지주들이 토지의 대부분을 독차지하여 대다수 민중들이 가난으로 고통받는 경제적인 불평등을 해소하고자 관개된 토지 80헥타르 이상의 모든 토지를 국유화하였다. 또한 빈곤층의 사회경제적 후생을 증진하고자 하였으며, 새로 국유화한 기업이나 공공 근로 사업을 통해 일자리를 제공하여 민중들이 생계유지에 어려움이 없게 하였다. 나아가 노후대책을 마련하지 못한 모든 60세 이상 인구에게 연금 지급을 약속했고, 중소기업도 사회보험 적용 대상으로 포함시켰다. 가족 보호를 전담할 정부 부처도 신설하기로 했으며, 모든 어린이에게 무상으로 우유와 아침식사 급식을 시작하기로 했다. 동네마다 모자보건진료소와 법률상담센터를 마련하기로 하는 한편, 전기와 수돗물 공급을 칠레 전역으로 확대하기로 했다. 집세는 가계 수입의 10%를 상한선으로 정해, 더 인상할 수 없도록 했다.
그러나 위와 같은 사회주의 정책에 반감을 품은 다국적 기업들과 자본주의 강대국은 칠레에 대한 경제 투자를 끊기 시작했다. 그 결과 1972년 인플레이션율은 140%에 이르렀다. 1971년과 1973년 사이에 평균 실질 GDP는 1년마다 -5.6%씩 수축되었고 정부 예산 적자는 치솟고 외환보유고는 떨어졌다. 물가는 상승하는데 정부는 가격 통제를 강제하면서 상점에서 생필품은 사라지고 쌀, 콩, 설탕, 밀가루의 지하시장이 늘어났

이 탄생했다가 2년 뒤 군사 쿠데타로 끝난 것이었다. 사상과 이론의 차원에서도 한때 우리나라에서도 인기를 끈 종속이론, 저개발론, 주변자본주의론, 축적론 등이 생겨났다. 일리치의 사고도 그것들과 무관하지 않다.

라틴아메리카의 현실은 그의 경험의 무대로서, 또 그의 사고의 기본으로서 작용했다. 급격한 산업주의화로 인한 라틴아메리카(한국도 그러하나)의 복잡한 문화와 문명은, 그 혼돈된 세계에서의 생활 체험에 근거를 둔 사고를 통하여, 산업주의화된 안목의 비늘이나 감각의 베일을 벗겨 버리게 했다.

그러나 일리치를 라틴아메리카라는 소위 '후진' 사회에 대한 찬양자로 보아서는 안 된다. 그는 푸에르토리코나 멕시코를 비롯한 라틴아메리카를 미화하거나 찬양한 적이 없다. 도리어 그는, 가령 "라틴아메리카 사회는 이곳에 유토피아를 세우려는 몽상가들마저 불모지로 여기는 곳"(깨달음225)이라고 말한다. 그는 한국의 몇몇 몽상가들이 꿈꾸는 생태유토피아 쿠바에 대해서도 아무 관심이 없다. 쿠바만이 아니라 인도나 라다크나 히말라야나, 그 어디라도 그에게는 유토피아가 아니다. 물론 그가 미국이나 소련보다는 유럽이나 1980년대까지 제3세계 사회주의 국가였던 중국이나 쿠바에 더 호감을 가진 것이 사실이지만 그 나라들에 대한 평가는 대단히 조심스러웠고 호의적 평가도 의료나 교통 등의 항목에 부분적으로 한정된 것이었다.

다. 이에 정부가 국제 채권자와 외국 정부에 채무 디폴트를 선언하고, 임금을 인상하는 동시에 모든 물가를 동결했다. 그러자 지주, 고용주, 사업가, 운송 연합, 그리고 일부 공무원과 전문 노조들이 강하게 반발했다. 특히 남미에서 처음으로 사회주의 정부가 민주적 선거로 등장했다는 사실에 두려움을 느낀 미국이 구리 가격을 크게 떨어지게 하면서 칠레 경제는 더 어려워졌다. 구리는 칠레의 가장 중요한 수출품으로 칠레 수출의 절반 이상을 차지했다. 국제 시장에서 구리 가격이 낮아지면서 수출 소득이 떨어졌다.

아옌데 대통령의 사회주의적인 개혁정치를 방해함으로써 칠레에서의 특권을 유지하려는 자본가들과 미국의 방해에도 불구하고, 아옌데 대통령이 1973년 3월 전보다 더 많은 표를 받아 다시 당선되어 개혁정치가 계속될 것이 분명해지자 군부에서는 1973년 9월 미국의 지원을 받아 쿠데타를 일으켰다. 칠레 국경과 공항은 모두 폐쇄되었으며, 모든 정치활동이 금지되었고, 국회와 방송국 등의 주요 기관은 군이 점령했다. 좌파 정당 가입자를 비롯한 반군부인사들은 체포되어 총살되었다. 아옌데는 아우구스토 피노체트의 군사 쿠데타에 대항하여 직접 권총을 들고 끝까지 투쟁하다 1973년 산티아고의 모네다궁(대통령궁)에서 소총으로 자살하였다.

또 라틴아메리카인 일반을 호의적으로 평가한 것도 아니었다. 라틴아메리카인 중에서도 아주 예외적으로, 특히 그들의 독특한 전통적 언어 습관에 대해 언급한 적이 있지만 그렇다고 해서 그가 라틴아메리카인의 인정이나 야성 또는 자연주의나 토착주의 등을 찬양한 적은 없다.

푸에르토리코의 일리치

1956년 가톨릭 측은 일리치를 폰세Ponce에 있는 푸에르토리코 가톨릭 대학교Pontificia Universidad Católica de Puerto Rico 부총장으로 임명했다. 사탕수수 재배가 중심인 폰세에 1948년 두 명의 주교가 설립한 가톨릭교회에서 비롯된 그 신생 대학교는 일리치가 부임할 때는 여러 가지로 어려운 처지에 있었다. 당시 그곳 총장이 궁지에 몰려 있어서 푸에르토리코인도 미국인도 아닌 사람이 필요해서 일리치를 불렀다. 그리고 일리치도 뉴욕에 보낼 인력을 미국 바깥에서 훈련할 장소가 필요했기 때문에 그곳으로 갔다. 일리치는 의무적인 신부 일을 하는 대신 개인적으로 가난한 어촌 마을의 작은 오두막을 사서 주일미사를 집전했다.

일리치는 푸에르토리코에 도착한 첫날 저녁에 에버렛 라이머Everett W. Reimer의 안내로 레오폴드 코르Leopold Kohr의 집을 찾아갔다. 뒤에 일리치는 코르를 "정말 결정적인 아이디어를 준 사람"(대화96)이라고 회상했다. 일리치가 푸에르토리코에 가기 1년 전부터 코르는 그곳에 살며 푸에르토리코대학교에서 가르치고 있었다. 일리치는 그전부터 책을 통해 코르를 알았다. 코르의 책을 읽기 전에 일리치는 생물학의 형태론morphology에 관심을 가졌는데, 이에 따르면 생물의 생존환경은 생물의 크기에 따라 제한된다. 코르는 그런 생물학의 연구를 사회에 적용해 1957년에 『국가는 작게 쪼개져야 한

다『The Breakdown of Nations』를 냈다.[17]

....

17 코르는 크리스마스 캐롤 '고요한 밤'이 만들어진, 잘츠부르크 근처 인구가 3천 명도 안 되는 작디작고 너무나 조용한 마을인 오베른도르프에서 1909년에 태어났다. 그 마을은 '작은 것이 아름답다'는 이상적인 공동체의 원형으로 그곳에서 태어난 레오폴드 코르가 현대 문명의 거대함과 시끄러움을 싫어하고 작고 조용한 것을 좋아하게 된 것과 직결된다. 오베른도르프 같은 작은 계곡들이 모두 각각의 지역적 개성으로 살아가는 것이 그곳 사람들에게는 좋은 삶인 반면 천편일률적이고 기계적이며 도식적인 도시 생활은 타락한 삶으로 경험된다. 계곡의 작은 마을에는 공장이 아니라 목장, 자가용이 아니라 자전거, 아니 걷기가 알맞다. 모차르트가 위대한 조화의 음악을 창조한 것도 작은 도시인 잘츠부르크 출신이기 때문이라고 코르는 생각했다. 코르는 고향에서 자란 뒤 부근의 인스브루크대학교에서 법학, 빈대학교에서 정치학, 런던경제대학원LSE: London School of Economics and Political Science에서 경제학 및 정치이론을 공부하면서 어떤 조직과도 무관한 독립적인 사회주의자가 되어 평생을 그렇게 살았다. 1937년에는 프리랜서 특파원으로-세계의 정의를 위한 파시즘과의 싸움이었기에-스페인 내전에 기꺼이 참전했지만, 그에게는 카탈로니아와 아라곤의 분리주의 지역과 알코이와 카스페의 작은 아나키즘 도시들의 제한적이고 자급자족적인 자치 실험이 더욱 감명 깊었다. 아무리 커도 인구 10만 명 정도의 대학도시인 잘츠부르크나 인스부르크를 비롯한 소도시 정도가 사람이 사는 '인간적 규모'로 적합하고 그 도시는 자유로운 시민들이 국가 지배를 벗어나 자치하며 주위 자연과 조화를 이루어야 한다는 그의 이상사회는 스페인 내전을 경험하면서 더욱 확고하게 굳어졌다. 따라서 1938년 오스트리아를 나치가 침략해 합병한 것은 그의 이상을 송두리째 파괴한 것이었고, 어쩔 수 없이 이민을 간 미국도 그에게는 맞지 않았다. 1943년부터 뉴저지주의 럿거스대학교에서 경제학과 정치철학을 가르쳤지만 거대함을 특징으로 하는 미국 학계는 그를 환영하지 않았다. 1941년에 발표한 최초의 논문인 「이제는 불통일: 소규모 자치 단위를 기반으로 한 사회를 위한 요청」에서 유럽을 수백 개의 도시국가로 분할할 것을 요구했는데 정치와 군사의 거대주의에 젖은 미국에서 먹힐 리 없었다. 같은 논리라면 미국도 50개 이상의 나라로 분리되어야 했다. 특히 1950년대 매카시즘 시절에는 미국 정부의 의심도 받았다. 그래서 1955년부터 1973년까지 미국의 해외 영토인 푸에르토리코대학교에서 경제학 및 행정학과 교수로 재직하면서 마을 재생과 교통 정화에 대한 개념을 발전시켰다. 같은 취지의 첫 저서인 『국가는 작게 쪼개져야 한다』는 미국과 영국 출판사들에게 여러 차례 거부된 뒤 옥스퍼드대학교 식당에서 우연히 만난 허버트 리드의 추천으로 1957년 영국에서 겨우 출판되었다. (이는 아놀트 하우저의 『문학과 예술의 사회사』 출판과 똑같은 사연이다) 만년의 코르는 영국의 웨일스로 이주하여 1977년까지 웨일스대학교에서 정치철학을 가르치면서 공동체에 입각한 웨일스 독립 프로젝트를 진행했고, 1983년 스톡홀름에서 '인간적 규모를 위한 운동의 초기 영감'을 준 공로로 '바른생활상Right Livelihood Award'을 받았다. 언제나 열린 마음으로 대화를 즐긴 그는 푸에르토리코에서는 이반 일리치, 웨일스에서는 에른스트 슈마허와 같은 사람들에게 영향을 끼쳤으며 그의 집은 언제나 사람들로 가득 찼다. 슈마허의 베스트셀러인 『작은 것이 아름답다』는 코르의 핵심 원칙 중 하나에서 제목을 딴 것이다. 마찬가지로 코르의 사상은 커크패트릭 세일Kirkpatrick Sale의 『인간적 규모』(1980)와 『대지의 거주자들 : 생태지역적 비전』(1985)에도 영감을 주었다. 많은 사람들에게 코르는 매력적인 대화주의자이자 재치 있게 대중적 속설을 비판하는 자로 묘사되었다. 고전적 학습과 유럽 문화에 몰두한 코르는 동시에 20세기 후반에 가장 심오한 독창성과 혁신성을 가진 정신의 하나로 녹색사상, 생태지역주의, 제4세계, 분권주의, 아나키즘 운동 등에 중요한 영감을 주었다. 1994년 죽은 뒤 그의 유해는 오베른도르프의 푸른 계곡으로 돌아갔다. 가족의 해체까지를 주장하지는 않았지만, 평생 독신으로 살았던 코르는 평생 단 한 번도 폭넓은 명성과 인정을 누리지 못했으나, 그의 생각은 현대 어떤 유행 사상보다 수십 년 앞서 있었다. 그의 친구 중 한 명이 그가 죽은 후 말했다. "이제 그의 시대다!" 아니다. 어쩌면 코로나19 이후에야 비로소 그렇게 말해야 하는지도 모른다. 너무 크면 언제 어디서나 잘못된다. 너무 크면 아름답지도, 올바르지도, 참되지도 않다. 작아야 진선미다.

코르는 역사를 통틀어 작은 나라에 사는 사람들이 더 행복하고, 더 평화롭고, 더 창조적이고, 더 번영했음을 보여준다. 세계의 주요 국가들이 그것들이 비롯된 작은 나라들로 다시 해체된다면 실제로 우리의 모든 정치 사회적 문제는 크게 줄어들 것이라고 본 그는 갈수록 점점 커지는 정치 단위를 만들려고 하기보다는, 작은 규모의 단위가 평화와 안보를 가져다준다고 믿었다. 따라서 지도자들이 시민들에게 접근하고 호응하는 작고 상대적으로 힘없는 국가의 구성으로 돌아가 권력 집단을 최소화해야 한다고 주장했다. 나아가 그는 1960년대의 미국을 중심으로 한 빈곤 국가에 대한 대규모 대외 원조가 지역 이니셔티브와 참여를 억압한다고 비판하고, 도리어 중앙집권적인 정치경제구조를 해체하고 지역통제에 유리한 정치경제구조를 구축해야 한다고 역설했다. 그리고 하나의 나라 안에서도 "건강한 대도시가 도시의 연합이 되어야 하는 것처럼, 건강한 도시는 광장의 연합이 되어야 한다."라는 식으로 무한한 물리적 및 정치적 단편화의 중요성을 설명했다. 그런 도시의 모델로 찾은 이탈리아 도시국가들에 대한 그의 낭만적인 열정은 르네상스 군주의 계몽적 후원에 대한 향수를 불러일으킨 점에서 보수적이라는 비판도 받았다. 그는 언제나 민주주의자이고 사회주의자였지만, 대중 사회와 20세기 중반의 산업주의에 대해서는 매우 비판적이었다. "우리 시대의 중심 질병은 추악함, 가난, 범죄 또는 방치가 아니라 현대 국가 및 도시 거대주의의 비견할 수 없는 차원에서 오는 추악함, 빈곤, 범죄, 방임이다"라고 말한 것처럼 말이다.

1994년 일리치는 예일대학교에서 열린 제14회 슈마허 기념강좌에서 「레오폴트 코르의 지혜The Wisdom of Leopold Kohr」라는 강연을 했다. 나는 슈마허 Ernst Schmacher[18]와 함께 일리치의 사상이 레오폴트 코르에서 비롯된다고 생

---

18 에른스트 슈마허는 1911년 독일 본에서 태어나 1차 세계대전과 대공황을 겪으며 궁핍한 유년시절을 보냈

각한다. 일리치는 자신이 달갑게 생각하지 않은 개발 정책의 관료로 활동한 슈마허의 저서『작은 것이 아름답다』에 대해『절제의 사회』를 쓰면서 참고했다고 한 것 외에는 언급한 적이 별로 없으나, 슈마허의 기본 사상에 대해 공감했을 것이 틀림없다.

슈마허는 1950년부터 20여 년간 영국 국립석탄위원회 자문을 맡으며 재생 불가능한 자원에 기초한 서구 문명의 종언을 예고했지만 주목받지 못했다. 1955년 경제 자문관으로 버마(미얀마)를 방문하면서 '불교 경제학'이라는 새로운 경제철학을 제시했다. 그리고 인도에서 처참한 빈곤을 목격하면서는 지역 규모에 알맞으며 사용하기 쉽고 생태적인 '중간 기술Intermediate technology'이란 개념을 창조했다. (이는 뒤에 적정 기술Appropriate technology로 바뀌었다) 이는 기계 중심에서 인간 중심으로 나아가게 하는 실질적 대안으로 받아들여졌다. 1965년 '중간 기술 개발 그룹'을 발족해 전 세계에 중간 기술을 보급하고, 제3세계를 돌며 자급 경제를 지원했다. 1973년 첫 저서『작은 것이 아름답다』를 출간했다. '작은 것이 아름답다'라는 단 한 문장은 한 시대의 상징이 되어 퍼져나갔다. 말년에는 인류의 미래를 위해 나무의 잠재력을 연구했으나 1977년 강연 순회 도중 사망하면서 그 사상은 결실을 보지 못했다. 그가 생의 마지막에 우러러본 것은 한 그루의 나무였다. 일리치는 슈마허의 중간 기술에 비판적이었고, 불교경제학에 관해서도 관심이 없었지만, 제3세계의 자급경제라는 점만큼은 동의했을 것이다.

다. 영국 옥스퍼드대학에서 경제학을 공부하고 스물두 살의 나이에 미국 콜롬비아대학교의 교수가 되었다. 그러나 미래가 보장된 교수직을 버리고 전운이 감돌던 독일로 귀국했다. 1934년 나치의 박해를 피해 영국으로 피신했지만 적국 국민이라는 이유로 수감되었다. 1945년 제2차 세계대전이 끝난 후 영국 정부의 요청으로 복지정책의 기초를 닦았으며, 세계 평화를 위해 제안한 금융제도는 그 유명한 '케인즈 플랜'에 반영되었다. 저서에『작은 것이 아름답다』외에『혼돈으로부터의 도피』,『굿 워크』,『경제 성장의 근원』등이 있다.

「사라지는 성직자」

1956년부터 1960년까지 푸에르토리코에서 일리치는 라틴아메리카에서 활약하는 사제들을 위한 집중 훈련 센터를 설립했으며, 가톨릭 관료주의와 배타적인 보신주의를 더욱 철저히 비판하기 시작했다. 일리치는 1950년대 말 푸에르토리코에서 가톨릭 정당의 결성에 반대했고, 1960년에는 산아 제한[19]을 지지하는 지사 후보자에게 투표하지 않도록 요구한 가톨릭 측과 대립하여 당시 푸에르토리코의 가톨릭 주교는 일리치에게 푸에르토리코를 떠나도록 명했다.

일리치의 30대 사상을 보여주는 책이 『교회, 변화, 개발The Church, Change and Development』[20]과 『깨달음의 혁명Celebration of Awareness』이다.[21] 두 책에 함께 실린 글이 앞에서 본 「침묵의 웅변」과 아래에서 보는 「사라지는 성직자」 그

---

19 산아 제한에 대한 일리치의 생각은 1967년의 강연 「성적 책임 정치적 책임은 하나」에서 살펴볼 수 있다. 당시 남미 도시에서는 4명의 임산부 중 한 명꼴로 유산이 성행했고 도시 중심부에서는 그 비율이 더욱 높았다. 그리고 그들 대부분은 산파나 약초의사, 무당에 의지해 유산을 하기 때문에 사망률도 높았다. 그럼에도 남미에서는 인구가 폭발했기에 산아 제한이 필요하다고 보았다.

20 Fred Eychaner ed., Urvan Training Center Press/Herder and Herder, 1970. 이 책에는 일리치가 1956년부터 1968년까지 쓴 글들이 실렸다.

21 이 책의 목차는 다음과 같다.
머리말 - 에리히 프롬
들어가기 전에
제1장 당신의 깨달음을 축하합니다
제2장 폭력, 미국을 비추는 거울
제3장 외국인 아닌 외국인
제4장 침묵의 문법
제5장 부도덕한 자선
제6장 사라지는 성직자
제7장 권력을 버린 교회
제8장 학교 교육은 필요한가?
제9장 학교, 그 신성한 소
제10장 성적 책임과 정치적 책임은 하나
제11장 가난을 부르는 경제 개발
제12장 새로운 혁명의 원리

리고 「자선의 이면」이다. 뒤의 두 글은 일리치가 로마 가톨릭교회를 비판한 글로, 세계적인 물의를 낳았다.

1955년에 기초한 글[22]을 보완해 1967년에 발표한 「사라지는 성직자」는 사제, 수사, 수녀 및 평신도로 이루어진 180만 명의 정규 노동자를 고용하는 "로마 가톨릭교회는 세계 최대 규모의 비정부 관료조직이다"(깨달음104)라는 말로 시작해 다음과 같이 말한다.

> 미국의 비즈니스 컨설팅 회사가 세계에서 가장 효율적 기구라고 평가한 조직에서 이들 직원이 일하는 것이다. 조직 측면에서만 보면 가톨릭교회는 제네럴 모터스나 체이스맨해튼 은행에 견줄 만한 방식으로 운영된다. (깨달음104~105)

일리치에 의하면 제도 교회는 그 방대한 규모와 일사불란한 조직을 자랑으로 삼기도 하지만, 그런 기계적 일관성은 교회에 대한 신뢰를 깨뜨리고 교회가 복음과 세계에 대한 관련성을 상실한 것이라고 의심하게도 한다. 따라서 일리치는 교회 관료 제도의 소멸을 열렬히 환영하여 그 개혁을 위해 교회가 그리스도의 복음적 청빈을 살려내야 한다고 주장한다. 이를 위해 그는 교회에 속한 과잉 상태인 정규 노동자 수를 대폭 줄이고, 사제의 독신주의를 포기해야 한다고 제안한다.

일리치는 조직화된 성직자가 서양 세계에 남은 유일한 봉건적 권력의 귀족 정치 구성원이라고 하고, 그런 성격으로 인해 더욱 팽창한다고 비판한다. 그리고 그러한 관료 제도의 파괴를 위해 스스로 생활할 수 있는 일반인에게

---

22 일리치가 피터 카논Peter Canon이라는 필명으로 간행한 〈인테그리티Integrity〉지에 발표한 「교구The Parish」(1955. 6)라는 글.

사제 자격을 부여하자고 제안한다. "성직자가 되기 위해 훌륭한 신학 교육을 받고 평생지원까지 보장받았지만, 알 듯 모를 듯한 외국의 저술을 읽느라 시간을 보내다 보면, 자신이 신학자라기보다 회계사 같다는 생각이"(깨달음115) 들기 때문이다. 그리고 이는 결과적으로 "본질적으로 억압적이고 이념적으로 치우친 데다 어떻게 하면 교회를 확장시킬 수 있는지만 가르"(깨달음116)치는 성직자 훈련이라고 비판한다. 이어 일리치는 미래의 바람직한 성직자상을 다음과 같이 그린다.

> 성인 평신도가 서품을 받아 '정상적인' 그리스도 공동체를 이끌 것이다. 사제직은 직업이라기보다는 여가를 내서 하는 일이 될 것이다. … 미사 역시 주일마다 낯선 사람들이 모여서 치르는 의식이 아니라, 다정한 친구들이 만나는 정기적 모임이 될 것이다. 그리고 모임은 교회가 고용한 관료나 직원이 아니라, 자기 일로 생계를 꾸려가는 치과의사나 공장노동자, 교수가 이끌 것이다. 사제직도 마찬가지로 신학교에서 직업적으로 키운 졸업생들이 아니라, 친교의 전례 의식에 오래도록 참여하면서 그리스도의 지혜를 키운 사람이 맡을 것이다. 교회법이 규정한 서품 자격 때문에 독신을 택한 사람보다는 결혼해서 아이를 키우는 사람에게 지도자의 책임이 부여될 것이다. (깨달음121-122)

일리치가 그린 미래의 성직자상은 위의 글을 쓴 지 반세기 이상이 지난 지금에도 실현되고 있지 못하다.[23] 그렇다고 일리치 자신이 그런 새로운 성직

----

23 이 글은 한용운의 『조선불교유신론』(1913)을 방불케 한다. 한용운은 "금후의 세계는 진보를 그치지 않아서 진정한 문명의 이상에 도달하지 않고는 그 걸음을 멈추지 않을 것"이라고 하면서 "종교요, 철학인 불교는 미래 문명의 원료품 구실을 할 수 있게 될 것과 불교의 가르침이 평등주의와 구세주의에 입각하여 있음"을 천

자상을 실현하기 위해 어떤 노력을 한 것도 아니다. 또 그런 주장 때문에 가톨릭 측과 갈등을 빚은 것도 아니다. 그 갈등은 다른 외부적 요인에 의해 발생했다.

로마 교황청과 일리치의 싸움

일리치가 교회와 갈등을 빚게 된 외부적 요인이란 1960년, 교황 요한 23세가 북미의 선교사·수도사·수녀들 정원의 10%인 약 2만 명을 라틴아메리카에 10년간 파견하도록 한 지시다. 이는 1959년 쿠바 혁명이 사회주의적 성격을 띠게 되고, 라틴아메리카에서는 게릴라 해방 투쟁이 폭발하고, 농민들과 함께 싸운 신부들이 '해방자로서의 하느님'을 신학상의 문제로서 심각하게 주장하기 시작한 것에 대한 대처였다. 그러나 1966년까지 라틴아메리카로 이주한 성직자는 전체의 0.6%(1,622명)에 불과했다. 그 계획에 대한 성직자들의 회의가 빚은 결과였다. 그러나 '라틴아메리카를 돕자'는 주장은 끊이지 않았다. 그해 1월 말에는 미국과 라틴아메리카의 주교 및 신도들 3천여 명이 보스턴에 모여 캠페인을 벌일 계획이었다. 그래서 일리치는 미국 예수회 신문 1967년 1월호에 「자선의 이면」이라는 글을 실었다.

로마 교황청의 라틴아메리카 선교에 대한 가장 통렬한 비판이었던 그 글에서 일리치는 푸에르토리코에서 그가 "외국에서 벌이는 '빈민을 위한' 필생의 과업 때문에 오히려 삶이 위축되고 완전히 회복 불능이 된 사람들을 적지 않게 보아왔"고, 라틴아메리카에 "미국식 생활수준과 기대치를 그대로

명한 뒤 승려교육, 참선, 염불당 폐지, 포교의 강화, 불교의식의 간소화, 승려의 권익을 찾는 길, 승려의 혼인 문제, 주지의 선거, 승려의 단결, 사원의 통괄 등 여러 가지 문제에 관하여 구체적인 방안을 제시하였다. 특히 염불 풍토를 비판하고, 불교가 도시로 나와야 하며, 의식을 폐하고, 승려의 결혼 등을 주장했다. 그러나 한국불교의 호국성과 같은 권력친화적 성격을 비판하지는 못했다는 한계를 보이기도 하다.

이식하면 오히려 그곳에 필요한 혁명적 변화만 지연될 뿐이며, 자본주의나 다른 이념을 위해 복음을 이용하는 일도 결코 옳지 않은 일"이라고 비판했다. (깨달음77)

이어 로마 교황청의 계획이 "무비판적인 상상력과 감성적인 판단"(깨달음80)에 근거한 것이라고 비판하고 "베푸는 사람이 응당 누리는 기쁨과 받는 사람이 겪을 결과는 전혀 다른 두 개의 장으로 분리해 다루어야 마땅하다"(깨달음82)고 주장했다. 그는 "선교 동기로 자금과 인력을 보내는 일은, 낯선 기독교 이미지와 낯선 설교 방식, 낯선 정치 메시지까지 함께 실어 나르는 일이기도 하다. 또한 1950년대 북아메리카 자본주의의 표식까지 함께 실어 나름은 물론이다."(깨달음82)라고 보았다. 그래서 "라틴아메리카 교회는 이렇게 정복자들이 짓밟던 시대로 되돌아감으로써 다시 꽃피고 있는 셈이다. 식민지 시대의 작물이 이방인들의 재배로 되살아나고 있다."(깨달음84)고 말했다.

> 최근에 나는 학위를 따오라고 유럽에 유학 보낸 라틴아메리카 성직자 대부분에서 그런 사례를 보았다. 교회를 세상과 연결하겠다면서 그들 중 열에 아홉이 교리문답, 목회학, 교회법 같은 교수법을 배우고 있었다. 이렇게 공부해서는 원래 하려고 했던 교회와 세상에 대한 그 어느 쪽 지식도 늘릴 수 없다. 그들 가운데 소수만이 역사적이고 근원적인 측면에서 교회를 연구하거나, 있는 그대로 세상을 배우고 있었다. (깨달음84)

그 극소수가 연구하는 것이 바로 일리치 자신의 연구 과제였다. 즉 세상을 있는 그대로 연구한 것이 그의 전기 연구였고, 교회를 그 역사와 기원에서 연구한 것이 그의 후기 연구였다. 그러나 이는 각각의 시기에 행해진 연구의 중점을 말하는 것에 불과하며 일리치 자신은 평생 그 두 가지 연구를 함께했다고 볼 수 있다.

반면 라틴아메리카의 현실 교회는 "이런 식의 진보를 지지하는 '공식' 기관이 됨에 따라, 어떤 기관의 손길도 닿지 않는 곳에서 그 수가 점점 불어나는 대다수 약자는 더 이상 그들의 대변자를 갖지 못하게 되었다."(깨달음86~87)고 비판했다. 이러한 일리치의 주장은 한국에도 그대로 적용되는 것이지만 우리 교계에서는 일리치처럼 로마 가톨릭이나 그 선교 활동에 반대한 성직자를 찾아보기 어렵다.

미국의 남미 원조 계획에 대한 일리치의 비판

일리치는 로마 교황청의 남미 선교 정책과 함께 미국의 남미 원조 계획도 비판했다. 1968년 초 그는 미국에서 열린 「폭력: 미국을 비추는 거울」이라는 강연에서 미국이 자국에서 벌인 '빈곤과의 싸움'이 도시 폭동이라는 결과를 낳았듯이 남미에서의 '진보를 위한 동맹' 역시 위협적인 반란 사태를 초래한 것이 베트남 전쟁의 실패와 관련 있다고 주장했다.

일리치는 명백한 폭력인 당시의 베트남 전쟁과 달리 '빈곤과의 싸움'이나 '진보를 위한 동맹'은 평화를 미명으로 삼지만 실제로는 극소수의 미국식 재산 축적에만 그쳐 이에 불만을 갖는 다수자의 폭력을 낳았다고 주장했다. 그에 따르면 그 셋의 공통성은 '서양의 가치를 지키기 위한' 전쟁, 즉 '모든 사람에게 더욱 풍요한 생활을 보장'한다고 주장한다는 점이지만, 그 실상은 '내가 가진 것이 없어지지 않도록' 한다는 것에 불과했다.

또한 그 셋의 공통 수단은 돈과 군대와 교사를 이용한다는 점이었다. 그러나 돈은 극소수에게만 이익을 주기 때문에 다수자의 불만이 늘어난다. 따라서 그 다수자로부터 극소수의 이익을 지키기 위해 군대와 경찰의 무기가 절실해진다. 그리고 이어 교사를 비롯한 자원봉사자, 선교사, 지역사회조직

전문가, 경제전문가라는 소위 자칭 자선가들이 등장한다. 그러나 그들은 실제로 돈과 무기가 결과한 피해의 고통을 느끼지 못하게 하고, 저개발 지역 사람들이 번영과 성공의 세계의 이익을 추구하도록 유혹하는 역할을 하는 것으로 끝난다. 따라서 일리치는 그러한 외국의 신(이상, 우상, 이데올로기, 신념, 가치)이 빈민에게는 외국의 군사력이나 경제력보다 더욱 침략적으로 다가간다고 주장했다.

로마 교황청의 남미 선교 정책과 함께 미국의 남미 원조 계획도 비판한 일리치가 제시하는 개발의 대안은 무엇인가? 그는 「권력을 버린 교회」라는 1967년 강연에서 아무런 권력도 갖지 않는 교회만이 발전의 완전한 의미를 '계시'할 수 있다고 주장했다. 그 계시란 '신의 왕국을 현실화시키는 방향으로 인간성이 발전한다'는 기독교 신앙이다. 물론 그것은 현실의 성직자 기독교가 아니라, 그런 기독교가 기존의 권력을 포기한, 일리치가 말하는 세속 일반인의 자율에 의해 수립된 새로운 기독교의 신앙이다. 그리고 그러한 교회는 "성공에 안주하는 대신 더 가난한 삶을 살라고 요구"하고 "우상들에 자신을 빼앗기지 말고 사랑과 순결로 자신을 채우라고, 타인을 예단하기 전에 먼저 신뢰하라고 요구한다." (깨달음147) 그러나 일리치는 새로운 세계를 설계하는 것이 교회의 임무가 아니라고 본다. 그러한 교회야말로 그가 이상으로 삼는 '권력 없는 교회'에 반대되는 '권력 있는 교회'이기 때문이다. 그래서 그는 가톨릭 정당의 수립과 같은 가톨릭의 현실정치 참여에 반대했다.

일리치의 초기 학교 비판

일리치는 1956년부터 1960년까지 푸에르토리코에 있는 가톨릭대학교의 부총장을 역임하였다. 그는 그 지위로 인해 자동적으로 푸에르토리코섬 전체의 학교 교육을 관장하는 고등교육자문위원회의 멤버가 되어 활동하면서 두 가지 사실에 놀랐다. 하나는 학교화를 위한 제도가 교회와 유사하다는 점이었고, 또 하나는 학교화를 주장하는 이유와 그 실제 결과 사이의 현저한 불일치였다. 즉 본래 공동체의 살아 있는 구체화여야 할 종교가 세속적 권력인 교회로 변한 것처럼, 공동체의 살아 있는 구체화여야 할 교육이 세속적 권력인 학교로 변한 것을 목격했다. 여기서 학교화schooling란 학교의 국가화와 학교의 사회화를 뜻한다. 이를 학교태學校態라고 번역하기도 하지만 어색한 표현이다.

바람직한 교육이란 인간 잠재력의 새로운 차원을 자각할 수 있게 하고, 자신의 창조력을 활용하여 인간 생활을 보다 나은 형태로 증진하는 것이라고 보는 일리치는 강제적 학교화의 철폐와 30세 미만자에 대한 매년 1~2개월 교육을 주장하고 자가용 대신 버스, 병원 대신 안전한 식수 제공 시설 등을 제안한다.

쿠에르나바카의 일리치

가톨릭 측과 대립하여 부총장직을 사임한 일리치는 도보로 라틴아메리카를 횡단하였다. 그리고 지역의 민중 생활에서 자립과 자존의 확립을 위한 물질적 및 정신적 기반인 서브지스턴스에 대한 전쟁'에 대항하기 위해 일리치는 1961년 멕시코의 쿠에르나바카에 '문화교류형성센터CIF : Center of Intercultural Formation'[24]를 세웠다.

일리치가 군이 쿠에르나바카를 택한 이유는 "기후, 위치, 교통을 고려"(깨달음78)함과 동시에 그곳이 이미 관광지로 알려진 곳이므로 "외지인 때문에

---

[24] Intercultural은 international이 아니니 이를 국제라고 번역하기 어렵지만 상호문화라고 번역해도 이상하다. 그래서 일반적인 말인 국제라고 번역했다.

입을 수 있는 어떠한 피해도 이미 입은 상태여서, 우리가 끌어들이게 될 평화봉사단이나 선교사 같은 부류의 사람들이 거기서 끼치는 영향에 죄책감을 느끼지 않도록 하기 위해서였다."(대화227)라고 했다.

그 표면적인 설립 이유는 라틴아메리카로 보낼 선교사를 교육시키는 것이었으나, 설립의 실질적 목적은 진보적인 선교사 외의 모든 선교사를 라틴아메리카에서 축출하는 것으로, 양키화되지 않은 진보적인 선교사를 키우는 것으로 변했다. 그 구체적인 방법이 라틴아메리카 언어를 습득하고 멕시코 빈민과 함께 생활하면서 일리치와 센터의 급진적 견해를 접하게 하는 것이었다.

1967년에 문화교류형성센터는 문화교류자료센터CIDOC : Center for Interncultural Documentation로 개편되었다. 문화교류자료센터와 그 전신인 문화교류형성센터에서 일리치는 1961년부터 1976년까지, 특히 라틴아메리카에 초점을 맞춘 '기술사회에서의 제도적 대안Institutional Alternatives in a Technological Society'에 관한 세미나를 주재하여 수많은 라틴아메리카 지식인들과 학생, 그리고 유럽과 미국에서 온 많은 성직자와 지식인과 토론했다. 그 결과가 그의 1970년대 저작들이었다. 그들 지식인 중에는 고정 멤버인 프레이리Paulo Freire[25]와 객원 멤버인 폴 굿맨, 에리히 프롬Erich Fromm[26], 수전 손탁

---

25 파울로 프레이리는 1921년 브라질 중산층 가정에서 태어나. 1929년 대공황을 만나 빈곤과 기아를 경험하여 빈민 문제와 대중 교육에 대한 관심을 갖게 되었다. 1943년 헤시피대학에서 법학을 전공하고 변호사가 되었으나, 사건 하나만을 맡은 후 그만두었다. 그 뒤로 교육 혜택을 받지 못한 농민과 노동자들에게 자신의 처지를 자각하고 자신의 삶을 변화시키는 의식화의 수단으로 읽기/쓰기를 가르친다는 참신한 교육운동을 펼쳐 큰 성공을 거둔다. 1964년 군사쿠데타 때 체제 전복 혐의로 투옥되었고, 석방된 뒤 국외로 추방되어 전 세계를 돌아다니며 문맹 퇴치 프로그램의 입안을 돕고 여러 대학에서 강의했다. 1979년부터 상파울로시 교육비서관을 지내다가 몇 해 뒤 사임하고 교육 분야의 고전으로 일컬어지는 『페다고지』(1968)을 비롯한 20여 편의 책을 썼다.

26 에리히 프롬은 1900년 독일에서 태어난 유대인으로 하이델베르크대학교 등에서 공부하고, 1930년 프랑크푸르트 사회연구소에 들어가 자신의 정신분석학 이론을 정립했다. 나치가 정권을 잡자 1934년 미국으로 망명하여 컬럼비아대학교 등에서 강의하다가 1950년부터 멕시코 국립자치대학교에서 정신분석학과 의과 대학의 교수로 재직한 뒤 1965년 은퇴하고 1974년 스위스로 이주해 1980년 사망했다. 대표작인 1941년의 『자

Susan Sontag[27], 존 홀트John Holt[28], 앙드레 고르André Gorz[29], 조너던 코졸Jonathan Kozo[30], 조엘 스프링Joel Spring[31] 등이 있었다.

그중 프롬은 독일 출신의 미국 신프로이트학파의 정신분석학자이자 사회심리학자로서 1950년부터 멕시코시티에서 강의를 하며 쿠에르나바카에 살고 있었다. 프로이트와 마르크스의 영향에서 출발한 프롬은, 파시즘의 선

────────────────

유로부터의 도피』에서는 파시즘의 심리학적 기원을 밝혔고, 1956년과 1976년에 각각 세계적인 베스트셀러가 된 『사랑의 기술』과 『소유냐 존재냐?』를 발표했다. 그의 저서인 『자유로부터의 도피』(1941), 『인간의 자유』(1947), 『건전한 사회』(1955), 『선(禪)과 정신분석』(1960), 『인간의 승리를 찾아서』(1961). 『의혹과 행동』(1962), 『혁명적 인간』(1963) 등이 번역됐다.

27 1933년 미국에서 태어난 수전 손탁은 하버드대학교 등에서 문학, 역사, 철학을 전공하였다. 1966년의 『해석에 반대한다』에서는 예술에 대한 해석을 '지식인들이 세계에 가하는 복수'라 규정하면서 예술을 심미적으로 체험하자고 주장하였다. 그리고 1978년에 유방암 판정을 받고 2년 뒤에 쓴 『은유로서의 질병』에서 질병이 단순히 개인이 가진 증상이나 통증이 아니라 사회학적 기호라고 주장하였다. 2004년 백혈병으로 죽었다.

28 존 홀트는 1923년 뉴욕시에서 태어나 제2차 세계대전에 참전한 뒤 교육운동에 종사했다. 1964년에 출간된 『아이들은 왜 실패하는가』는 인간에 대한 깊은 이해와 아이들에 대한 사랑, 가르치는 일에 대한 열정으로 아이들의 내면과 교실에서 벌어지는 일들을 섬세하게 기록한 일종의 '교실 민속지'로 교육을 생각하는 모든 사람들에게 큰 반향을 일으켰다. 뒤이어 출판된 『아이들은 어떻게 배우는가』는 배움을 강요당하기 이전 시기의 어린아이들이 세계를 탐구하고 배우는 과정을 기록한 책으로 역시 큰 주목을 받았다. 이 책들 이후 학교는 개혁될 수 없다는 것을 깨닫고 학교를 벗어나서 배울 수 있는 방법으로 『학교를 넘어서』를 써서 언스쿨링 홈스쿨링 대안교육 바탕이 되었다

29 1923년 오스트리아 빈의 유대인 가정에서 태어난 앙드레 고르는 노동시장에서 최저임금의 필요성을 주장하고, 생태주의 이론을 정립했다. 68혁명 때 실존주의적 마르크스주의자로 제도와 국가조직에 대한 학생들의 비판에 동참했다. 그 후 일리치의 교육과 의료, 임금 노동 폐지에 관한 글과 그에 대한 자신의 글들을 〈레탕 모데른〉 〈누벨 옵세르바퇴르〉 등에 게재했다. 2007년 죽음을 앞둔 아내와 동반 자살했다.

30 40년 이상을 교사로 지낸 코졸은 차별적인 교육과 사회 불평등에 맞서 싸워온 진보적 교육자 1966년 이래 자유교육운동에 헌신했다. 『젊은 교사에게 보내는 편지Letters to a Young Teacher』(김명신 옮김, 문예출판사 2008)과 『교사로 산다는 것 - 학교 교육의 진실과 불복종 교육』(김명신 옮김, 양철북, 2011)에서 그는 교사는 아이들을 주체적인 존재이면서도 사회적 관계를 중시하는 존재로 이끌어야 한다고 주장한다. 또한 『희망의 불꽃』(이순희 옮김, 열린책들. 2014)은 주거 및 교육 환경에서 야만적인 불평등에 시달리고 있는 뉴욕 브롱크스의 아이들과 지낸 25년을 기록한다. 『야만적 불평등 - 미국의 공교육은 왜 실패했는가Savage Inequalities』(김명신 옮김, 문예출판사. 2010)도 빈민가 교육의 참상을 기록한다.

31 인디언 출신 미국의 교육학자인 스프링은 위스콘신대학에서 교육정책 연구로 박사학위를 받고 뉴욕시립대학교의 퀸스 칼리지와 대학원 센터 교수로 교육의 사회문화적, 정치적, 역사적 연구' 총서 편집자이다. 저서로는 『아나키스트 교육 입문』, 『미국교육 1642~2000』, 『교육 이데올로기가 어떻게 글로벌 사회를 만드는가』, 『교육과 글로벌 경제의 등장』, 『세계화의 교육학』, 『글로벌 학교체제를 위한 새로운 패러다임』, 『교육에 대한 보편적 권리』, 『세계화와 교육적 권리』, 『소비자-시민을 교육하기』, 『미국적 삶의 이미지』, 『교육을 위한 정치적 의제』, 『문화의 교차』, 『탈문화와 평등을 위한 투쟁』, 『머릿속의 툽니바퀴』 등이 있다.

풍에 대중이 말려들어가는 것을 목격한 체험을 통해 '근대인에게서의 자유의 의미'를 추구했다. 현대에 와서 일반화되어가는 신경증적 증상이나 정신적 불안은 개인적인 정신분석 요법으로 해결될 수 없다고 생각하였으며, 프랑크푸르트학파에 프로이트 이론을 도입하여 사회경제적 조건과 이데올로기 사이에 그 나름의 사회적 성격이라는 개념을 설정하였다. 이 3자의 역학에 의해 사회나 문화의 변동을 분석하는 방법론을 제기하였는데, 그것이 그의 '인간주의적 정신분석'이다. 일리치는 프롬의 정신분석에는 그다지 관심이 없었으나, 그가 『소유냐 존재냐?』를 비롯한 여러 책에서 주장한 소유 양식의 삶이 아니라 존재 양식의 삶을 살아야 한다는 주장을 프로메테우스적 인간상과 에피메테우스적 인간상을 비롯하여 산업주의적 양식과 비산업주의적 양식(버내큘러, 콘비비얼, 커먼즈 등)을 통해 설명했다.

또한 앞에서 보았듯이 일리치가 뉴욕에 있을 때부터 친구였던 굿맨이 1964년에 낸 『잘못된 강제 교육Compulsory Mis-education』은 일리치 교육사상에 상당한 영향을 미쳤고, 『아이들은 왜 실패하는가How Children Fail』(1964)와 『아이들은 어떻게 배우는가How Children Learn』(1967) 등을 출판한 홀트와 같은 비학교론자들도 일리치와 밀접하게 연관되어 서로 영향을 주었다.

마찬가지로 일리치는 스스로를 해방신학자라고 부르지 않았지만 멘데스 아르세오Mendez Arceo, 구스타보 구티에레즈Gustavo Gutierrez, 후안 루이스 세군도Juan Luis Segundo, 에우데르 카마라Hélder Càmara 및 카밀로 토레스Camilo Torres를 포함한 해방신학 운동과도 관련되었다. 당시 일리치는 무기를 든 토레스 신부와 카리스마적인 해방사상가인 카마라 신부와 함께 '위험한' 진보적 신부로 불리기도 했다. 그러나 그들과 달리 일리치는 산업 사회의 산업주의적 생산 방식 대신 다른 자율적 자치사회 구축을 위한 일상생활의 저항적 삶을 제창하고 그것을 스스로 실천한 점에서 그들과 구별되었다.

CIDOC는 미국, 캐나다, 유럽에서 온 수백 명의 선교사들을 훈련했으나 그곳을 방문한 지식인들과의 교류로 더욱 유명했다. 그 교류의 결과가 교회, 교육(『학교 없는 사회』), 기술(『절제의 사회』), 교통(『행복은 자전거를 타고 온다』), 의학(『병원이 병을 만든다』1976) 등에 대한 비판이었다. 이는 학교가 공부를 방해하며, 자동차는 지속 가능하지 않고 낭비이며 사람을 움직이지 못하게 하고, 의학은 사람들을 병들게 하고, 사법 제도는 범죄를 발생시킨다는 비판이다. 즉 학교와 병원은 각각 교육과 건강의 장애물이며, 근대화가 빈곤을 없애기는커녕 빈곤을 근대화하고, 국가 교육에 의해 국민의 언어 능력은 쇠퇴한다고 주장했다. 과거에는 자율적 생활 주체였던 민중이 그들의 고유한 기술을 박탈당하여 건강은 의사에게, 공부는 교사에게, 교통은 자동차에, 놀이는 텔레비전에, 생존은 임금 노동에, 남녀의 고유한 성적 차이는 자본주의 경제체제에 의해 중성화되는 과정이라고 봤다. 따라서 그는 경제 개발은 필요에 의한 노예화이지, 희소성稀少性으로부터의 자유화가 아니라고 비판했다.

일리치는 회복 불가능한 상태에까지 무한대로 성장하고 있는 산업 사회의 산업주의적 생산 방식 대신에, 기존의 사회주의나 코뮌과도 다른 새로운 사회주의의 이미지를, 절제된 사회의 구축이라는 과제로 제창했다. 그것은 생산을 중심으로 사회가 조직되는 것이 아니라 절제된 도구·수단의 사용과 인간의 자율적 행위의 상호 교환을 중심으로 조직되는 사회다. 이러한 사회는 기술 과학 문명을 극도로 발전시킨 서구 제도 자체를 재검중하는 것으로부터 가능하다.

그것이 3개의 산업 패러다임에 관한 검토, 곧 『학교 없는 사회』에서의 학교화, 『행복은 자전거를 타고 온다』에서의 가속화, 『병원이 병을 만든다』에서의 의료화 등으로 분석됐다. 이는 학교 해체나 기계 해체 및 병원 해체를 주장한 것은 아니다. 그것은 마치 마르크스의 사상을 공장 해체로 이해하는 것과 다를 바가 없다. 그러한 제도 비판의 기본은 앞에서 본 로마 가톨릭 교회에 대한 비판이었다. 교회 비판이 학교 비판, 병원 비판, 교통 비판 등으로 이어진 것이다. 교회 비판은 자율적인 청빈과 무권력 및 비폭력을 주장한 예수의 가르침이 초기 기독교도인 바울로부터 로마 제국 시대의 국교화와 중세 및 근대의 정경 유착에 의한 사치와 권력화 및 폭력화로 철저히 왜곡된 것에 대한 비판이었다. 마찬가지로 배움과 건강과 이동에 대한 자율적 능력이 학교와 병원과 교통에 의해 타율화되어 왜곡되었다는 비판이었다. 한국에서는 일리치의 제도 비판이 가톨릭 비판에서 비롯된다는 점이 무시(또는 은폐)되는 경향이 있지만 이는 그에 대한 올바른 이해가 아니다. 가톨릭 측에서도 공식적으로는 일리치를 무시(또는 은폐)한다.

일리치는 1968년에 로마 가톨릭에 의해 종교 재판에 가까운 심문을 받았고, 결국 1969년 초 사제직을 내놓았다. 그리고 CIDOC도 1976년 4월에 폐쇄했다. 건물에 대한 물리적 습격이나 멕시코 경제의 변동도 그 이유였지만 더 중요한 주된 이유는, 일리치 자신이 할 수 있는 일은 다 했다고 느끼고, 특히 그 자신의 '계몽시대' '캠페인 시대'가 끝났다고 생각해, 더욱 깊은 근원에 대한 역사적 탐구를 바랐기 때문이었다.

일리치의 원숙기 1976-2002(50세 이후)

일리치의 12세기 연구

일리치는 1976년 CIDOC의 문을 닫고 중세 연구, 특히 근대가 형성된 12세기 연구에 몰두했다. 학생 시절 그는 12세기 학자들인 잉글랜드 시트회[32] 수도회에 속한 리보 수도원의 수도사인 리보의 아엘렛Aelred of Riveaulx[33]과 작센 귀족 출신의 신학자인 성 빅토르의 위그Hugh of St. Victor[34]에 탐닉했

---

32 Cistercian은 원시 수도회 제도의 복귀를 목적으로 하여 1098년 프랑스에 설립된 가톨릭 베네딕토 원시회 칙파(原始會則派)의 주축을 이루는 개혁수도회로서 베르나르두스회라고도 한다. 명칭은 프랑스의 디종 근처 시토의 수도원에서 연유됐다. 시토 수도회는 1098년에 베네딕토회 몰렘 수도원 원장 로베르투스가 수도회의 엄격하지 않은 회칙 적용에 불만을 품고 베네딕토 회칙의 엄수에 뜻을 같이하는 수사 20명과 함께 원시 수도회 제도의 복귀를 목표로 창설한 혁신적인 수도회이다. 시토회는 개개의 수도원이 자치권을 가졌으며, 성무(聖務)와 정주(定住)의 의무를 준수할 뿐만 아니라 봉토에서 나오는 수입을 거부하고 단식·침묵·노동을 엄격히 지키며 토지경작을 했다.

33 성공회와 가톨릭에 의해 성인으로 숭배되는 리보의 아엘렛은 1110년 영국에서 태어나 24세에 리보 수도원에 들어가 1147년에 수도원장으로 선출되었고 1167년에 죽었다. 그의 대표작인 『영적 우정De Spiritual Friendship』은 키케로Cicero의 『우정론De amicitia』에 대한 기독교적 대응물로 그리스도를 영적 우정의 근원이자 궁극적인 원동력으로 본 책으로 일리치 우정론의 기초가 되었다.

34 1090년에 태어난 것으로 짐작되는 위그는 가족의 반대를 무릅쓰고 성 판크라스 수도원에 들어갔다가 파리의 생 빅토르 수도원으로 옮겨 학교 교장을 지내는 등 여생을 보내다가 1141년에 죽었다. 대표작인 『디다스칼리콘Didascalicon de studio legendi』은 성 빅토르Saint Victor 학교의 학생들을 위해 저술된 책으로 12세기 유럽에서 가장 발전된 학습 중심지인 파리 학교에서 가르친 신학적, 주석적 연구에 대한 예비 입문서다. 위그

었다. 특히 주로 성 어거스틴의 영향을 받았으며 예술과 철학이 신학에 도움이 될 수 있다고 주장한 『디다스칼리온Didascalicon de studio legendi』은 위그의 공부론이며 일리치가 1993년에 쓴 『텍스트의 포도밭In the Vineyard of the Text: A Commentary to Hugh's Didascalicon』에서의 분석 대상이었다.

1976년 이후 일리치는 독일과 멕시코를 왕래하면서 저술 및 강의 활동을 하고, 또한 세계 각지에서 반핵운동 등의 각종 사회운동에 참여했다. 1980년에는 서독의 마르부르크대학교, 카셀대학교, 괴팅엔대학교, 올덴부르크 대학교, 브레멘대학교 등에서 유럽 중세사를 강의했고, 1981년에는 처음으로 개설된 베를린 고등연구소에 객원 연구원으로 초청되어 서베를린에 체재했다. 미국에서도 펜실베이니아주립대학교, 캘리포니아 클레어몬트의 피셔 대학교, 시카고 멕코믹 신학교 등에서 가르쳤다. 당시의 수업에 대한 회상을 읽어보자.

> 나는 타자기로부터, 사인펜으로부터, 그리고 한시도 놓지 못하고 쥐고 있어야만 하는 전화기로부터 학생들을 떼어놓기 위해, 그래서 학생들이 두 개의 시공간 사이를 여행하는 느낌을 갖도록 하기 위해 노력했다. (대화149)

일리치가 지금 살아 있다면 그는 전화기가 아니라 핸드폰의 노예가 된 학생들을 보았으리라. 그러나 일리치가 3백 명의 학생들에게 12세기 사상을 라틴어 문헌으로 가르친 독일 대학은 그래도 지금 한국의 대학과 비교하면 다행이었다. 한국에서는 이미 그런 강의 자체가 불가능하기 때문이다.

....

는 광범위한 고전 및 중세 자료를 인용하고 어거스틴을 주요 권위자로 하여 고급 신학 연구의 기초 역할을 하도록 고안된 수사학, 철학 및 주석의 포괄적인 종합을 제시한다.

당시 그의 연구와 강의의 주제는 첫째, 현대의 '고정 관념'(가령 양심, 시민, 민주주의, 텍스트, 개성, 결혼 등)이 대체로 12세기에 형성됐으나, 그 시기의 세계는 현대의 감성과는 전혀 다른 것이었다는 것, 둘째, 따라서 현대 세계는 대단히 기묘하다는 것이었다. 이러한 역사 연구를 통해 일리치는 과거에 제기한 분석을 확장하고 심화시켰다.

일리치는 1978년 노동의 환상을 비판한 『누가 나를 쓸모없게 만드는가 The Right to Useful Unemployement: And its professional enemies』와 『전문가들의 사회 Disabling Professions』, 여성 노동을 분석한 1981년의 『그림자 노동Shadow Work』, 여성 문제를 다룬 1982년의 『젠더Gender』, 물질의 역사성을 다룬 1985년의 『H2O와 망각의 강H2O and the Waters of Forgetfulness』, 독서 능력을 다룬 1988년의 『ABC, 민중의 마음이 문자가 되다ABC: The Alphabetization of the Popular Mind』, 지식이 책으로 획득되는 기원을 다룬 1993년의 『텍스트의 포도밭』 등을 발표했다. 이러한 후기 저술은 1970년대의 계몽적 저술을 심화시킨 것으로 볼 수 있다.

1980년대 이후 그는 주로 쿠에르나바카, 펜실베이니아주립대학교, 브레멘대학교 사이를 끊임없이 왕래하면서 중세사를 중심으로 한 저술 및 강의 활동을 했으나 1970년대 저술과 같은 충격을 세간에 던지지는 못하고 오랫동안 잊혔다.

앞에서 보았듯이 일리치의 전기 사상이 공간적으로는 라틴아메리카에 뿌리내리고 있다면 후기 사상은 시간적으로 중세에 그 뿌리를 두었다. 일리치는 50세 이후의 후반생을 중세 연구에 바쳤다. 그러나 전반생의 라틴아메리카에서의 연구와 마찬가지로 그는 중세를 찬양하거나 미화한 적이 없다. 가령 그는 "지금은 중세 때처럼 수도원이나 회당, 학교 같은 신성 구역에 갇혀서 준비를 다 마치고 나서야 '세속 세계'에 나서서 살 수 있다는 생각을 고집할 이유가 없다"(깨달음173)고 주장하기도 한다.

만년의 일리치

일리치는 이 세상 모든 일에 대해 가장 근원적으로 스스로 생각하고 스스로 행동하여 현실에 대한 근본적 비판을 도발하면서도 결코 유머를 잃지 않는 르네상스적 인간의 전형이었다. 그가 비판한 현실은 바로 발전의 종교를 섬기다가 본래의 자율성을 잃고 타율화된 인간의 세상이었다. 1960~70년대에 타율화가 본격적으로 시작되며 그는 그 비판의 선두에 나섰으나 도리어 타율화는 더욱 진행되었고 1980년대 이후 그는 무시되었다.

1992년 일리치가 암에 걸리자 의사는 진통제의 대량 투여에 의한 치료를 제안했으나, 그는 그런 치료는 일을 하기 어렵게 한다는 이유에서 거부하고 스스로 아편을 먹으면서 10년을 일했다. 죽기 몇 년 전 브레멘시로부터 평화상을 받았을 때 그는 수상식장의 화려한 분위기에 대한 묘사로 수상 소감을 시작했다가 그가 브레멘에 갈 때마다 묵었던 친구 집의 소박하고 개방된 분위기, 누구나 초대받는 스파게티와 포도주의 파티, 밤늦게까지 이어지는 활발한 토론, 사람들이 자유롭게 오가거나 멋대로 잠을 자기도 하는 우정과 환대의 묘사로 바꾸어갔다.

죽기 몇 달 전인 2001년 3월, 유네스코가 연 '발전을 그만두고, 다시 세계를 만들자'는 심포지엄에 참석하여 신자유주의 세계화 반대운동의 기수인 프랑스의 죠제 보베 옆에 앉아 발표를 하기도 했으며 그때부터 다시 그에게 귀를 기울였다.

일리치는 2002년 독일 브레멘에서 죽었다. 그러나 세계는 여전히 죽은 후의 그조차 신화적인 유언비어의 대상으로만 취급했다. 가령 <뉴욕타임스>는 '사제로부터 철학자로 전향, 그 견해는 1970년대 베이비붐 세대를 유혹'이라는 기사를 실었다. (2002. 12. 4일자 기사) 〈런던타임스〉는 그가 후반생 대부분을 멕시코시 부근 교외의 흙으로 지은 오두막에서 지낸 성자로 추모하고,

그가 그리스어를 호텔 정원사로부터 단 하루 만에 배우고 유창하게 말했다는 기사를 실었다. (2002. 12. 5일자 기사) 그 밖의 신문들은 그를 저명한 사회학자, 문화비평가, 도발적인 종교적 급진주의자, 해방신학의 선구자로 추모하는 기사를 실었다.

일리치의 공식 직함은 신부나 교수였지만, 교수로서는 물론이고 신부로서도 권위주의나 형식주의와는 담을 쌓은 자유인이었다. 그는 어려서부터 세상을 떠돌며 모든 권위와 제도에 저항하는 삶을 살았다. 청빈한 생활 속에서 무한한 자유와 평등만이 지배하는 대화를 통해 사람들과 함께하는 삶을 살았다. 어린 시절 이후로 집이 없었기 때문에 일리치는 그 자신은 기독교인 순례자이자 방랑하는 유대인이자 편력자라고 했다.

일리치는 근대국가를 무너뜨리고자 했던 유토피아적 아나키스트 지식인, 극단주의자이자 급진주의자, 좌파 자유지상주의자로 일컬어졌다. 그는 또한 가난한 사람들을 위한 연대와 억압받는 사람들의 정치적, 사회적 해방을 강조하는 해방신학과 관련되었다. 반면에 자유 시장 자유주의자들은 또한 그의 아이디어를 학교 선택과 바우처를 장려하는 데 사용했지만 이는 일리치를 오해한 것에 불과하다. 일리치는 자신을 아나키스트라고 언급한 적이 없지만 앞에서 보았듯이 굿맨을 비롯하여 20세기 중반 좌파 아나키스트 집단의 주요 인물들과 교유했다. 일리치는 평생 현대 산업 사회에 대한 고정관념을 파괴하고자 한 사상가였다. 그런 점에서 그는 모든 고정 관념을 파괴하고자 한 막스 슈티르너Max Stirner[35]의 후배라고 볼 수 있다.

---

35 본명이 요한 카스파어 슈미트Johann Caspar Schmidt인 막스 슈티르너는 1806년 독일에서 태어나 1856년 독일에서 죽은 철학자로 허무주의, 실존주의, 정신분석 이론, 포스트모더니즘, 개인주의적 아나키즘에 영향을 끼친 인물이다. 슈티르너의 주요 저서로는 『유일자와 그 소유Der Einzige und sein Eigentum』가 있으며, 이 책은 1845년 라이프치히에서 처음 출간된 이후 여러 언어로 번역되었다. 보편적으로 받아들여지는 사회제도 – 국가, 자본주의적 사적 소유권, 자연권 그리고 사회 그 자체 – 는 단지 환상이며 인간의 마음을 돌아다니는 유령으로 간주하고 그 권위를 부정한 것은 일리치의 산업주의 부정과도 통한다. 또한 1842년에 쓴 『우리 교육의 잘못된 원칙Das unwahre Prinzip unserer Erziehung』에서 슈티르너가 교육은 적통적인 인본주의적 방

법이든 실용적인 현실주의적 방법이든 여전히 진정한 가치가 결여되어 있다고 설명하고, 따라서 교육이란 개인의 고유성을 보존하고 자아를 실현할 수 있는 것을 목표로 삼아야 한다고 주장한 점도 일리치 교육 사상과 통한다.

제**2**장

일리치의 근본사상

왜 일리치인가?

일리치를 한마디로 말하자면, 소박한 자율의 삶과 생각을 우리에게 권한 사람이다. 타율의 삶과 생각이 아니라 우리 스스로 느끼고 사랑하며, 생각하고 배우며, 걷거나 자전거로 이동하며, 큰 욕심 없이 자급자족하면서 살다가, 병이 들면 스스로 치유하다 집에서 조용히 혼자 죽는 소박한 자율의 삶을 살자고 한다. 우리 모두 그렇게 살 능력을 가지고 있고, 그처럼 자연에 따라 소박한 자율의 능력을 자유롭게 펴고 자치할 수 있는 범위를 넓히면 넓힐수록 더 인간답게 행복해질 수 있다고 한다. 그의 말을 들어보자.

> 저는 수송 수단보다 발로 걷거나 자전거를 타기, 공급주택에 대한 소유권을 차지하기보다 자신이 만들어가는 집에서 살아가기, 발코니에 토마토 심기, 라디오와 텔레비전이 없는 술집에서 사람들과 만나기, 각종 치료 요법 없이 고통을 겪어내기, 의료의 감시하에 이루어지는 살해보다 '죽는다'는 자동사로 표현되는 행동을 택하기 등의 재발견을 일부러 축복과 은총이라고 말합니다. (과거25)

위 문장은 일리치가 30여 년 전인 1988년에 한 말이니, 지금은 라디오가 생략되어야 할 것이지만, 술집이나 식당에서 휴대폰을 들고서 그것만 들여다보지 않는 사람과 만나기가 쉽지 않을 것이다. 그밖에는 그때나 지금이나 크게 달라진 것은 없다. 그러나 위에서 일리치가 말한 것 중에서 '발코니에 토마토 심기' 외에 우리에게 가능한 일이 무엇일까? 짧은 거리야 걷거나 자전거를 탈 수 있을지 모르지만, 보통 1km도 안 되는 지하철이나 버스 정류장 사이를 걷는 사람은 거의 없고, 대부분의 사람들은 그런 거리부터 버스나 지하철 또는 택시를 타는 세상이 아닌가? 게다가 집을 스스로 짓고, 자급자족하며, 병들어 스스로 치유하며 집에서 죽는 사람이 지금 얼마나 될까? 텔레비전이 없는 술집을 과연 찾을 수 있을까?

일리치 자신은 과연 그렇게 살았을까 하며 의문을 제기할 사람도 있을 것이다. 그가 죽기 10년 전 암에 걸렸지만 병원에서 치료를 받지 않고 스스로 치유하다가 집에서 죽었다는 이야기는 유명하지만, 스스로 집을 짓고 자급자족했다거나, 비행기가 자동차 같은 모든 수송수단을 거부했다는 이야기는 들어본 적이 없고, 도리어 유럽과 미국과 라틴아메리카 심지어 인도나 일본 등을 비행기로 자주 드나들었고, 가끔은 자가용도 굴렸다. 그래서 자기도 실천하지 못하는 것을 남에게 하라고 권하는 것이 옳은지 의문을 제기할 사람도 있을 것이다.

여하튼 우리는, 나는 그렇게 살고 있는가? 아니다. 이 시대 대부분의 사람들은 소박한 자율의 삶을 살지 못하고 사치스럽고 거대하며 편리한 타율의 삶에 미쳐 있다. 물론 극소수의 소박한 자율의 삶을 추구하는 사람들이 있지만, 그들이 제대로 인간 대접을 받지 못하고 왕따를 당하는 획일적인 국가주의-전체주의, 물질주의-산업주의, 거대주의-집단주의, 편리주의-표준주의, 일등주의-로또주의 등등에 젖은 대한민국에서 특히 그렇다. 정치적 파시즘만이 아니라 경제-생활-사회적 파시즘이, 아니 정신적 파시즘이 더욱 심각한 대한민국에서 특히 그렇다. 그래서 가장 인간적이고 개성적인 소박한 자율적 삶이 무시당하는 대한민국에서 특히 그렇다. 심지어 반사회적 인간으로 취급되거나 표준과 획일을 강요하는 각종 사상규제법에 의해 범죄자가 되어 사회에서 매장되기도 하는 대한민국에서 더욱 그렇다.

문제는 자본주의냐 사회주의냐, 자유주의냐 공산주의냐, 제국주의냐 민족주의냐, 개인주의냐 집단주의냐, 근대주의냐 반근대주의냐, 농업주의냐 공업주의냐, 서양의학이냐 한방의학이냐, 생태주의냐 반생태주의냐, 에콜로지냐 뉴에이지냐, 기독교냐 불교냐, 인문학이냐 실용학이냐, 교양이냐 전공이냐 따위의 각종 보수 진보 이데올로기나 특정 종교나 학문이나 교육 방법의 선택에 대한 문제가 아니다. 그 대부분은 외재적인 것에 대한 비판이다. 반면 우리 자신이 몸담고 있는 일상생활의 제도 자체에 대해서는 그 누구도 의심하지 않는다. 가령 학교 교육 제도에 문제가 많다는 비판은 허다하지만, 학교라는 제도 그 자체를 의심하고 공부란 스스로 하는 것이라고 주장한 사람은 없다. 병원 치료 제도에 문제가 많다는 비판은 많지만, 병원이라는 제도 그 자체를 의심하고 병은 스스로 치료하는 것이고, 죽음은 집에서 조용히 맞는 것이라고 한 사람은 없다. 그러나 얼마 전까지도 대부분의 사람들은 그런 타율적 제도 없이, 자율적으로 살았다.

그 모든 관념이나 제도를 회의하고 단념하여 본래의 소박한 자율의 삶을 찾아 실천하는 것만이 우리가 지향해야 할 유일한 길이다. 스스로 느끼고 사랑하며, 생각하고 배우며, 걷거나 자전거로 이동하며, 큰 욕심 없이 자급자족하면서 살다가, 병이 들면 스스로 치유하며 집에서 조용히 혼자 죽는 소박한 자율의 삶을 사는 길이다. 그러나 전체주의적 법과 정치, 산업주의 경제와 사회, 획일주의적 문화와 정신이 있는 곳에서는 불가능하다. 따라서 그런 것들과 당연히 싸워야 한다. 그런 싸움을 외면하고 시골 농사를 찬양하는 일은 반상의 계급사회를 외면하고 무계급의 자연을 노래한 조선시대 선비들보다 더 위선적이고 허위의 짓이다.

제2장에서는 일리치의 인간관과 사회관 그리고 일리치 사상의 핵심인 기독교에 대해 검토한다. 일리치는 이러한 자신의 근본사상에 대한 체계적인 글이나 책을 쓴 적이 없다. 제2장에서 다루는 내용은 주로 여러 책에서 기본적인 것들을 내 나름으로 모아 정리한 것이다. 반면 기독교에 대한 내용은 그가 만년에 나눈 대화집인 『이반 일리치의 유언The Rivers North of the Future: The Testament of Ivan Illich』을 중심으로 하여 정리한 것이다. 나는 그러한 근본사상이 이 책의 제3장인 일리치의 생태 사상, 그리고 제2부인 일리치의 교육 사상 이해에 기본이 된다고 생각한다. 특히 교회는 일리치가 비판하는 학교나 병원과 같은 제도의 모델이므로, 일리치의 학교론이나 병원론 등의 이해에 불가결하다.

일리치의 인간관

일리치 사상의 범주

일리치의 사상 전개는 앞에서 본 그 삶의 전개와 마찬가지로 두 단계로 구분할 수 있다. 전기는 제3세계 고유문화의 관점에서 현대 문명을 비판한 것이고, 후기는 12세기 이전의 중세 문화의 관점에서 현대 문명을 분석한 것이다. 전기의 일리치를 사회사상가나 철학자라고 한다면 후기의 일리치는 역사가나 신학자라고도 할 수 있다. 또한 눈에 보이는 '제도'에서 눈에 보이지 않는 '희소성'이라고 하는 문제로 관심이 이동되었다고도 할 수 있다. 물론 그 두 관점은 일리치에게 반드시 명확하게 구분되는 것이 아니고, '소박한 자율의 삶'을 추구한 점에서 동일시되고 있다. 전후기 구분의 분수령이 되는 시점은 1976년, 그의 나이 50세 전후이다.

전기의 그는 앞에서 이야기했듯이 현대의 경제 개발을 필요와 희소성의 진보적 지배로 보지 않고, 과거의 자율적 생존 주체였던 민중이 그들의 고유한 기술을 박탈당하여, 건강을 의사에게, 공부를 교사에게, 교통을 자동차에, 놀이를 텔레비전에, 생존을 임금 노동에, 고유한 성차를 중성화된 경제적 섹스에 의존하는 객체가 된 과정으로 본다. 그에 의하면 경제 개발은 필요에 의한 노예화이지 희소성으로부터의 자유화가 아니다. 이같이 그는 경제 개발이 인간에게 더욱 큰 자유를 부여한다는 명제를 근본적으로 부정하여 1968년 학생운동 이후 서구의 소비풍요사회, 더 중요하게는 자본주의적 경제 개발로 생겨난 잘못된 필요로부터 민중의 자율적 능력을 지키고자 한 제3세계의 발전 전략에 중대한 영향을 미쳤다.

일리치는 하나의 범주로 구분될 수 없는 사상가다. 그가 신부였다는 이유에서 가톨릭 사상가로 보는 견해도 있고, 학문적으로 가장 대중적인 명성을 얻은 분야가 교육이라는 이유에서 교육학자로 보는 견해도 있으나 그 어느 것이나 일면적이다. 한국에서는 생태론자로서 알려졌지만 그 점도 일면적이고, 뿐만 아니라 일리치 자신은 기존의 생태론에 대해 거부 반응을 보였다. 그는 신부였으나 일찍부터 가톨릭에 대해 문화 제국주의로 비판했다는 이유로 교황청으로부터 모욕을 당하면서 결국 사제직에서 사퇴했으며 교육론이나 생태론은 현대의 산업문명비판이라고 하는 그의 일관적 주제로부터 나온 곁가지일 뿐이다. 그는 우리 시대의 우상화된 모든 이념과 제도에 대한 가장 근원적인 비판자다.

굳이 그를 분류한다면 그는 자본주의는 물론 사회주의에도 반대하는 아나키즘의 현대 사상가라고 할 수 있다. 참으로 부당하게도 무정부 폭력 투쟁으로 오해되고 있는 아나키즘의 본질인 '소박한 자율의 절제된 삶'을 가장 철저하게 사색하고 구현하는 그는 제3세계의 고유문화와 중세적 자연법 사상[36] 위에서 현대 문명을 비판한다. 곧 교육과 문화, 의료와 교통, 자연과 환경, 성과 언어, 학문과 예술 등 모든 분야에서의 개인의 자율을 주장하며 국

---

36 자연법은 이성에 의하여 선험적先驗的으로 인식되고 자연법칙과 정의의 이념을 내용으로 한 초실정법적인 법규범이라고 할 수 있다. 이처럼 자연 내지 이성을 전제로 하여 존재하는 법으로서 자연법 규범의 절대성을 인정하는 자연법은 인위적인 가치의 실정법에 대칭되는 것으로 자연히 존재하는 언제, 어디서나 유효한 보편적 불변적 법을 말한다. 그것은 실정법과는 반대되거나 그것을 비판하는 의미로 쓰인다.

가, 자본 및 전문가들의 지배에 철저히 반대한다. 그는 그 통치 기구로 인간 위에 군림하는 국가법을 부정하며, 자연법을 신봉하는 아나키스트다.

일리치는 자신의 저서에서 자기 사상의 기원을 독자들에게 친절하게 밝히지 않는다. 더글러스 루미스Douglas Lummis와의 대화에서 그는 자기 사상의 뿌리가 자연법과 아나키즘이라고 말했다. (루미스240) 아나키즘은 무엇보다도 개인의 자유와 자치를 증진하는 사회 체제의 개발에 관심을 가지므로 그 자유와 자치를 파괴하는 국가를 부정하고, 대표 민주제를 포함한 특권 계층을 위한 정치 체제가 착취를 정당화하는 정치적 이익의 수단화가 된다는 이유로 그 체제를 부정하며, 나아가 권위적 제도, 예컨대 학교나 교회를 부정한다. 여기서 학교에 대한 부정은 제도 자체에 대한 전면적인 부정일 수도 있으나, 대체로 기존의 학교를 대체하는 새로운 공부터나 공부망을 주장하는 것으로 나아간다. 그런 점에서 일리치는 뒤에서 보듯이 아나키스트의 전통을 잇고 있다.

아나키즘의 핵심인 자유는 자신의 행동 선택에 책임을 지고, 강요된 도그마로부터 자유로운 선택을 할 수 있음을 뜻한다. 이는 인간이 자신의 행동을 자유롭게 결정하기 위하여 자신의 가치와 목표를 정립하는 것을 뜻한다. 따라서 개인을 일정한 방향으로 만들려고 하는 모든 사상이나 제도(교육도 포함하여)가 거부된다. 그런 의미에서 아나키즘은 권력의 최상인 국가의 존재를 부정한다. 곧 국가는 개인의 행동을 규제하는 법률을 통하여 개인의 자유를 파괴하기 때문이다. 그러한 국가에는 개인의 자유를 다수나 그 대표에게 위임하는 대의제 민주주의 국가도 포함된다. 국가주의 교육은 그 통제권을 쥔 사람들의 정치적·경제적 이익을 위해 봉사하는 교육이다. 교육은 기존 제도를 지지하고 유지하기 위해 국가가 시민의 성격과 의지의 방향을 결정하고 조작하기 위하여 이용하는 권위의 무기이다.

아나키즘에서 말하는 자율이란 협소한 의미의 개인주의적 자율과는 구별된다. 그것은 타인과 함께 자율적인 사회로 만들어가는 자치를 뜻하는 것이기 때문이다. 그러한 삶은 스스로 행하는 활동이어야 하므로 국가 등의 간섭이나 상품의 소비에 침해받아서는 안 된다. 그러나 계속해 말하듯 현대인은 스스로 행하는 기쁨을 잃고 재화나 서비스를 소비하도록 강요받는다. 그렇게 몸은 병원, 머리(정신, 공부)는 학교, 이동은 교통에 맡기는 것을 우리는 진보라고 생각한다. 나아가 그러한 제도나 기관에 대한 의존 욕구가 마치 인간의 권리인 양 법제화된다. 그러나 그것은 노예가 되는 권리, 마비환자가 되는 권리일 뿐이다. 그것을 일리치는 빈곤으로 부르며 그것을 낳는 희소성을 역사적으로 탐구한다. 그리하여 그는 그 출발점을 12세기로 규명한다.

일리치의 에피메테우스적 인간상

일리치는 『학교 없는 사회』 제1장에서 "나는 우리의 세계관과 언어를 특징짓는 인간의 본질과 현대 제도의 본질을 상호 정의한다는 일반적인 과제를 제기하고자 한다"(학교25)고 말한다. 이처럼 그는 제도를 이해하기 위한 인간 본질 검토의 중요성을 인식했으면서도, 인간성이나 인간관에 대한 일관된 이론을 제공하지 않지만, 비학교론자들과 함께 개인과 개인의 자기실현의 잠재성에 대한 뿌리 깊은 신뢰를 보여준 점은 명백하다.

일리치에 의하면 인간은 본질적으로 자유로운 개인으로 자유 의지와 선택의 자유를 가진다. 인간성에 대한 본질적인 낙관주의와 함께 일리치는 인간성이 의존적이라거나, 집단의식과 제도의 변화에 의해 결정된다는 타율적 인간관을 거부한다. 대신 일리치는 인간은 본래 자유롭고 인간성은 집단의식이나 제도에 의존하지 않는다고 주장한다. 따라서 일리치는 역사과정의 형성에서 집단의식을 넘는 개인의식과 개인 자유의 역할에 이론적 우선권을 부여한다. 개인의식의 이론적 우선권은 자유로운 인간관을 결과한다.

이러한 자유는 개인에게 내재한 자연적 성격일 뿐 아니라, 형이상학적이다.

형이상학적으로 자유로운 개인의 역사는 고대 그리스 신화의 '에피메테우스적 인간상epimethean man'으로 시작하는데, 이는 '프로메테우스적 인간상promethean man'과 대립된다.37 에피메테우스는 그리스 신화에 나오는 거인족(티탄Titan) 신의 일원으로 형제인 프로메테우스와 흔히 비교된다. 그 이름의 뜻은 그리스어로 '나중에 생각하는 자'이다. 반면 프로메테우스는 '먼저 생각하는 자', 즉 선견지명을 지닌 자라는 뜻이다. 에피메테우스는 티탄과 신들의 전쟁에서는 프로메테우스를 따라 신들의 편에 서서 싸워 공로를 인정받지만 나중에 생각하는 자답게 큰 사고를 두 번 저지르게 된다. 그 실수들은 신들의 선물을 분배하는 과정과 결혼에서 드러난다.

첫 번째 실수는 전쟁이 끝난 후 에피메테우스가 튼튼한 가죽이나 날개발톱 등의 제법 쓸모 있는 선물들을 다른 동물들에게 먼저 모조리 나눠주는 바람에 정작 제일 중요한 인간에게는 아무런 선물을 주지 않았다는 것이다. 그래서 프로메테우스는 불을 훔쳐 인간에게 주어 기술의 신이 되지만, 신의 벌칙에 의해 쇠사슬에 묶여 매일 밤 독수리에게 살점을 뜯기게 된다.

두 번째 사고는 프로메테우스의 충고를 거부하고 판도라Pandora와 결혼한 것이다. 최초의 여성인 판도라는 '모든 선물을 받은 여인'이라는 뜻인데 인간들이 불을 훔친 것에 분노한 제우스의 또 다른 벌로, 세상을 갈아엎기 위해 만든 트로이 목마 같은 여자이다. 그녀는 제우스에게서 판도라의 상자를 받았는데, 상자와 더불어 절대 그 상자를 열지 말라는 경고를 함께 받는다. 그러나 뒤에 그 상자를 열어 그 속에 있던 모든 질병, 슬픔, 가난, 전쟁, 증오 등

....

37 일리치는 에피메테우스적 인간상이라는 개념은 바흐호펜의 『모권』을 둘러싼 에리히 프롬과의 대화에서 생겨난 것이라고 『학교 없는 사회』 서문의 주석에서 밝혔다. (학교5) 바흐호펜J. J. Bachofen은 스위스의 법학자로서 『모권Das Mutterrecht』(1861)에서 인류가 자유롭고 평등한 모권제사회로부터 자유와 평등을 억압하는 권위주의적인 부권제사회로 이행했다고 주장했다.

의 악이 한번에 쏟아져 나온다. 놀란 판도라는 상자를 닫았고 맨 밑에 있던 '희망'만이 상자에 남게 되었으며, 이후로 인간들은 힘든 일을 많이 겪게 되었어도 희망만은 잃지 않게 되었다는 것이다.

그 뒤 인간이 청동의 시대를 지나 철의 시대로 넘어가면서 인간의 사악한 본성이 하늘을 찌르게 되자 이에 분개한 제우스가 인류를 홍수로 멸망시키려 했을 때, 프로메테우스의 조언을 들었던 그의 아들 데우칼리온Deucalion은 미리 방주를 만들어 생필품을 실어 재앙을 피할 수 있었다. 데우칼리온은 에피메테우스와 판도라의 딸인 아내 피라와 함께 방주를 타고 9일 밤낮을 떠도는데, 결국에는 포키스의 파르나소스산에 도착한다. 그들은 제우스에게 제물을 바쳤고 신탁을 들었다. 그리고 어리둥절해하는 피라에게, 신탁을 이해한 데우칼리온이 '어머니는 대지이며, 어머니의 뼈는 돌일 것'이라 하여 두 사람이 돌멩이를 들어 어깨 너머로 던지자 데우칼리온이 던진 돌로부터 남자가, 피라가 던진 돌로부터는 여자가 탄생하였다고 한다. 이처럼 데우칼리온의 방주는 판도라의 상자와는 반대되는 것이다.

일리치의 역사관은 위에서 보듯이 신화적이고 형이상학적인 것으로 우리가 보통 고대-중세-근대라고 구분하는 역사관과는 다르다. 그러나 판도라 내지 에페메테우스는 원시인에 해당한다고 볼 수 있다. 일리치에 의하면 "원시인은 희망의 세계에서 살았다. 그는 자연의 풍요한 자비와 신의 은총, 그리고 그를 생존하게 하는 종족의 본능에 의존했다."(학교200) 그리고 그 뒤 고대 문명이 "희망을 기대로 바꾸기 시작했다. 즉 합리적이고 권위주의적인 사회를 세웠다. 특히 교육에 의해 앞 세대가 계획한 제도에 적응하는 사람만을 참된 인간으로 인정했다."(학교201) 그리고 "인간은 과학자, 기술자, 기획자의 노리개가 되어왔다."(학교209) 즉 전문가의 시대가 왔다. 이처럼 일리치는 원시와 문명, 선사와 역사를 나누어 말하고 있다.

'기대'가 아닌 '희망'을

일리치가 『학교 없는 사회』 마지막 제7장에서 이상적인 인간이라고 말한 에피메테우스적 인간상은 종래 어리석은 자로 간주되었지만, 일리치는 그를 인간의 본성과 인격이 선하다는 것을 믿는 '희망'의 존재로, 재물보다 인간을 사랑하는 인간상이라고 말한다. 반면 프로메테우스적 인간상은 종래 교육적이고 현명하여 인간에게 불을 전해준 존재로 지금까지 찬양되었지만, 일리치는 오히려 그가 '희망'이 아니라 항상 무엇인가를 '기대'하는 존재로 인간보다 재물을 사랑하고 제도에 기대하는 인간상이라고 말한다.

> 그 적극적 의미에서 희망이란 자연의 선을 신뢰하는 것임에 반해, 내가 여기서 말하는 기대란 인간에 의해 계획되고 통제된 결과에 의존함을 뜻한다. 희망이란 우리가 선물 받기를 기대하는 상대에 대해 바람을 갖는 것이다. 기대란 우리가 자신의 권리로 요구할 수 있는 것을 만들어내는 예측 가능한 과정에서 오는 만족을 즐겁게 기다리는 것이다. 프로메테우스적 에토스는 지금 희망을 침식하고 있다. 인류의 생존은 희망을 하나의 사회적 힘으로 재발견하는 데 달려 있다. (학교200)

프로메테우스적 인간상은 과학, 기계, 전자계산기, 컴퓨터에 의존한다. 일리치가 희망을 강조하는 이유는, 기존의 생활양식을 극복하고 진실한 인간의 욕구와 본성에 더욱 깊이 감동할 줄 아는 새로운 생활방식을 창조함에 있어서 인간의 자유와 능력을 강조하기 때문이다.[38]

일리치는 인간의 원형은 에피메테우스적 인간상이라고 믿고, 그것이 프로메테우스적 인간상에 의해 가려진 상태에서 이제는 부활해야 한다고 주장한다. 에피메테우스적 인간상은 '희망'에 살지만, 프로메테우스 인간상은 '기대'에 산다. 에피메테우스 인간상은 물질보다 인간을 사랑하고 인간들이 함께 만나는 지구를 사랑하지만, 프로메테우스 인간상은 인간보다 물질을 사랑하고 다른 사람들과 만날 수 없는 상아탑에서 사는 것을 사랑한다.

에피메테우스적 인간상은 인간 스스로 계획하거나 창조하는 것이 아니라 인간의 본성과 인격의 선량함을 믿는다. 그러므로 예측보다는 희망을, 재화보다는 인간을 더욱 높이 평가하며 인간이 재물을 변화시키고 어떤 제도상의 발전보다 인간 개개인의 선의에 더욱 의존할 필요가 있다고 본다. 반면 프로메테우스적 인간상은 인간이 가진 악을 시정하기 위해 여러 가지 제도를 만드는데, 이것은 모두 인간에 의해 계획되고 통제되는 결과에 의지한다. 그리하여 합리적이고 권위적인 사회를 건설한다고 하면서 스스로 환경을 창조하며 자신이 처한 환경에 끊임없이 적응하고 개선해 나간다. 즉 프로메테우스적 인간상은 법, 과학, 기계와 현대 문명에 의지하는 사람이다. 학교, 병원, 교통과 같은 제도에 의존하는 인간이고, 사람들을 불능하게 만드는 전문가들이기도 하다,

프로메테우스 인간은 더 많이 '소유하고' '소비하려는' 욕망의 인간으로서 그렇지 않은 에피메테우스 인간을 퇴화시킨다. 그 소유와 소비의 욕망이 제도를 낳는다. 그리고 제도는 '소유의 소외 패턴'을 만들어낸다. 이러한 제도화는 자유를 위한 개인의 능력과 개인의 삶을 이끌어가는 능력을 좌절시킨다. 특히 현대 산업 문명은 '발전'이라는 이름으로 조작적 관료 제도를 통하여 '진보적 소비자'를 형성한다. '발전'의 과정을 통하여 개인은 자신의 자유

---

38 이 점에서 일리치는 희망의 저항적 성격을 강조한 『희망의 원리Prinzip der Hoffnung』(1960)를 쓴 블로흐Ernst Bloch의 영향을 받아 『희망의 신학Theologie der Hoffnung』(1964)을 쓴 위르겐 몰트만Jürgen Moltmann과 통한다. 몰트만에 의하면 종말론적 희망은 기독교 신앙의 핵심으로서 새날의 여명의 빛이다. 희망에 사로잡힌 신앙은 불의의 현실에 만족하지 못하기 때문에 이에 저항하여 정의를 실현하고자 한다. 그 정의란 인간의 인간화, 인류의 사회화, 그리고 모든 피조물의 평화로의 지향이다.

를 상실하고 제도가 자신의 의식을 형성하게 하고 조작당하며 좌절당하게 한다. 이 모든 것이 '발전(개발)'이라는 이름 아래 생겨난다. 그래서 일리치는 서양이 택하고, 라틴아메리카를 비롯한 제3세계에 강요한 발전이라는 길을 비판한다. 민중의 자유-자율성을 가장 철저하게 주장한 일리치는 제3세계의 고유문화와 중세적 자연법사상으로부터 현대 문명을 비판한다. 앞에서 말했듯이 여기서 민중의 자율이란 개인의 자율과는 구별된다. 그것은 타인과 함께 세계를 자율적으로 만들어가는 것을 뜻한다.

일리치의 사회관

일리치의 발전(개발) 비판

일리치가 쓴 최초의 책인 『깨달음의 혁명』은 논문집인 만큼 넓고 체계적으로 고찰한 것이 아니고 일리치의 이후 사상과 반드시 일치하지도 않는다. 하지만 학교 교회 폭력 기술 원조 등 다양한 과제에 걸쳐 제도, 제도의 집행 그리고 제도체계 그 자체가 갖는 인간성 파괴의 측면을 논하고, 오늘의 생활을 문화적으로 혁명함에 따라 내일의 사회를 이룰 수 있다는 자각을 축하하고 있는 점에서 여전히 참신한 의의를 지닌다. 이 책은 '자각의 축제'로도 번역되었으나 더 정확하게는 '자각의 축하'다. 자각이란 자율성의 감각으로 제도나 규범으로부터 자신을 떼어내는 것을 말한다. 따라서 프레이리가 말하는 의식화와는 다르다. 일리치는 뒤에 이러한 의미의 자각을 '플러그를 뽑는 것unplugging'이라고 했다. 그 부제가 '제도 혁명에의 요청A Call for Institutional Revolution'인 것도 그런 이유 때문이다. 혹시나 하는 마음에 덧붙인다면 초기의 문화 혁명 사상을 간결하게 보여주는 이 책의 문화 혁명이란 1960년대 중국에서 벌어진 홍위병 사태와는 아무런 관련이 없다.

『깨달음의 혁명』에 실린 12편의 논문은 〈새터데이 리뷰Saturday Review〉, 〈에

스프리Esprit) 등의 잡지에 실렸던 1950~1960년대의 것들로 진보적 신부로서 그의 초기 활동과 사상을 이해하는 데에 중요한 저작이다. 초기 활동을 통하여 그가 본 것은 라틴아메리카의 현실과 그 속에 침투된 서양 문명의 모순이었다. 나아가 학교를 비롯한 산업주의 제도의 근원적인 문제를 자각하게 되었다. 구체적으로 그것은 미국을 중심으로 한 '진보를 위한 동맹'이라는 라틴아메리카 원조 계획에 대한 항의와 로마 가톨릭을 문화적 제국주의로 비난하는 주장임을 앞에서도 보았다.

그러나 이는 일리치가 머리말에서 그 책을 "모두가 확신하는 고정 관념의 본질에 의문"(깨달음15)을 제기한 것이라고 말한 것의 보기에 불과하다. 이는 이 책의 서문을 쓴 일리치의 친구인 에리히 프롬에 의해서도 확인된다. 프롬은 두 사람의 공통적인 사상을 '휴머니스트 근원주의humanist radicalism'라고 한다. 일리치의 근원적 비판이 항상 인간을 위해 인간에게 더욱 큰 활기와 기쁨을 주려고 하는 것이기 때문이다. 그러나 그 내용은 천부적 인간성에 대한 믿음과 그것에서 나오는 자유와 평등이라고 하는 민주주의적 이념이다. 그것은 하나의 태도, 접근 방법으로서 '모든 것은 의심하라'란 말로 요약된다. 즉 "우상에 붙들린 사고에서 해방되는 과정"(깨달음11)이다. 프롬이 radical이라고 한 것은 '급진'이 아니라, '근원'에 가깝다. 일리치의 그것은 근원적인 회의에 의해, 일상적으로 자명한 것으로 되어온 관념(신화)으로부터 인간을 해방하는 제도 혁명을 뜻한다. 프롬은 이 책의 "창조적 충격은 새로운 시작을 위한 희망과 열정을 불러일으킬 것"(깨달음14)이라고 평했다. 이는 앞에서 언급한 코르에게서도 볼 수 있는 점이다.

『자각의 축제』에 실린 12편의 글은 그 각각의 발표 연대순으로 편집되지는 않았다. 그중 가장 빨리 발표된 글은 앞에서 이미 본 「외국인 아닌 외국인」이며 그다음이 「침묵의 웅변」이다. 『깨달음의 혁명』에 포함된, 1970년에 쓴 「가난을 부르는 경제 개발」은 일리치의 기술 비판에 대한 최초의 글이다.

그는 서양식 교육이나 병원이나 자가용은 제3세계에 필요하지 않은 데도 그 노예가 됐고 이를 발전이라고 생각한다고 비판했다.

「가난을 부르는 경제 개발」의 원제는 'Planned Poverty: The End of Technical Assistance(계획화된 빈곤: 기술원조의 최종 결과)'이다. 이 글은 미국의 주장에 의해 1961~1970년에 실시된 UN 제1차 '10개년 개발'이 끝나고 1971년부터 제2차 '10개년 개발'이 시작되기 전인 1969년에 발표된 『피어슨 보고서 Pearson Report』에서 선진국은 후진국 원조를 위해 GNP의 0.7%까지 인상해야 한다고 주장한 것에 대한 반박이었다.

일리치는 소비를 대량으로 창출하는 미국산 트럭은 필요가 극히 제한된 미국산 탱크보다 제3세계에 더욱 지속적인 손해를 끼친다고 주장한다. "그런데 제3세계를 부자 나라 사람들이 자기들 용도에 맞춰 개발한 생산품과 공정을 파는 대규모 소비시장으로 만들어버리면, 그때부터는 서구 공산품에 대한 필요와 공급의 격차가 영원히 벌어질 수밖에 없다." (깨달음234)

그러나 일리치는 제3세계가 그런 이유만으로 절망적 상황이 된 것이 아니라고 본다. 그 이유는 서양식 교육이나 병원이나 자가용이 제3세계에는 필요하지 않기 때문이라는 것이다. 그러나 그가 보기에 사람들은 이를 모른다. "우리 자신의 세계관을 구현한 것이 제도이지만, 지금 우리는 거꾸로 그것의 포로가 되"어(깨달음236) 이를 발전이라고 생각하기 때문이다.

발전이라고 하는 강요된 개념은 원주민에게 반하는 것으로 그들의 서브지스턴스 밖으로 집어던져 무력하게 만든다. 산업세계에 의해 제3세계에 강요된 발전은 모든 것을 표준화시키는 산업주의 생산 방식에 근거한다. 그것은 생산과정만이 아니라 소비과정도 표준화한다. 삶을 표준화하기 위해 산업주의 발전 양식은 모든 것에 대한 근원적 독점(radical monopoly)을 수립한다. 근원적 독점이란 학교나 병원처럼 그밖에는 배우거나 치유하는 곳을 선택할 수 없게 만드는 것과 같이, 특정 종류의 제품이 점령하여 그밖에 다른 것을 선택할 수 없게 만드는 현상을 말한다. 근원적 독점은 모든 것과 모든 과정을 표준화하여 창조적이고 상상적이며 다양한 개인의 서브지스턴스 활동을 저지하고, 사회를 상품사회로 바꾸어버린다. 그리고 상품사회는 인간을 로봇으로 만드는 조작을 통해 개인에게 소비를 강요한다. 일리치는 『그림자 노동』에서 이를 다음과 같이 말한다.

> 기본적으로 '발전'이란 서브지스턴스 활동이 지닌 폭넓고도 의심할 여지 없는 능력을 상품 사용과 소비로 대체함을 뜻한다. 또한 발전은 임금 노동이 다른 모든 형태의 노동에 대해 독점을 행사하는 것, 전문가의 설계에 따라 대량 생산되는 재화와 서비스의 관점에서 필요를 재정의하는 것, 환경의 재편을 통해 시간, 공간, 물질, 설계를 생산-소비에 적합하도록 바꿈으로써 사용 가치 중심의 활동을 저하시키고 마비시켜서 필요를 직접 충족할 수 없게 하는 것 등을 뜻한다. 전 세계에서 판박이처럼 펼쳐지는 이 모든 변화 과정은 '필연적이고 좋은 것'이라는 가치를 부여받는다. (그림자31)

환경의 발전에 탐닉한 성장의 효과는 명백하다. 처음에는 생물권만이 일부 성장 형태로부터 위협을 받다가, 결국에는 모든 형태의 경제 성장이 '커먼즈'를 위협하여 "모든 경제 성장은 불가피하게 환경의 효용 가치를 하락시킨다." (그림자22) 그리고 발전은 제도를 통하여 작동한다. 발전에 대한 욕망은 제도 확립이란 결과에 이른다. 따라서 기술사회에서 현대적 학교, 극단적으로 특화된 병원, 초고속도로, 중공업 공장 등은 발전의 지표가 된다. 그래서 "부자나라들은 호의라도 베풀 듯 가난한 나라에 교통정체와 병원과 교실을 구속복처럼 입혀놓고는 국제적 공용어로 '발전'이라 부른다." (깨달음238)

일리치의 제도론

앞에서 보았듯이 일리치 사상의 핵심은 개인의 자유와 에피메테우스적 인간의 부활이다. 개인의 자유는 '발전'을 향한 욕망에 의해 쇠퇴했다. 현대 기술 세계의 발전이란 제도의 보편화를 뜻한다. 따라서 발전에의 광분은 항상 중대하는 제도를 결과하고 가치와 에토스의 제도화를 낳는다. 그러한 제도화는 인간의 자유를 훼손하고 에피메티우스적 인간상을 프로메테우스적 인간상으로 바꾼다. 이것이 학교화를 비롯한 여러 제도에 의문을 제기하는 이유이다.

학교화 비판의 핵심은 제도와 전문가에 대한 비판이다. 왜냐하면 "제도는 고정 관념을 만들고, 이 고정 관념을 그대로 받아들이면 우리 영혼은 고사되고 상상력은 틀에 갇"히기 때문이다. (깨달음15) 따라서 '깨달음의 혁명'이란 문화 혁명임을 앞에서 보았다. 그러나 일리치는 모든 제도를 부정하지 않는다. 그가 거부하는 제도는 가치를 제도화하고 개인의 자유를 부정하며 개인의 상상력과 창조력을 죽이는 제도이다. 따라서 일리치의 제도 구분론을 살펴보아야 한다. 이는 『학교 없는 사회』 제4장 「제도 스펙트럼」에서 볼 수 있다.

일리치는 제도를 두 개의 스펙트럼으로 나눈다. 하나는 '컨비비얼한' 제도이다. 즉 도서관, 전화, 전화 교환, 자전거, 걷기, 공원, 인도, 우편, 빵집, 가게, 이발소 등과 같은 자율적이고 협동적인 도구나 제도는 폐기되기는커녕 도리어 장려되어야 한다. 반면, 이와 대조되는 '조작적인' 제도가 있다. 군대나 학교나 교도소, 정신병원, 양로원, 고아원 등이 그 대표적인 것들이다. 조작적 제도는 "강압적인 두 가지 방법, 즉 강제로 참가하거나 선택적 서비스에 의한다." (학교117)

전화교환망, 지하철망, 우편 배달망, 공공시장, 교환소는 고객을 유치하여 그들을 이용하기 위한 선전을 필요로 하지 않는다. 상하수도 시설, 공원, 인도는, 그것을 이용하는 것이 이익이라는 점을 제도적으로 확인시킬 필요도 없이 사람들이 이용하는 제도다. 물론 제도에는 일정한 규칙이 필요하다. 그러나 무엇을 생산하기보다도 사용되기 위해 존재하는 제도의 운용에는, 조작적 제도인 치료제도에 요구되는 성격과 전혀 다른 규칙이 필요하다. 사용하기 위한 제도를 운영하는 규칙의 중요한 목적은, 그 제도가 누구나 이용하기 쉽게 돼 있다는 점을 좌절시킬 수 있는 남용을 제거한다는 것이다. (학교117-118)

컨비비얼한 제도의 규제는 그 이용을 제한하는 것이다. "인도는 방해물 없이 유지해야 하고, 식수를 산업에 이용하는 것은 제한해야 하며, 공놀이는 반드시 공원의 특정 지역에 한정해야 한다. 지금 우리는 컴퓨터에 의한 전화 회선의 남용, 광고주에 의한 우편 제도의 남용, 산업 폐수에 의한 하수도 시설의 오염을 제한하는 입법을 필요로 하고 있다". 또 "공식적으로 정의된 한계 안에서 기회가 충분히 제공되고, 고객은 자유로운 상태로 남아 있"으며, "고객이 주도하는 대화나 협력을 편리하게 하는 네트워크가 되는 경향이 있다." (학교118) 이러한 "자기 활동적 제도는 자기 제한적인 경향이 있다."

소비라는 단순 행위를 만족과 동일시하는 생산과정과 달리, 이러한 네트워크는 그 자체의 반복적 이용을 넘는 목적에 기여한다. 누구나 다른 사람과 무엇인가 말하고자 할 때 전화를 들고, 원한 대화가 끝나면 전화를 내린다. 10대가 아니라면 상대에게 말하는 단순한 즐거움을 이유로 하여 전화기를 사용하지 않는다. 만일 타

인과 접촉하는 데 전화가 최선의 방법이 아니라면 사람들은 편지를 쓰거나 여행을 하리라. (학교119)

반면 조작적 제도에서 규칙은 사람들의 의지에 반하는 소비나 참가를 요구한다. 그리고 "그 고객은 선전, 공격, 교화, 투옥 및 전기 쇼크의 희생이" 되고, "고도로 복잡하고 생산과정이 고비용인 경향이 있고, 제도가 소비자에게 제공하는 생산품이나 후견 없이는 살 수 없다고 주입하는 데 드는 노력과 비용이 막대하"며, "사회적으로도 심리적으로도 '중독'시킨다." (학교118) "학교의 경우에서 명백히 볼 수 있듯이, 강박적인 반복 사용을 유도하고, 유사한 결과를 확보할 수 있는 다른 방법을 좌절시킨다." (학교119)

일리치의 컨비비얼 사회

일리치는 개인의 자유가 보장되며 개인의 자발적인 자유행동이 보존되고 증진되는 사회를 '컨비비얼 사회convivial society, conviviality'라고 한다. 즉 일리치는 그것을 산업주의와 정반대인 자율주의라는 개념으로 사용한다. 이 사회에서는 인간과 제도(도구)의 관계가 모든 개인이 접근할 수 있는 것으로 조정된다. 그리고 그 제도나 도구를 컨비비얼한 것이라고 한다. 미래사회를 설명하면서 일리치는 다음과 같이 말한다.

매우 현대적이고 산업주의의 지배를 받지 않는 미래사회에 대한 이론을 만들기 위해서는 자연적인 규모와 한계를 인식할 필요가 있다. 우리는 그런 한계 내에서만 기계가 노예를 대신할 수 있음을 인정해야 한다. 그 한계를 넘어서면 기계가 새로운 노예주가 된다. 오로지 그런 한계 내에서만 교육은 인간이 만드는 환경에 인간을 적응시킬 수 있다. 흔히 보편적인 것이라고 보는 학교, 병원, 교도소는 이러한 한계 너머에 존재한다. 정치는 에너지나 전보의 동등한 투입이 아니라 오로지 일정한 한계 내에서만 최대의 산업적 산물의 분배를 다루어야 한다. 이러한 한계를 일단 인식하게 되면 사람, 도구, 새로운 집단 사이의 삼각관계를 만들 수 있다. 그런 사회, 현대 기술이 관리자가 아니라 정치적으로 서로 연결된 개인에게 봉사하는 사회를 나는 컨비비얼한 사회라고 부른다. (절제13~14)

컨비비얼 사회는 서브지스턴스 경제에 근거한다. 그런 사회에서 국가의 역할은 엄청나게 제한된다. "다가올 미래에는 강압적인 권력과 권위, 즉 위계질서에 기대어 타인의 행동을 강제하는 권능을 더 이상 행사할 수 없게 해야"(깨달음23) 한다.

일리치의 문화 혁명 선언

이러한 일리치의 주장은 『깨달음의 혁명』의 마지막 글인 「새로운 혁명의 원리」에서 더욱 구체적으로 나타난다. 원제가 'A Constitution for Cultural Revolution(문화 혁명 선언)'인 그 글은 먼저 당시 라틴아메리카에서 주장된 종속이론 등이 제국주의를 반대하고 민족주의를 주장한 점에 대해 그것은 해결책이 아니라 말한다.

가난한 나라들에 대한 수탈이 부정할 수 없는 사실이기는 해도, 지금의 민족주의는 식민지 엘리트들에게 부자나라가 닦아놓은 길을 따라 역사를 되풀이하라고 권력을 승인해주는 것에 불과하기 때문이다. 그 길의 종착지는 세계 시장에 출시된 부자나라의 상품

패키지들을 너나 할 것 없이 소비하는 세상이다. 이 길은 결국 모두가 공해에 시달리고 모두가 좌절하는 세상으로 우리를 이끈다. (깨달음262)

일리치는 특히 부익부 빈익빈이라는 양극화 현상을 지적한다. "현대의 가난은 세계 시장을 산업 국가의 중산층 이념에 억지로 맞추는 과정에서 부산물로 생긴 것이다." (깨달음263) 이러한 범세계적인 개발 정책이 폭력화되는 것은 "자본가들의 의도가 사악해서도 아니며, 공산주의자들의 이념이 경직되어서도 아니다. 그보다는 우리에게 산업 시대 초기에 생긴 산업 제도와 복지 제도의 부산물을 견뎌낼 능력이 근본적으로 부족하기 때문이다." (깨달음264) 이러한 현실에서 일리치는 발전과 단순한 정치 혁명이 아닌 문화 혁명을 제창한다. 그 목적이 "공적인 현실과 사적인 현실 모두를 바꾸는 데"(깨달음265)에 있기 때문이다.

정치 혁명가는 그저 기존 제도를 더 낫게 개선하고 싶어 한다. 제도의 생산성, 생산품의 질, 분배 방식만 개선하려고 하는 것이다. 바람직한 것, 실현 가능한 것에 대한 그의 안목이라고 해봐야 겨우 지난 백 년간 생겨난 사람들의 소비 습관에 바탕을 둔 것이기 때문이다. 하지만 문화 혁명가는 이런 습관이 인간을 보는 우리의 관점을 근본적으로 왜곡시켰다고 믿는다. 문화 혁명가는 모두가 당연하다고 생각하는 현실에 대해 의문을 품는다. 그가 보기에 지금의 현실이란 단기적 목표를 위해 현행 제도를 만들고 강화한 데서 생겨난 인위적 부산물에 지나지 않는다. 정치 혁명가는 부자나라가 자기 나라에 맞춰 설계한 환경을 따라잡기에 급급하여 학교 교육을 확대하고 기술을 향상하는 데만 집중한다. 반면에, 문화

혁명가는 인간 자신의 교육 가능성에 미래를 건다. (깨달음265~266)

여기서 일리치가 말하는 문화 혁명이란, 고상한 야만인의 권력 확보를 주장하는 기계 파괴 운동과도 다르다. 문화 혁명은 기계에 반대하는 것이 아니라, 제품의 설계와 유통의 개혁을 주장하기 때문이다. 또 문화 혁명은, 전면적으로 조작된 소비의 길을 추구하는 중간 기술 예찬과도 다르다. 일리치는 문화 혁명을 위해 무엇보다도 비학교화를 위해 노력해야 한다고 주장하며 이는 미국 수정 헌법 1조에서 국가화된 교육을 규정하지 않은 것과 같다고 본다. 그리고 이를 위해서는 교육에 근거한 고용이나 투표 등의 차별을 금지하는 법률을 제정할 필요가 있다고 본다. 또 시민 각자가 학교 교육비를 평등하게 분배받고 이를 확인하며 그것이 분배되지 않았을 때는 법적 조치를 할 수 있는 권리가 보장되어야 한다고 주장한다. 이러한 주장은 뒤에 『학교 없는 사회』에서 더욱 상세히 고찰하고 있음을 이 책의 제2부에서 살펴볼 것이다.

일리치의 역사관

앞에서 보았듯이 50세 이후의 일리치는 역사 연구에 몰두했으나 그가 체계적인 역사 연구를 내놓은 적은 없다. 그의 역사관을 볼 수 있는 책으로 1977년 『필요의 역사를 향해Toward a History of Needs』를 썼지만 이는 기존의 에너지론과 실업론 등을 묶어놓은 논문집[39]이므로 역사서라고 보기 어렵다. 그럼에도 그가 역사를 '필요'라고 하는 관점에서 재구성하려고 한 점은 분명

---

39 여기에는 5편의 논문이 실려 있는데, 제1편이 「누가 나를 쓸모없게 만드는가」이고 제5편이 「행복은 자전거를 타고 온다」이다.

하다. 그것은 첫째, 필요가 없던 역사 시대(버내큘러한 생존), 둘째 필요의 역사 시대, 셋째, 사용 가치가 살아 있는 컨비비얼한 시대라고 하는 3단계로 역사를 구분하는 것이다.

일리치에 의하면 첫 번째, 필요가 없던 시대에 인간은 욕망을 모두 채우는 것이 불가능하므로 자기에게 불가피하게 필요한 것을 지니고 소박하게 절제하며 살았다. 그러나 불가피하게 필요한 것은 진보나 발전의 이름하에 재화와 서비스에 의존하는 필요로 바뀌어갔다. 즉 학교, 병원, 공항, 매스컴 등은 불가피한 것들을 해체하고 욕망을 필요로 바꾸어가는 자들을 찬양한다. 일리치는 모든 사람이 필요를 체험하는 것은 1960년 이후라고 본다. 그에 의하면 환경의 변화 속에서 사는 어려움보다 필요에 쫓겨 사는 공포가 더 심각하다. 즉 필요는 지구의 약탈과 오염을 정당화하고 나아가 인간성마저 왜곡한다는 것이다.

> 광고가 되었든, 전문가의 처방이 되었든, 모임에서 토론을 하든 자신이 무엇을 필요로 하는지 누군가로부터 배워야 하는 사회는 개인이 만족을 추구하는 과정에서 스스로 행동하거나 결정할 수 없는 문화에서 나온다. 이런 문화에서 소비자는 스스로 배우기보다 만들어진 필요에 적응할 수밖에 없다. (Toward72)

일리치는 희소성의 역사에 대해서도 설명하는데, 희소성에서 필요가 나온다. 즉 필요는 희소성이라는 사고에서 만들어진 것이다. 희소성과 필요는 교육, 의료, 교통, 노동, 가족 등 모든 것의 근원에 있다.

일리치의 문제의식은 산업적으로 제도화된 시장사회의 생산과 생활의 양식에 근거한 타락된 삶의 가치 회복=부활에 있다. 그는 기술과학적·사회적 조사 대상으로서 먼저 학교, 교통, 의료를 선택했다. 이 세 가지는 산업 사회의 상징이자 일리치의 기본적 패러다임이었다. 학교화로 인해 스스로 배우는 것을 잊고 있는 사회, 가속화 때문에 자기 발로 걷는 것을 잊고 있는 사회, 의료화 때문에 스스로 병에서 낫는 것을 잊고 있는 사회가 현대 산업주의 사회라는 비판이었다.

인류 역사상 유례없는 비자율화의 세계가 1950년대 후반 이후 급속히 우리들의 주변에 확대되어왔다. 자본주의든 사회주의든 마찬가지다. 문제가 돼야 할 지배적 권력은 이미 고전적인 계급도 아니며, 단순한 독재 권력만도 아니다. 마치 그림자와 같이 기능하고 있는 시장을 매개로 하여 오로지 산업주의인 제도화만을 추진하는 '전문가 권력'을 포착하지 않으면 안 된다. 그것은 반인간적 기계를 그 산물의 정점으로 하는 시스템이다.

이처럼 깊고 넓은 위기를 타개하기 위해서는 산업주의로 제도화된 현대의 문명을 전환시켜야 한다. 일리치는 1970년대의 유행어가 된 '양자택일'이란 말에 포함된 '선택'이란 개념의 소비자적 뉘앙스를 배제하고 그 대신 제도적 전환을 생각했다. 그것은 권력혁명 따위가 아니다. 오히려 권력의 억제와 축소에 가까운 것이다. 그러한 제도적 전환의 중심 개념으로서 일리치가 사용한 말이 버내큘러다.

앞에서 보았듯이 일리치는 근대사를 희소성의 역사로 파악했다. 그 속을 보면 사회생활에 있어서의 남녀의 활동이라고 하는 성의 문제가 있다. 우리말의 성性이란 옛날부터 천성, 성격, 인성, 국민성, 민족성 등 여러 가지로 사용되었으나 최근에는 섹스와 혼동되어 그것만을 뜻하게 됐다. 희소성의 세계의 근대사회의 생성과 발전은 동시에 genderless technology와 그것에 조응하는 genderless humans의 세계로 확대되었다.

여성의 가사 노동은 그림자 노동의 원형이다. 그것은 민중이나 빈민이 폴라니[40]와 아날 학파에 의해 연구된 것과 같이 역사의 새로운 분야로서 파악되고 있다. 지금까지의 역사는 지배 중심사든, 피지배 중심사든 지역 민중의 버내큘러한 가치를 무시해왔다는 것이다.

학교에서부터 교통, 의료, 성, 노동에 이르기까지 일리치의 지향은 제자리로 돌려놓기이다. 그것은 어쩌면 근원을 향한 향수이고 잃어버린 대지를 향한 귀향이다. 그런 의미에서 그는 소위 위대한 체계의 사상가가 아닐지 모른다. 아니 겸손하고도 치열한 분석가라고 해도 좋을 것이다. 그 경우 하나의 집념—문화를 민중에게, 인간에게 되돌리고자 하는 그의 외침은 더욱 확산될 수 있다. 예컨대 사법 제도, 관료 제도, 군대 따위에도. 나아가 현대 문명 전반에 걸쳐 그의 비판은 통렬한 해부로 이어질 수 있다

일리치는 중기에 와서 버내큘러라는 용어보다 커먼즈라는 용어를 즐겨 사용했다. 이는 사유재산과 반대되는 의미의 공유재산이라고 번역할 수 있지만, 반드시 재산이 아닌 것일 수도 있다. 즉 마을 사람들이 함께 다니는 길, 함께 쉬던 나무그늘, 함께 따먹는 산딸기 등은 물론이고 조용함이나 침묵도 커먼즈이다.

이러한 서브지스턴스나 버내큘려나 커먼즈를 파괴하고 산업주의사회로

---

40 2008년 말부터 신자유주의는 물론 시장자본주의가 위기를 맞았다고 하면서 새롭게 칼 폴라니가 된다. 이어서 최근, 폴라니를 사상의 스승으로 삼고서 시장자본주의에 대한 가장 근본적인 비판을 했던 일리치를 재검토할 필요가 생겼다. 물론 학계나 언론 일각에서 과거 경제이론을 대표하는 자유주의(프리드맨), 복지주의(케인즈), 사회주의(마르크스)를 모두 부정한 폴라니에 대해 아직은 겨우 관심을 갖기 시작한 정도에 불과하고, 학교나 언론은 물론 대부분의 사람들은 여전히 자유주의나 신자유주의를 비롯한 자본주의 신화에 젖어 있는 대한민국이다. 폴라니는 교역·화폐 및 시장의 여러 기원을 주제로 하여 인류 역사 속에 근대서구문명을 위치시켰다. 그에 의하면 인간의 경제란 원칙으로 인간 간의 사회관계, 곧 지역사회에 있다는 것이다. 그런데 소위 근대화와 함께 경제가 지역사회에서 벗어나 거꾸로 경제시스템 속에 인간사회가 매몰되었다. 폴라니는 그것으로부터 다시 벗어나 지역사회에 복귀하는 것을 현대 최대의 역사적 과제로 삼는다. 그러나 폴라니가 별 것이 아니라 폴라니와 같이 경제나 시장을 절대적인 것으로 생각하지 않는 태도는 옛날부터 있어왔다. 아마도 30년 전의 한국 사람들도 대부분은 그렇지 않았으리라. 당시까지 한국에서 시장이란 그야말로 5일장 정도로 시내 한구석에 서는 것에 불과했다. 그러나 지난 30년 사이에 대한민국 자체가 거대한 시장으로 변했고, 모든 길거리나 집들도 시장의 일부로 변했다. 사람들 모두가 시장적 가치관에 의해 살고 죽게 됐다. 모두가 돈에 미쳐 돌아갔다. 옛날에도 돈이 중요하지 않은 것은 아니었지만 세상이 이렇게 돈에 미쳐 돌아가지는 않았다. 그러나 이제는 시장의 장사꾼만이 아니라 모든 사람들이 장사꾼이 되어 장사꾼처럼 생각하고 살고 있다.

나아가게 하는 것으로 일리치는 근원적 독점과 역생산성이라는 개념을 사용한다. '근원적 독점radical monopoly'이란 학교나 병원처럼 그 외에는 무엇을 학습하거나 치유하는 곳을 선택할 수 없게 만드는 것과 같이, 특정 종류의 제품이 지배적이 되어 그밖에 다른 것을 선택할 수 없게 만드는 현상을 말한다. 그리고 '역생산성counterproductivity'이란 학교에 가면 배우는 능력이 없어지고 병원에 가면 치유의 능력이 없어지는 것과 같이, 제도가 임계점을 넘어 목표에 반하는 결과를 낳는 것을 말한다.

일리치의 성에 대한 역사 분석

일리치는 후기로 넘어가는 1981년의 『그림자 노동』과 1983년의 『젠더』는 성의 역사에 대한 분석이다. 일반적으로 섹스로부터 젠더가 형성된다고 생각하나, 일리치는 역사상 그것이 반대였음을 밝힌다. 곧 11세기 전까지는 남녀가 상호보완적으로 구별된 젠더가 존재했으나 그것이 12~18세기의 자본주의적 경제 기술의 발전으로 급속히 소멸했고 19세기 이후 지금까지 경제 섹스가 지배하고 있다는 것이다. 일리치는 산업화 경제의 중성적 인간은 생물학적 성에 의해서 식별되어 그것에서 여성 차별이 성립되고 여성 착취가 시작되며 여성 노동은 그림자 노동으로 하락된다고 본다. 그는 생태학도 경제학과 같이 섹시즘에 사로잡혀 있다고 비판한다. 그가 주장하는 것은 젠더의 상징적 이원성을 역사적으로 구현하는 것이다.

『그림자 노동』은 산업화의 진전과 함께, 생활을 누려야 할 여러 활동이 시장 경제에 매몰된 결과 단지 지불 없는 노동으로서의 그림자 노동으로 변질했음을 밝힌다. 그리고 그러한 현재의 생활에서 탈각하기 위하여 언어, 지적 활동, 인간의 생존 방법으로서 평화의 문제 등을 논한 문제 제기의 책이다.

좌와 우의 대표제에 관계되는 X축, 기술의 하드와 소프트에 있어서의 민중 참가의 Y축, 그리고 고유의 가치와 산업적인 것을 둘러싼 제3의 축인 Z축을 설정하고서 일리치는 이 제3의 축에 있어서 재산 한계 설정, 서비스 한계 설정에 더하여 커먼즈의 한계 설정을 제시한다.

그리고 고유한 언어가 파괴되고 생존에 대한 전쟁이 '발전'의 본질로서 확인된다. 나아가 임금 노동의 배후에 숨은 여성에 의한 가사로 대표되는 그림자 노동이 노동의 재조명으로 논의되고 남과 여의 분할이 주장된다. 일리치 사상의 결정이라고도 할 수 있는 대담한 문제 제기가 고전과 새로운 사상·이론·실증과 함께 중세사를 통한 현대의 새로운 조명에 이용된다.

일리치는 왜 여성의 역할 또는 자체에 대하여 관심을 기울이는가?『그림자 노동』이전에 그가 쓴『버내큘러한 가치와 교육』이란 논문은 다음과 같은 내용을 담고 있다. 즉 1~2세기의 원시교회는 어머니교회-평등한 교회였으나, 점차 위계적·부권적 제도인 승직 제도로 변화되었고 그것이 국민국가 성립의 기초가 되었으며, 동시에 민중의 언어나 습관이 민족국가 성립에 의해 파괴되었다는 것이다. 이 점은『그림자 노동』에 실린 위그나 안토니오 데 네브리하Antonio de Nebrija[41]에 관한 설명을 통하여 재확인되고 있다.

이러한 인식의 배경을 설명하면서 일리치는 현대 사회에서는 남녀의 구별이 지극히 어렵다는 점을 들었다. 그러나 산업화되지 않은 사회에서는 여성이 하는 일을 남성도 마찬가지 방식으로 한다는 것은 있을 수 없다. 그 반대도 있을 수 없다. 예컨대 어떤 곳에서 여자는 말에, 남자는 소에 접근하는 것이 금지되었다. 또한 남자만이 수소에 접근할 수 있었고, 여자만이 암소의 젖을 짤 수 있었다. 남녀 간의 노동 배분이란 각 사회에 고유한 것이었고 시

---

41 안토니오 데 네브리하Antonio de Nebrija(1441~1522)는 스페인의 학자이다. 스페인에 인쇄술이 도입된 1473년 이탈리아에서 공부를 마치고 귀국하여 왕실 역사편찬위원의 직책을 맡고, 문법가이자 사전 편집자로 활약했으며, 동시에 휴머니즘 전통의 고전문헌 편집자이기도 했다. 그가 1492년에 낸 로망스어 문법서인『카스티야어 문법서Gramática de la Lengua Castellana』는 최초의 유럽 문법책으로 유럽 언어들과 아메리카 원주민어 문법서 같은 비슷한 종류의 책들의 모델이 됐다.

대적으로도 '고유'했다. 그러나 사회과학자들은 이를 '분업'이라고 부른다. 그것은 원시 시대부터, 유인원과 원숭이로부터도 관찰되었다. 여성은 보금자리에 머물고 남성은 밖에 나가 먹이를 구해왔다.

그러나 산업화에 따라 성에 고유한 분배가 파괴되었다. 남성과 여성은 그전까지는 가정에서 경제적으로 동등하게 중요했다. 그러나 산업화에 따라 일터가 가정에서 분리되었고, 동시에 집은 그 스스로 유지하는 곳이 아니게 되었으며 오직 오직 소비처로 타락했다. 월급을 받는 노동이 최고가 되었다.

일리치는 1960~70년대의 연구를 '공업화의 결과인 환경파괴'에 관한 것이라고 요약한 바 있다. 그 첫째는 물리적 환경파괴였고, 둘째는 『절제의 사회』에서 주장한, 사람들이 임금을 받지 않고 살아갈 수 있는 환경 상태의 사회적 파괴였다. 곧 환경오염보다도 더욱 심각한 '환경의 사용 가치' 파괴였다.

세 번째로 이해한 파괴가 성의 고유한 역할의 파괴다. 그 파괴는 성의 구별이 없는 노동의 창조에 수반되어 발생했다. 이러한 점의 인식에 있어서 그는 여성해방론이 자신에게 별 자극을 주지 못했다고 했다. 예컨대 임금 노동에 있어서 여성이 차별받고 있다거나 가정에서 착취당하고 있다는 얘기는 너무나 자명한 것이다. 여성은 동등한 권리를 가져야 한다고 주장함에 따라 임금 노동은 성이 없는 것임을 반복하고 있다.

그러나 여성의 가사 노동 자체의 성격이 20세기에 와서 급격히 변했다. 그전에 여성은 경제적으로 남성과 동등했으나, 이제는 '빛과 그림자'의 관계에 있다. 주부는 의존하고 있는 존재이고, 생산적이지도 않고 급여를 지불받지 않는 활동을 하고 있다. 이렇게 임금을 지불하지도 않고 유용성도 없는, 게다가 강제적이기도 한 활동은 지금까지 이론적인 분석에서 제외되어왔다. 그것을 일리치는 '그림자 노동'이라 부른다.

그것은 여성의 가사 노동만이 아니라, 임금 노동의 확장과 나란히 확대되어왔다. 그리고 그것은 경제적 위기나 고용감소 등에 수반되어 남녀 모두에게 증대될 것이다. A. 고르는 그것을 『프롤레타리아여, 안녕Adieu au proletariat』 (1980)이란 책에서 집중적으로 다루었다. 곧 이미 대부분의 사람이 그림자 노동에 매여 있는데 부르주아니 프롤레타리아니 하는 것은 우습다는 것이다.

좀 더 구체적으로 살펴보자. 1980년대에 들어서 더욱 심각해진 불경기, 인플레이션, 구조적 실업, 생태적ecological 한계 그리고 불가피하게 증대되어 가는 반생산적 세계에 있어서, 경제의 '비공식 부문'을 조직화하려는 시도가 확대되고 있다. 일리치는 '비공식 부문'이란 영역에는 그림자 노동이란 분야와 고유한 분야가 있다고 한다.

공식 부문, 곧 임금 노동에 관한 역사는 광범위하게 연구되어왔다. 그 중심은 아담 스미스와 카를 마르크스다. 스미스는 생산적 노동을 규명했다. 그것은 자본과 교환되는 노동이고 또 상품으로 실현되는 노동이다. 전자는 리카도와 시스몽디에 의해, 그리고 후자는 J. S. 밀에 의해 계승되었다. 그리고 마르크스는 그것을 '잉여 가치를 생산하는 임금 노동'이라고 보았다. 그러나 그 누구도 그림자 노동이라는 비공식 부문을 망각했다.

그것은 비생산적·비상품적이라는 이유에서 생산 노동에 가려진, 지불되지 않은 노동의 세계이다. 그러나 자본주의에 있어서는 생산 노동이나 임금 노동보다 더욱 중요한 위치를 차지하고 있는 것이고 그것 없이는 임금 노동이 있을 수 없다. 곧 임금 노동의 조직화와 동시에 제2의 형태, 역사적으로 새로운 활동으로 나타났다. 그것도 19세기에 출현한 임금 노동과 마찬가지로 새로운 것이었다.

그 전형적인 것이 현대의 아파트에서 대부분의 주부가 영위하고 있는 가사 노동이다. 그것은 그림자 노동의 원형이다. 그러나 본래의 그것은 인간의 삶의 토대이며 빛이었다. 곧 그림자가 아니었다. 그런데 그것이 임금 노동 중심의 산업 사회에 와서는, 남자들이 직장에서 얻는 임금 없이는 성립할 수 없는 '상품 구입과 소비'의 가사가 되고 말았다.

가사는 소비를 조직화하여 사회적 생산의 성장을 재촉한다. 남편은 밖에 나가서 생산하고 아내는 안에서 소비한다. 전형적인 가사 외에 들 수 있는 보기가 통근이다. 임금을 받는 노동자는 자기라는 노동력을 집에서 공장으로 운반하고 있다. 그는 스스로 이 노동력을 운반하는 운전수다. 그는 1주일에 10~12시간 정도 자동차를 이용하여 직장에 가서 일한 몫으로 번 돈으로 다달이 차의 할부 값을 지불하고 있다.

『젠더』는『그림자 노동』에 이어 산업주의적 상품에 완전히 지배된 생활양식의 특유한 섹스와는 별개의, 본래의 인간관계 존재 방식, 비대칭적인 여와 남이라는 상호 보완의 관계성에 관한 역사적·경험적인 고찰이다. 시간과 장소에 따라 다양한 형태를 취하는 여와 남의 세계인 성을 역사적으로 분석하고 그 상실이 초래한 황폐를 통렬히 비판한다. 이 책은 종래의 여성 해방 운동과는 맥락을 달리하는 것으로 심지어 보수 반동이란 비난까지 받았다. 그러나 지금까지의 모든 문명에는 남녀의 구별이 있었고 앞으로도 그렇다면 남녀의 위치를 제자리에 바로 돌리고자 하는 일리치의 논의는 보다 더 현실적일 수도 있다.

일리치의 사회주의

일리치는 산업주의나 자본주의에 반대한 사회주의자다. 일리치의 사회주의는 자본주의와 마찬가지로 산업주의나 시장주의에 입각하는 마르크스주의나 현실 공산국가의 공산주의와 같은 사회주의와는 근본적으로 다른 것이다. 그렇다고 해서 일리치가 사회주의자가 아니라고 할 수는 없다. 적어도 그는 자본주의나 시장주의나 신자유주의에 대해서는 명백히 반대한 점에서 사회주의자다. 그러나 현존 사회주의를 부정한 점에서 일리치를 사회주의자라고 부를 수도 없다면 그를 아나키스트로 부르는 것이 타당하다.

그는 마르크스를 비롯한 기존의 사회주의 이론은 물론 현실 사회주의도 산업주의라는 점에서는 자본주의와 마찬가지라고 비판한다. 이는 물질만을 중시하는 것이 아니라, 학교나 병원이나 사회보장 제도와 같은 정신적 가치를 제도화하는 광의의 산업주의까지 포함한다. 따라서 현대 서양의 문명 자체에 대한 비판이다. 그 주류인 자본주의는 물론 그것에 반대한 사회주의도 일리치의 경우 산업주의라는 점에서는 다름이 없다.

그러나 그가 현대 서양 문명 자체를 부정하는 것이 아님을 주의해야 한다. 특히 자유와 자치 및 자연에 대한 존중은 서양 문명 자체가 부정한 것이 아님을 더욱 주의해야 한다. 이 책에서 일리치가 비판하는 시대는 20세기 산업주의 시대에 집중돼 있다. 물론 그전부터 그 뿌리는 형성됐지만 특히 문제가 된 것은 20세기다.

그는 산업주의에 반대하지만 그렇다고 해서 경제 성장이나 기술 발전을 무조건 부정하고 원시 사회로 돌아가자고 한 반문명론자나 공업을 비롯한 현대 산업 자체를 부정하고 전근대 농촌 사회로 돌아가자고 한 순수한 농촌주의자가 아니다. 그는 현대 문명의 성장에는 일정한 한계가 있음을 주장하고 그 한계를 넘으면 문명 자체를 파괴할 수도 있으니 제발 그러지 말고 '절제'하자고 말한 것이다.

그는 산업화에는 한계가 있고 그 중요한 제도인 병원, 학교, 자동차 등에도 한계가 있다고 보았다. 물론 그는 그 제도의 기본 가치인 건강, 교육, 교통 자체를 부정한 것은 아니다. 그 가치가 제도화되는 것 자체를 부정한 것도 아니다. 그가 문제 삼은 것은 그 제도화의 한계다. 건강을 위한 최소한의 의료는 필요하지만 그 정도를 넘는 과도한 의료화는 안 된다고 본 것이다. 마찬가지로 교육을 위한 최소한의 네트워크는 필요하지만 강제 교육은 안 된다고 본 것이다. 마찬가지로 교통을 위한 최소한의 대중교통은 필요하지만 자가용의 대중화는 안 된다고 본 것이다.

나는 이런 주장을 한 일리치를 20세기 사상가 중에서 적어도 열 손가락에는 든다고 보지만 그를 대단한 발견이나 특별한 사상을 만든 사람이라고는 생각하지 않는다. 물론 이는 그 모두를 내가 대단하게 생각하지 않는 탓이기도 하다. 한국 사람들은 자기가 공부한 외국인을 열심히 숭배하고 소개하지만 그중 누가 우리에게 살이 되고 피가 되었던가? 그래도 나는 일리치가 우리에게 성장 신화의 문제를 가르쳐주고 학교나 병원이나 자동차에 대한 숭배를 필요 이상으로 과도하게 하지 말고 절제하라고 한 점에서 그 어떤 사상가보다도 구체적이기 때문에 좋아한다.

일리치가 산업주의에 대한 비판을 시작한 1960년대에 우리는 산업주의에 미쳐 그것을 본격적으로 시작했다. 특히 일리치가 현대 산업주의의 보기로 분석한 병원, 학교, 자동차, 경제 성장 등이 이 세상의 어떤 나라에서보다도 과도하게 숭배되고 있는 곳이 한국이라고 생각한다. 이처럼 과도한 물신화 경향을 보이는 한국에 그의 사상은 무엇보다도 계몽적인 역할을 할 것이라고 기대해 나는 그를 소개해왔다.

일리치는 라틴아메리카 등의 비서양 사회에서는 최근의 서양 산업주의 문명 전래 이전의 경우 전통적인 반산업주의 문명이 지배적이었다고 말한다. 따라서 병원, 학교, 자동차에 대한 요구가 없었다. 그러나 어쩌면 현대 한국의 병원, 학교, 자동차, 경제 성장 등에 대한 과도한 물신화는 일리치가 말하는 것과 달리 단순히 서양 문명의 영향 때문만으로 보는 것이 아닌 전통의 영향이었을지도 모른다고 나는 본다. 한국인의 건강과 교육에 대한 열망은 다른 어떤 전통 사회에서보다도 대단했기 때문이다.

게다가 그것을 유교 사회니 선비 사회니 사대부 사회니 문인 사회니 하며 미화하기도 하는데 과거 시험 등과 결부된 교육이 출세의 중요한 수단이었음은 50년 전이 아니라 500년 전부터 대단한 사실이었다. 나는 이러한 전통 사회의 산업주의 측면이 한국만의 특수한 것인지 아니면 제3세계나 비서양 세계 일반의 것인지는 잘 알 수 없다. 그러나 내가 아는 한 적어도 한국을 비롯한 중국이나 일본과 같은 극동 아시아의 경우 전통적으로 산업주의가 지배했다. 그래서 누구나 농사를 지으려 하지 않았고 돈을 벌어 양반이 돼 과거를 쳐서 관료가 되고자 했다. 물론 현실적으로 그렇게 출세하는 사람은 극소수여서 대부분은 농사를 짓고 살지 않을 수 없었지만 말이다.

이런 모순된 현실을 1960년대 이후 정부의 산업주의 경제 성장 정책은 일단 해소하는 듯이 보여 국민 대부분의 환영을 받았다. 그 후 60여 년이 지난 2023년 현재까지도 그런 정책은 여전히 유지되고 있다. 일리치와 같은 반산업주의 주장이 전혀 없는 것은 아니지만, 그런 목소리는 산업주의의 물결에 묻혀 거의 들리지도 않는다. 그렇기에 이 책이 그런 반산업주의를 고취하는 또 하나의 힘찬 목소리가 되기를 빈다.

일리치의 기독교

일리치 사상의 근원인 기독교

일리치는 죽기 4년 전인 1998년에 했던 인터뷰에서 40년 동안 사람들이 자신의 입장을 물었는데 강연을 할 때면 언제나 기독교 신앙인의 입장에서 말한다고 했다. (유언235) 앞에서 말했듯이 그는 유대인이었지만 기독교(가톨릭)를 믿는 집안에서 태어났다. 이런 출신이 그의 삶과 생애에 중요한 역할을 했다. 에리히 프롬이나 리 호이나키Lee Hoinacki[42] 같은 친구들 또는 데이비드 케일리David Cayley[43] 같은 대담자도 유대인이거나 유대인 기독교도였다. 일리치는 공식적으로는 43세가 된 1969년까지 가톨릭 사제였고, 그 뒤로 죽을 때까지도 기독교 신앙을 버리지 않은 기독교인이었다.

앞에서 보았듯이 일리치는 30대에 신부로 활동하면서도 로마 교황청과 불편한 관계였으나 평생 가톨릭 신자였다. 그는 초기 기독교, 아니 예수 당시의 자유롭고 평등한 사람들이 만든 작은 공동체를 추구하고 성직자 계급의 폐지, 아니 궁극적으로 교회의 폐지를 요구했다. 그 점에서 그는 톨스토이나 간디와 통하고 퀘이커 등의 무교회주의자와도 일치했다.

일리치는 서품을 받은 초기부터 가톨릭교회가 독선적이고 관료적이며 배타적이라고 비판했고, 상위 성직자들을 교회 정복자라고 비난했으며, 교회의 문화적 우월성과 오만한 선교 활동을 철저히 반박했다. 특히 라틴아메리카에서 가톨릭이 주민을 노예로 만들고 있고, 권력과 결탁하여 현존 사회 계급을 유지하며 자유와 평등을 불가능하게 한다고 비판했다. 이러한 관료적 제도로 인해 신앙은 사회적 지위를 획득하고 구원받기 위한 필요 상품이 돼 버렸다고 비난했다.

이처럼 가톨릭의 관료적 사제 제도를 비판한 점에서 일리치는 프로테스탄티즘에 가깝지만 그는 프로테스탄티즘의 교회에 대해서도 당연히 비판적이다. 또한 일리치는 원죄라는 전통적 개념을 부정한 점에서 톨스토이와 가깝다. 그리고 인간의 삶을 지배하는 하느님의 능력 대신 인간의 능력과 자유 의지를 찬양한 초기 기독교의 이단인 펠라기우스Pelagius의 인간관과 유사한 인간관의 소유자다. 펠라기우스는 영국의 수도사·철학자이자 신학자로서 로마에서 수도 생활을 했다. 그는 인간의 자유 의지를 강조하고 원죄, 그리스도의 구원, 세례 등을 부정하는 학설을 제창하였다. 즉 사람은 스스

---

42 일리치의 친구인 호이나키는 폴란드 이민의 후예로 대학 시절에 당시 트라피스트 수사였던 토머스 머턴의 자전적 기록 칠층산을 읽고 크게 감명받아 사제가 되었다. 그 뒤 일리치처럼 맨해튼의 빈민 구역에서 사목활동을 했으며 1960년에 스페인어를 배우기 위해 푸에르토리코로 이동했고, 거기서 일리치를 만나 평생 친구가 되었다. 2년 뒤 칠레, 다시 4년 뒤 멕시코로 가서 당시 일리치가 쿠에르나바카에서 운영하던 CIDOC에 합류했다. 1967년에 미국으로 돌아와 결혼하고, 캘리포니아대학(로스앤젤레스) 대학원에 들어가 정치학 박사과정을 밟았으나, 박사논문을 작성하는 도중에 베트남 전쟁으로 대변되는 미국의 제국주의 정책과 미국 사회에 만연한 불의와 부도덕에 대한 항의의 표시로 가족과 함께 베네수엘라로 자발적인 망명을 하였다. 그 뒤 미국으로 되돌아와 일리노이주에 새로 개설된 실험대학인 생거먼대학에서 가르쳤다. 2002년 일리치가 죽기 직전 『이반 일리치의 도전The Challenges of Ivan Illich』(2002) 등의 책을 편집하였고, 펜실베이니아대학교에서 가르치다가 농부가 되었다. 그의 저서 중에는 『정의의 길로 비틀거리며 가다Stumbling Toward Justice』와 『산티아고 거룩한 바보들의 길El Camino:Walking to Santiago de Compostela』(1996), 『아미쿠스 모르티스-죽음을 함께 맞이하는 친구Dying is not Death』(2007) 등이 번역되었다.

43 CBC 라디오 프로그램 Ideas의 작가이자 프로듀서이다. 『감옥의 확대The Expanding Prison』를 썼고, 이반 일리치, 노드롭 프라이Northrop Frye, 조지 그랜트George Grant를 비롯한 여러 학자들과 나눈 대화를 기록한 대담집의 공저자이기도 하다. 『이반 일리치와 나눈 대화』, 『이반 일리치의 유언』, 그리고 『Ivan Illich: An Intellectual Journey』(2021)를 썼다.

로의 의지로 자유로이 선악을 행할 수 있으며, 신의 은총이란 단순히 외적인 것에 불과하여, 그 결과 인간의 조상 아담의 죄는 완전히 개인적인 것에 지나지 않으며 모든 사람에게 원죄가 있다는 설은 옳지 않다고 부정하였다. 또한 그리스도의 구원이나 세례 등 적극적인 가치도 부정하여 아우구스티누스와 히에로니무스 등의 맹렬한 반박을 받고, 카르타고, 안타키아, 에페소스의 종교회의에서 이단異端으로 선고받았으나, 그의 근엄한 수도생활은 많은 사람의 존경을 받았다.

일리치가 인간이면 누구에게나 배움이나 치유나 이동의 능력이 있다고 한 것은 유기적 생명으로서의 인간에 대한 과학적 믿음에서 나온 것이겠지만 동시에 종교적 믿음에서 나온 것이다. 또한 그러한 인간의 자율성에 대한 믿음에서 나온 새로운 자율적 사회에 대한 믿음도 현존 사회를 부정하고 신의 나라를 말한 예수의 정신을 이어받은 것이다. 마찬가지로 기계를 과신하는 산업주의 및 관료주의 사회를 비판한 것도 궁극적으로 그러한 정신에 근거하여 산업화되고 관료화된 교회를 비판한 데서 나온 것이다. 일리치는 초기 기독교가 타락하여 산업주의를 낳았다고 비판했다. 그런 일리치의 관점을 불교와 같은 다른 종교에 적용하면 그것이 권력과 결탁하는 시기부터 타락한 것이다. 따라서 한국불교의 특징이라고 말하는 호국불교는 본래의 불교로부터 타락한 것이 된다.

일리치의 기독교

일리치는 자신의 모든 사상이 성서를 읽고 기독교의 순수한 전통으로 되돌아간 결과라고 말한 적이 있지만,[44] 굳이 그런 말을 듣지 않았다고 해도 이는 우리가 그의 사상을 읽는 경우 당장 알 수 있는 것이기도 하다. 물론 성경을 어떻게 이해하는가에 따라 다른 이야기도 얼마든지 가능하지만 말이다. 그는 기독교를 다음과 같이 이해했다.

> 스스로 선택한 청빈과 무권력과 비폭력은 기독교 복음의 핵심이
> 다. 그것들은 복음의 가장 자비로운 요소들이므로 아주 쉽게 타
> 락한 자나 조롱받는 자 또는 무시받는 자들에게도 존재한다.
> …… 기독교 복음은 또 빈부격차가 더욱 심화되고 있는 세상에서
> 가장 합리적인 정치수단이다.[45]

예수는 그 사회의 지배적 가치만이 아니라 그것으로 지탱되는 사회 자체
를 공격했다. 그러나 현실 기독교 교회는 예수가 악마라고 비판한 것 같은
생산소비 지향의 유혹에 넘어가 타락했다. 교회는 잦은 고비용 건축이나 신
도 회원제 확대 노력과 함께, 직업화, 전문화, 대량화, 관료화에 젖어 신도와
목회자는 계급화됐고 특히 국가 이익을 교회 목표와 동일시해왔다. 일리치
는 그런 현실 교회에서 벗어나 원시 기독교의 친밀한 신앙 공동체로 돌아가
야 한다고 주장한다. 신앙과 교회에 대한 이러한 생각이 학교, 병원, 교통, 교
도소, 정신병원 등등 모든 산업주의 제도에 응용되었다. 이것이 일리치 사상
이다.

이러한 일리치의 견해가 해방신학을 비롯하여 기독교에 대한 여러 진보
적인 입장과 같은 것임은 두말할 필요가 없다. 일리치는 기독교 복음의 핵심
인 스스로 선택한 청빈과 무권력과 비폭력은 가르칠 수 있는 것이 아니고,

---

44 일리치는 1959년에 쓴 「사라지는 성직자」라는 글에서 자신이 성직자를 구체적인 사례로 다루는 것은 "신학
적으로 새롭거나 대담하거나 논쟁적인 방식으로 이 문제를 다루고 싶지 않기 때문이다. 교회에서 압도적
다수를 이루는 보수층과 토론을 벌일 때는 '사회적' 결과만을 간단히 다루는 게 오히려 해당 주제를 논쟁할
만한 것으로 만드는 방법이다."라고 썼다. (깨달음104)

45 Ivan Illich, "Deschooling Society", Colloquy, 2권(1972), p. 48.

인간의 마음속에 있는 신의 성령에서 받은 것이라고 보았지만, 동시에 그는 "한 사람의 행동이 변화하는 것은 개인적 깨달음 때문"(깨달음213)이라고 했다.

일리치는 인간이 신의 자유로운 창조물로 발전할 수 있는 새로운 세상을 만들고자 했다. 그가 꿈꾼 새로운 세상은 이미 철저히 제도화된 지상에는 없는, 은총을 받아 그 신비를 알 수 있는 왕국, 전문 기술 사회에 반대하고 스스로 가난을 강구하는 세상이다.

> 신의 이름으로 우리는 발전에 대한 맹목적 숭배나 타락적인 생산 증대를 비난해야 한다. 우리가 지금 교육하고 있는 위선적인 신학이 소비적인 타락 생활을 조장함을 폭로해야 한다. 우리는 신이 좋은 세상을 창조했고, 중개자 없이도 그 점을 알고 간직할 힘을 우리에게 주었음을 사람들에게 상기시켜야 한다. 인간은 관료의 도움을 받으면 위축되는 반면, 일정한 상황 속에서 다른 사람들과 개인적이고 친밀하며 항상 새로운 관계를 맺는 과정 속에서 성장과 배움을 얻는 존재임을 우리는 알고 있다. 결론적으로 우리는 모든 인간이 어떤 조직의 일원이 됨으로써 삶을 꾸려나갈 수밖에 없는 인위적인 상황을 창출하려는 어떤 시도에도 협조해서는 안 된다.[46]

그런데 일리치는 교회의 도덕적 권위 행사는 인정하면서도 정치적 권력 행사에는 반대했다. 이 점에서 일리치는 해방신학이나 프레이리와는 구별된다.

---

46 Ivan Illich, "Deschooling Society", Colloquy, 2권(1972), p. 48.

『이반 일리치의 유언』

일리치는 2002년에 죽기 5년 전인 1997년부터 1999년까지 케일리와 마지막 대담을 했다. 그 기록이 그가 죽고 3년 뒤인 2005년에 나온 『이반 일리치의 유언』이다. 일리치 책이 대부분 난해하기로 유명한데, 이 책은 그를 잘 아는 캐나다 방송인이 책 내용의 일부를 방송용 대본으로 만든 책임에도 불구하고 더욱 어렵다. 특히 이 책은 지금까지 나온 일리치의 다른 책들과 달리 기독교에 대한 이야기가 대부분이어서 더욱 그러하다. 기독교인 독자라면 그렇지 않은 독자보다도 이해가 좀 더 쉬울지 모르지만 일리치를 잘 아는 어느 외국인 신부도 나에게 일리치 책은 어렵다고 했으니 누구에게나 그리 쉽지 않다. 특히 번역을 한 경우라면 그런 난해함은 더욱더 가중될 수 있다.

이 책의 서문에 나오듯이 편자이자 인터뷰어인 케일리는 캐나다의 방송인으로서 이 책을 내기 15년 전인 2005년에 『이반 일리치와의 대화』를 낸 적이 있다. 따라서 그 책의 속편이 이 책이라고도 할 수도 있으나 동시에 별도의 책이기도 하다. 나아가 이 책은 일리치의 여러 책에 대한 이야기이자 그 삶의 이야기이기도 하다.

이 책의 '독자들에게'라는 첫 부분을 쓴 찰스 테일러Charles Taylor는 캐나다의 저명한 철학자로 우리나라에는 주로 공동체주의자로 알려진 사람으로서 그가 일리치의 친구였음은 분명하지만, 일리치를 그와 같은 공동체주의로 볼 수는 없음을 주의해야 한다. 테일러는 일리치가 이 책에서 말하는 서양 문화관을 자신의 견해와 같다고 보는데, 그것은 서양의 근대를 기독교의 타락이라고 보는 점이다. (유언9) 이는 서양의 근대를 긍정하는 사람들이 서양 역사에서의 기독교의 역할을 강조하거나, 근대를 부정하는 사람들이 기독교를 근대와 대립하는 것으로 보는 것과 근본적으로 다르다.

일리치는 예수의 가르침과 초기 기독교가 벗의 환대와 희망이 가득 찬 것이었으나, 그 3백 년 뒤쯤 기독교가 로마의 국교가 된 뒤 타락하기 시작해 벗을 환대하는 관용이 사라지고 벗이 아닌 원수로 타인을 배제하는 절망, 그리고 법과 제도, 물질과 기술의 물신화로 나아갔다고 본다. 이에 대해 일리치는 최선이 최악으로 타락한 것이라고 주장한다. 기독교는 본래 최선이었으나 권력화로 인해 최악이 됐다는 것이다. 이에 대해 최선과 최악은 각각 상대적 개념으로, 각각 반권력화와 권력화를 의미한다는 것을 인식해야 한다. 이를 테일러의 말을 빌려 설명해보자.

> 앞에서 나는 기존의 연들과 단절하라는 [기독교의] 소명을 언급한 바 있다. 그런데 일리치가 설명하듯, 이 요구는 착한 사마리아인과 같은 우화에서 훨씬 더 강하게 나타난다. 그것은 직접적으로 말해지진 않더라도 필연적으로 암시되는 것이다. 만일 그 사마리아인이 신성시되는 사회적 경계의 요구를 그대로 따랐다면, 그는 결코 부상한 유대인을 돕기 위해 발걸음을 멈추지 않았을 것이다.[47]

나는 기독교인이 아니지만 일리치가 지적하는 이러한 기독교의 문제는 일리치가 설명하는 서양사 속에서는 물론이고 한국 현대사에서도 충분히 읽을 수 있다. 물론 기독교만으로 서양의 중세와 근대 및 현대까지를 다 따져볼 수 있을지는 의문이고, 그런 분석의 결과가 예수와 원시 기독교의 가르침으로 돌아가는 것이라고 짐작할 수는 있어도 그것이 과연 가능할지도 의문이다. 하지만, 모든 인간에 대해 벗을 맞이하는 환대와 희망으로 대해야 한다는 원리를 누가 부정할 수 있겠는가?

---

47 찰스 테일러, 이상길 옮김, 『근대의 사회적 상상력』, 이음, 2010, 103쪽.

게다가 한국의 경우에는 기독교에 대한 일리치식의 분석이 충분할 수 없는 불교나 유교의 역사가 있다. 물론 불교나 유교도 적어도 한반도의 경우 일리치가 말하는 기독교의 타락이나 돌연변이 이상으로 권력적 타락이나 제도적 돌연변이를 초래하여 그런 풍토에서 기독교가 별 마찰 없이 들어온 것이라고 볼 수도 있다. 그 결과 남한의 권력적이고 제도적인 기독교가 경제 개발의 토대가 됐고 경제 개발의 극단적인 물신화가 근본주의적 자본주의를 초래한 것과 마찬가지로 북한에도 근본주의적 사회주의가 자리 잡았다고 볼 수 있다. 이러한 근본주의는 벗의 환대와 희망을 거부하는 독선과 배타에 근거한다. 특히 근본주의적 자본주의와 사회주의는 극단적인 대립과 갈등을 초래한다. 그 두 가지가 벗의 환대와 희망으로 나아가지 않는 한 한반도에 희망은 없다. 통일이니 민주화 이전에 인간들이 벗으로서의 환대와 희망을 품지 않으면 안 된다.

'미래의 북녘 강에'

미래의 북녘으로 흐르는 강에
나는 그물을 던지네,
그대가 머뭇거리며
돌에 새겨진 그림자를
달아맨 그물을.

위의 시는 『이반 일리치의 유언』의 원제인 '미래의 북녘 강에'가 나오는 첼란의 시 「강에」 전문을 번역한 것이다. 파울 첼란Paul Celan은 현대 독일 시인 중에서도 가장 유명한 사람 중의 한 사람이지만 유대인이어서 나치 수용소에서 비참한 삶을 살다가 50세에 자살했다. '아우슈비츠 이후에도 시는 가능한가?'라는 아도르노의 회의와 달리 첼란은 그 뒤에도 위대한 시를 썼지만 결국은 자살했다. 그는 "현실이 상처를 입었기 때문에 현실을 추구한다"고 말했지만 아우슈비츠의 기억보다 그 뒤의 현실을 도저히 참을 수 없었는지 1970년 망명지 남녘 센강에 투신자살했다. 북녘 강에 그물을 던지기는커녕 가보지도 못하고.

『이반 일리치의 유언』의 원제이자 에피그래프로도 소개되는 이 시를 쓴 첼란을 일리치가 매우 좋아했다고 그 책의 편자 케일리는 말한다. 비슷한 세대였던 두 사람은 같은 동유럽 출신의 유대인으로서 동일한 경험을 했기 때문에 일리치가 첼란을 좋아한 것은 당연한 일이었으리라. 끔찍한 현실을 경험한 그들에게 아직 오지 않은 미래에 대한 희망만큼 절실한 것이 또 있었을까? 미래의 북녘 강은 그 염원을 상징하는 예언이자 유언이다. 일리치의 책도 마찬가지다. 그러나 더욱 일치하는 점은 일리치가 첼란을, 같은 동유럽 출신 유대인인 카프카Franz Kafka와 마찬가지로 산업 사회 인간의 생산능력이 만든 공포를 표현한 시인으로 보았듯이 두 사람 모두 현대 산업 사회를 강력하게 비판한 점이다.

첼란과 달리 일리치는 시인이 아니라 사제였다. 앞에서 보았듯이 젊은 나이에 가톨릭 사제가 되어 18년을 사제로 살았던 그는 일찍부터 로마 교황청을 비판해 그 박해를 받아 결국 사제를 그만두었지만 그럼에도 평생 경건한 기독교인으로 살았다. 그런 만큼 일리치의 모든 것은 기독교에서 파생된다. 『이반 일리치의 유언』의 서문에서 찰스 테일러가 말하듯이 일리치는 서양의 현대란 기독교의 타락한 돌연변이, 즉 교회가 권력을 잡고 제도를 만들어 그것에 인간을 철저히 적응시켜 제도를 숭배하게 만든 탓으로 나타났다고 보았으니 파문당할 만한 사람이었는지도 모르겠다.

이는 우리나라의 경우 불교가 소위 '호국불교화'된 것을 비판하는 것이겠는데 우리의 불교도들은 도리어 호국불교임을 찬양하고 있으니 일리치가 보았다면 뭐라고 할지 모르겠다. 서양 기독교는 최소한 그 정도는 아닌데 말이다. 물론 어느 승려가 호국불교를 비판한다고 해서 파문당하는 일이 생길 것 같지는 않기에 그 점에서는 불교가 기독교보다는 나을지 모르지만, 한국의 기독교나 불교는 여전히 호국과 호신의 수준에 머물러 있다. 기독교나 불교나 그 본래의 정신은 권력화는커녕 권력을 비판하는 것인데도 지금 그 두 종교는 모두 거꾸로 가고 있다.

권력적으로 제도화된 기독교를 부정한 일리치는 예수와 초기 기독교에 대한 굳은 믿음을 가졌다. 나는 예수를 아나키스트로 이해하고 일리치도 그렇게 보았다고 보지만, 여기서 이 점을 굳이 설명할 필요는 없다. 두말할 필요도 없이 분명한 것은 일리치가 저 흔해빠진 제도 교회인이 아니라 독실한 자유 신앙인이었다는 점이다. 그는 우리나라에서 흔히 보이는 교회나 목사를 숭배하는 사이비 신앙인이 아니라, 이기적 출세와 축재를 위해 교회라는 사회 공간 속에 갇혀 그 밖의 모든 것을 배타적으로 배제하는 자들이 아니라, 사회적 공공성의 믿음에서 삶과 죽음을 초월한 참된 신앙인으로 살았다.

그러나 문제는 종교의 세속화나 정치화에 그치는 것이 아니다. 교회를 모범으로 삼아 그것을 학교, 병원, 과학, 교도소, 자본 기업, 백화점, 기술, 자동차, 법원, 고층아파트, 고속도로 등등의 각종 제도가 교회가 지배한 서양 사회에 계속 생겨났다. 나아가 국민국가는 공동체를 파괴하고, 근대화나 산업화에 의해 빈곤은 더욱 확대됐으며, 국어에 의해 국민의 언어능력은 쇠퇴했다. 그래서 일리치가 혹독하게 비판했듯이 인간은 스스로 믿고, 알고, 고치고, 걷고 하는 모든 고유한 능력을 잃어버리고 모든 가치를 제도화시켜 그 제도에 의존하게 됐다. 이러한 가치의 제도화[48]에 의한 타락과 의존이 한

---

48 제도화된 가치 또는 가치의 제도화는 일리치의 핵심적 개념이다. 마르크스주의 경제학자인 긴티스는 이를 마르크스에 따라 '상품 물신숭배'라고 부른다. (탈학교논쟁 194)

국만큼 심한 곳이 또 있을까? 특히 종교와 학교와 병원, 자본과 과학과 기술, 아파트와 자가용과 백화점에 대한 과대 신앙이 한국처럼 심각한 나라가 또 있을까?

물론 인간은 그 제도를 완전히 철폐할 수 없고 반드시 그렇게 완전히 철폐할 필요도 없다. 특히 전화, 자전거, 걷기, 공원, 인도, 우편, 빵집, 가게, 이발소 등과 같은 자율적이고 협동적인 도구나 제도는 도리어 장려해야 한다. 말하자면 간디의 오두막 같은 정신적 분위기 속에서 자신의 집을 치유의 공간으로 삼아야 한다. 그러나 더욱 중요한 문제는 제도 자체가 아니라 그 제도에 대해 물신숭배적일 정도로 마비되어 있다는 점이다. 나는 그런 마비 현상이 특히 20세기 한국에서 가장 뚜렷하게 나타난다는 점에서 일리치에 주목해왔다. 일리치는 이미 1970년대에 그런 비판을 했으나 한국에서는 그와 반대로 그때부터 더욱더 완벽한 마비로 나아갔고 21세기인 지금은 그 마비가 거의 극성단계에 이르러 그야말로 희망은 없는 듯하다.

그런데 『이반 일리치의 유언』에서 케이리도 말하듯이 1970년대의 산업화 제도에 대한 날카로운 비판자였던 일리치는 1982년 『젠더』에서 젠더의 소멸을 개탄한 이후 가톨릭 중세 시대의 찬미자로 돌아서서 시대착오적이라는 비판을 받았다. 이는 한국에서도 그 뒤의 일리치 저술들이 거의 번역되고 있지 않은 이유를 어느 정도 설명해준다.

그러나 이는 흔히 말하는 비판에 대한 대안 같은 것이 아니다. 일리치는 처음부터 대안 같은 것을 말하는 사람이 아니었다. 그런 의미에서 일리치도 첼란처럼 시인이었다. 아니 아나키스트라고 함이 더 정확하다고 생각하지만 이는 그가 시인이라는 점을 부정하는 말이 아니다. 아울러 그는 아나키스트이기에, 기독교인이기에 그런 요소를 갖는 진정한 사회주의자다. 그런 의미에서 아나키스트가 망명해 방황한 미래의 북녘 강을 그리워하며 우리의 노래 '선구자'도 함께 부를 수 있다.

일리치의 복음 이해

『이반 일리치의 유언』은 "나는 예수의 강생降生, incarnatio으로 인하여 사랑과 지식이 놀랍도록 완전하게 새로워질 수 있다고 생각한다. 기독교인들은 성경 속의 신을 이제 육체적인 형태로도 사랑하고 경배할 수 있게 되었다"(유언88)는 말로 시작된다. 이 문장은 기독교도인 경우는 몰라도 기독교도가 아닌 사람에게는 이해하기 어려운 말이지만, 신이 예수라는 육체의 형태를 지니게 됐고, 그 신을 믿게 됐다는 뜻으로 이해할 수 있다.

일리치는 이러한 변화를 통해 두 가지 위험이 나타났다고 한다. 하나는 내가 사랑할 사람과 장소를 자유롭게 선택하게 되어, 그전에 인간이 자신의 민족과 자신을 키워준 가족에 제한됐던 것을 변화시키는 위험이다. 즉 전통적 윤리의 근본을 깨뜨린다는 위험이다. 또 하나는 제도화라는 위험이다. 즉 새로운 사랑을 관리하고 법제화하며, 이를 보증하는 제도를 만들고 이에 반하는 자를 범죄화하여 교회를 보호하게 됐다는 것이다. 일리치는 그러한 교회의 제도화로부터 학교나 병원과 같은 세속의 여러 제도도 생겨났다고 본다.

먼저 첫 번째 위험을 살펴보자. 예수 이전의 전통 종교, 가령 유대교는 자기의 민족과 자신을 키워준 가족에 대한 신앙을 중심으로 한 기복 종교였다. 그러나 기독교는 물론 불교도 그런 세속적 기복을 넘는 선에 대한 추구를 특징으로 한다. 가령 일리치는 강생을 어떤 필요로 생겼다거나 미리 결정된 것이라거나 불가피한 것이 아니라 "구속받지 않은 순수한 자유의 완성"(유언91)으로 본다. 그에 의하면 복음이 독자들에게 제시하는 것은 "필연이나 우연이 아니라 어떤 넘쳐흐르는 호의로서 자유롭게 받고자 하는 누구에게나 자유롭게 주어지는 것"(유언92)이라는 인식을 요구하고 있다고 한다. 일리치에 의하면 그런 호의는 그것이 거절된 순간인 예수 처형의 순간에 우리의 눈에 보인다. 그는 동족에 의해 동족의 신을 모독했다는 이유로 처형됐기 때문이다.

일리치는 이를 『누가복음』 제10장에 나오는 사마리아인 이야기로도 설명한다. 강도에게 습격당한 어느 유대인을 유대인은 보살피지 않았으나, 이방인인 사마리아인이 보살폈다는 이야기다. 이는 전통적으로 이웃 사랑의 예로 설명됐지만, 일리치는 민족을 넘는 사랑을 자율적으로 말한 것으로 본다. 이는 그리스인이 그리스어를 쓰는 이방인에게 대한 사랑은 말했으면서도 그 밖의 야만인(바르바로이)에게는 호의적으로 대하지 않은 것과 달랐다.

그러나 이는 단순히 초민족적인 것을 말하는 것에 그치지 않는다. 사마리아인은 그 유대인을 사전에 알았던 것도 아니고, 어떤 계산도 없이 대가도 바라지 않고, 기대나 요구도 없이, 법이나 도덕이나 관습이나 문화나 언어 등과도 아무런 관련이 없이, 즉 사마리아인은 당연한 의무도 아닌, 누구나 이웃으로 받아들일 수 있다는 자율의 판단에 근거한 창조적인 행위라는 점이 중요하다. 오로지 자신의 자율적인 판단에 의한 결심이기에 중요하다는 것이다. 즉 예수는 종교적 규칙을 파괴하고, 법이나 구속에서 벗어나 금기시된 사람들과도 자유롭게 접하며 가족의 틀마저 깨뜨렸다. 즉 소박한 자율의 삶이다. 일리치가 말한 컨비비얼한 삶이다.

그러나 일리치는 동시에 두 번째의 위험성인 제도화, 즉 호의의 서비스화가 나타났다고 지적한다는 점이 더욱 중요하다. 즉 교회가 시설을 만들고 권력을 소유하며 합법적인 요구를 하고 관리와 조작을 일삼게 됐고, 이에 따라 도저히 만족할 수 없는 필요가 생겨났고, 그것이 개인을 고통에 빠뜨렸다는 것이다. 이를 일리치는 새로운 악이고 죄라고 부른다. 즉 이 세상에 종속하는 무엇을 믿고자 하는 결단이다. 일리치에 의하면 신앙이란 자유이고 어리석음인데, 교회는 그것을 '바람직한 의무', 나아가 '입법화된 의무'로 변질시켰다. 일리치는 자신이 신학자가 아니라 신자이자 역사가로서 기독교도의 부패와 교회의 권력화를 철저히 비판하고, 기독교 신앙의 역사적 귀결인 '최선의 것이 타락하면 최악이 된다'(유언101)는 것에 대해 밝혔다고 주장한다.

일리치의 우연성과 죄의 범죄화

일리치에 의하면 우연성이라는 말은 11세기에 나타났고, 우연성에 의해 압도적으로 정의된 세계관을 깨뜨리는 시도는 현대와 함께 시작됐다. 17세기의 데카르트René Descartes는 기독교 신자였으나, 사물이 신의 의지에 따라 존재하는 것이 아니라, 신이 자연에 운동 법칙을 부여하여 존재하게 하는 것이라고 보았다. 17~18세기의 데카르트 제자들도 여전히 기독교 신자로서 신이 세계를 만들었음을 긍정하면서도 동시에 신과 무관하게 사물을 이해할 수 있다고 보았다.

그전에는 자연이란 생명을 가지고 살아 있는 것이라고 보았다. 라틴어의 자연을 뜻하는 natura는 '태어남'을 뜻하는 natus와 '태어나 갖는 것'을 뜻하는 ura의 합성어로서 '탄생을 부여하는 자'라는 뜻에서 유래했다. 즉 "자연의 총체가 신의 손안에 있고, 그곳에서 신의 항상적이고 창조적인 보살핌을 통해 생명력을 얻는다"(유언122)고 생각됐다. 그러나 17~18세기에 자연이 신의 손에서 벗어나자 자연도 생명체로서의 본성을 상실했다.

일리치는 도구라는 개념이 어느 시대에나 있었던 것이 아니라 중세 기독교에서 나온 것이라고 본다. 우연성이 지배한 중세에는 '연속적 창조의 우주'라는 관념이 있었고 이것이 사회생활에 침투했다. 즉 우주는 위대한 왕에 의해 통치되는 영적인 계층제라는 것이다. 그리고 12세기 무렵 우연성의 감각이 사라지면서 무한한 기술 발전이 시작됐다고 보는 것이다.

그는 도구라는 관념이 존재하기 시작한 12세기를 역사적으로 중요한 전환점이라고 본다. 특히 "교회는 친구나 신을 사적으로 배신하는 것을 범죄로 정의"해 '죄가 범죄화된 시기'(유언140)여서 그렇다고 한다. 일리치에 의하면 이 시대에 특정한 기술의 변화도 생겨났다. 말이 소를 대신해 농경이 더 효율적으로 변하고, 사람들이 떨어져 살면서 농경생활을 할 수 있게 됐으며, 이는 종래의 마을이 아닌 광대한 교구를 행정단위로 형성하게 했다. 그 결과 교회가 사회의 중심이 됐고, 교회가 사람들의 기독교적 생활 습관을 강요했다. 그 중심이 서약, 결혼, 고해였다.

먼저 서약을 살펴보자. 예수는 산상수훈에서 서약 자체를 부정했으나, 테오도시우스 법전Codex Theodosianus[49]에서 서약이 로마법의 하나로 인정됐고, 이는 12세기의 봉건 제도에 다시 도입됐다. 일리치는 이것이 13~15세기 유럽 도시 시민의 충성 서약으로 발전해 유럽 도시에 신성성을 부여하고 서양에서 말하는 사회 계약의 기원이 됐으며 19세기 국민국가로까지 이어졌다고 본다.

예수는 '법으로부터의 자유'를 주장했고 결혼은 자유롭고 개인적인 일이라고 했으나, 혼인서약이 제4차 라테란 공회의[50]에서 채택되어 "사랑을 합법화하고 죄는 사법적인 범주가 되었다." (유언148) 동시에 부정을 범죄로 규정하여 기독교는 사랑을 법적 사고의 대상으로 만들었다. 일리치에 의하면 각각의 개인인 남성과 여성이 밀접하게 접촉할 수 있고 가정을 형성한다는 생각은 이 시대에 시작된 참으로 새로운 관념으로서 개인의 형성사에서 대전환이 되었다. 즉 남녀가 동등한 지위를 부여받고 쌍방이 법적으로 동등하며 동등한 생리적 능력을 부여받으며 여성의 동의 없이는 결혼이 성립되지 않

---

49 테오도시우스 법전은 로마제국의 법전으로 31년 이후로 황제들의 칙령과 기록을 담은 것이며 테오도시우스 2세 때인 429년에 직속 위원회가 설치돼 작업에 착수하게 됐다. 편집 과정은 동로마제국에서는 438년 완성됐으며 1년 뒤 서로마제국에서 반포됐다. 로마제국은 사라졌지만 로마법의 정신은 인류의 유산이 되어 현대 문명의 기초를 놓았다. 로마의 거대한 법적 유산 중 테오도시우스 법전은 최초의 공식적 칙법집이다.

50 라테란 공의회는 로마 라테란 대성당에서 5회에 걸쳐 열린 가톨릭교회의 종교회의로, 라테란 종교회의라고도 한다. 중세 후반의 교황권 융성기에 4회, 르네상스기에 1회에 열린 회의로 회의 명칭 외의 공통점은 없다.

는다는 남녀평등 사상이 최초로 등장했다. 또 결혼이 가족이나 친족은 물론 지역 사회에서 벗어나 개인에게 위임되고, 그것이 사회의 여러 존재 단위가 상호 계약을 맺으며 성립한다는 개념의 토대가 됐다.

다음 고백과 참회와 양심의 역사가 시작됐다. 일리치에 의하면 양심은 쓰는 것과 동시에 시작됐다. 양심은 내적으로 기록하는 것이었다. 이는 글을 쓰는 악마의 조각이 교회에 등장하고, 최후의 심판이 책을 읽는 것으로 표현됐다. 양심의 내적 법정은 합법, 비합법의 구별이 아니라 선악의 구별이었다. 교회법이 규범이 됐고, 그 모독은 지옥에 떨어지는 것이 됐다. 예수에게는 사랑을 배신하는 것이 죄였으나, 이제 그 배신이 범죄가 되어 법적 제도의 법적 양식에 의해 재판되는 것으로 변질됐다. 또한 남녀 모두에게 고백의 의무가 부여돼 남녀평등이 등장했다. 부정, 결혼계약, 간통죄는 남녀 모두에게 적용됐다.

제4차 라테란 공회의는 사교들이 신도가 아니라 교회를 대표하는 행정 관리로 처음으로 모여 교의와 법규의 구별을 없앴다. 그래서 죄가 많은 존재라고 하는 개인적 감정과, 교회 규칙에 불복하면 처벌된다는 감정 사이의 구별이 없어져 사람들은 교회법에 구속된다고 느끼기 시작했다. 나아가 공회의는 로마 가톨릭을 '완전한 사회'로 보았고 그 법이 양심으로 구성원에게 의무를 부과하게 됐고, 법에 근거한 교회로 만들었다. 이러한 자기 이해가 국가와 시민의 관념이 됐다. 즉 시민이 법과 국가를, 양심이 명하는 바로 내면화된 완전한 사회로 보게 됐다. 그 결과 조국을 위해 죽는다고 하는 관념과 모국어에 대한 충성심이 생겨났다. 그러나 이는 국가를 부정한 예수의 가르침을 배반한 것이었다.

일리치의 두려움과 키스

일리치는 "여러 미덕 가운데 성령의 은총으로 피어날 수 있는 미덕"(유언 159)을 두려움이라고 한다. 그는 두려움을 아이의 그것과 노예의 그것으로 구분한다. 아이의 두려움이란 어떤 일 때문에 아버지로부터 꾸중을 듣고 얻어맞는 것이 아니라, 아버지와의 사이에 어떤 장애가 생겨 아버지와의 직접성이 깨지는 것에 대한 두려움이다. 이를 아버지 측에서 보면 아버지는 아이를 때리면 안 되는 일이 생기는 것을 두려워하여 그렇게 하지 않는 것으로 바뀐다.

반면 노예의 두려움이란 얻어맞는 것에 대한 두려움이다. 자신이 어떤 잘못을 하면 얻어맞는 것이 당연하다는 것에서 오는 두려움이다. 이에 굴복할 때 인간은 자신이 행한 부적절한 행위에서 오는 여러 결과를 시인하게 된다. 이것이 14세기에 죄의 범죄화가 초래한 지옥에의 두려움을 낳았고 새로운 현대 시민을 낳았다.

일리치는 그 기원을 12세기에 생겨난 새로운 형태의 자아 개념에서 찾았다. 즉 "교회가 자아 개념에 새로운 질서를 부과하고 내면적인 심판을 정립했을 때"(유언164) "언제나 '우리'의 단수 형태로 존재했던 '나'는 사라지고 새로운 '나'가 등장"(유언163)하여 '나'의 복수형인 '우리'로 바뀌었다.

일리치는 신약성서에서 예수를 유혹하는 사탄은 "궁극적으로 권력, 더 많은 권력, 세계를 휘두르는 권력을 만들고자"(유언164) 했으나, 예수는 이를 거부한다고 말한다. 그 거부에 의해 사마리아인은 자신의 '우리'를 지켜준 권력 문화를 넘어서 유대인에게 도움을 줄 수 있게 됐다. 일리치는 "죄란 나에게 능력을 준 사랑을 배반한 것"(유언165)이고, 죄인은 권력에 함몰된 자라고 하며, 그것이 바로 카프카가 묘사한 세계로 본다. "지금 우리의 두뇌에 살고 있는 것은 악마가 아니라, 컴퓨터 운영체제 도스다."(유언167)

이러한 현대 사회에서 일리치는 딥 에콜로지Deep Ecology에서 말하는 금욕이나, 뉴에이지New Age에서 말하는 즐거움과 달리 "사랑을 실천하기 위한 논리적인 전제조건으로서의 단념"이 필요하다고 주장한다. 즉 "'나'를 찾으려 '우리'에 속할 필요를 단념"하고 "권력을 통해 세상을 변화시키기를 단념한"(유언169) 예수의 길이다.

일리치는 '나'와 '우리'의 관계를 민주주의와 시민이라는 개념의 기원을 통해 검토한다. 그에 의하면 이를 그리스의 폴리스에서 기원한다고 보는 것이 일반적이지만, 아테네에서 시민이란 도시라는 자연(자궁)에서 태어난 형제로서, 따라서 도시 아테네의 필요와 성격에 따라 행동한다는 명확한 목표를 가진 동포인, 서로 연결된 '우리'에 속하는 존재이지, 인간이 자신의 의지로 확립한 존재가 아니었다. 시민이 도시에 귀화한다는 관념은 로마 후기에 와서 생겨났다.

일리치는 시민이라는 관념이 기독교에 의해 생겼다고 본다. 즉 기독교의 최초 1세기에 '우리'라는 관념이 새롭게 생겨났다. 그것은 세상에 속하는 것도 아니고, 로마적 의미의 도시 시민 세계에 속하는 것도 아니었다. 기독교 성찬식에서는 그 절정이 키스와 공동식사였는데 그 키스를 conspiratio, 공동식사를 commestio라고 했다.

'conspiratio'는 식탁에 함께 앉은 사람들이 모두 공유하는 성령을 바쳐 영적인 공동체, 즉 "동일한 하나의 영혼으로 뭉친 공동체를 창조"(유언345)함을 뜻했다. 즉 정신과 영혼을 합치는 내면성의 최고 형태, 신의 성령에 의해 하나의 공동체를 형성함을 뜻했다. 그리고 후자는 공동식사를 통해 강림한 신의 아들인 예수에게 병합됨을 뜻했다.

이는 초기 기독교가 각자의 동등한 능력 위에서 세워지고 각자의 기여에 의해 공동체를 세우는 운동이었고 서로에 대한 육체적인 사랑에서 출발하는 하나의 '우리'를 실현하는 것이었음을 보여주는 의례였다. 그 '우리'가 그리스어로 교회를 뜻하는 ecclesia였다. 나아가 그들은 '우리'가 개별적으로 강림된 세계의 '나'가 된다고 믿었다.

일리치에 의하면 conspiratio는 'osculum'으로 표현됐다. 이는 영어로 키스라고 하는 단어가 파생되는 세 라틴어 단어 중 하나였다. 첫째, 사랑을 포함한 basium, 둘째, 호색적인 suavium, 셋째, 의례적인 동작인 osculum이다. 원래 osculum은 로마 시대에 군복무를 위해 떠나는 남자가 임신한 아내를 데리고 법원에 가서 행정관 앞에서 키스를 하면, 그 뒤 그 남자가 없을 때 아기가 태어나도 그의 자녀로 인정하는 법적인 의례였다. 이는 기원 1세기 이후 기독교에서 채택됐다.

그러나 4세기에 기독교가 국교화되면서 키스는 의심스러운 것으로 취급됐고, 그 명칭도 osculum에서 osculum pacis로 바뀌었다가 다시 pacis란 말만 남았다. 초기 기독교의 평등주의적 공동체 사상은, 사회란 원래 그 구성원 간의 위계가 분명하도록 탄생했다는 식의 중세 봉건시대의 사상을 부정하는 것이었다. 10세기에 와서 conspiratio는 사제가 모든 신도와 키스하는 것이 아니라, 제단에 키스하고, 제단으로부터 그리스도를 상징하는 물건을 취하여 제단 밑에서 기다리는 신도들에게 건네주는 식으로 바뀌었다. 그리고 12세기에는 사제의 키스는 제단에서 건네어지는 것이 됐다.

이를 일리치는 타락으로 본다. 즉 conspiratio는 기념비적으로 정밀화된 conjuratio(서약)로 바뀐 것이다. 즉 "교회에 세속적인 견고함과 명확성을 주고, 그리고 법적으로 보증된 수단을 개입시켜 황제 및 시민법에 의해 대등한 지위를 인정받는 사회적 실체를 만들어내는 힘"(유언348)이 됐다. 이는 죄가 범죄화됨에 따라 교회가 분리된 법적 존재가 됐음을 뜻했다.

일리치의 환대와 우정

일리치는 1991년 「콘스피러시의 문화The Culture of Conspiracy」라는 강연에서도 위와 같은 내용을 설명하면서 환대hospitality에 대해서도 언급했다. 그는 환대를 다음 네 가지로 설명했다.

첫째, 환대는 비하를 유혹과 마찬가지로 배제한다.

둘째, 환대는 그 단순함에 의해 고객의 두려움과 마찬가지로 표절의 두려움을 물리친다.

셋째, 환대는 그 열린 성격에 의해 노예 상태에서 배우는 협박과 위협을 해체한다.

넷째, 환대는 주인에게 지우는 관용과 마찬가지 것을 손님에게 요구한다.

이는 결코 이해하기 쉬운 말은 아니지만 환대가 서비스로 대체되면서 나와 너의 관계가 거꾸로 됐고 제도화가 진행됐다고 보았다. 즉 개개 인간의 안전과 생존능력과 독립을 부여하고자 하는 서비스와 상품의 산업화에 의한 복합체conglomerate가 등장했다.

『이반 일리치의 유언』에서 가장 감동적인 글은 11장의 '우정'이다. 일리치는 자신의 대학교수 생활을 말하면서 우정이 플라톤의 『심포지엄』에 나오는 우정philia에서 배운 바라고 하면서도 또 그것과는 다르다고 한다. 즉 플라톤이 말한 우정은 "특정한 민족이나 집단에 속하는 사람들에게 적절하게 행동하는 에토스 또는 윤리"인 덕을 기반으로 한 것으로, "덕을 갖춘 아테네인들"의 것이었다. 반면 방랑하는 유대인이자 기독교 순례자인 일리치에게 윤리란 "공동체의 덕에 기반을 둔 것이 아니라 우리 고유의 우정을 찾고 그것을 실천한 결과로 생긴 것"이었다. (유언237) 일리치는 그런 우정의 모범이 예수였다고 본다.

예수는 내가 원하는 사람이면 누구든 친구로 택할 수 있고, 나를 마음에 들어 하는 사람이면 누구든 나를 친구로 삼을 수 있다고 말하며, 우정의 능력에 한계를 지웠던 빗장을 풀어버렸다. … 그리고 이는 서구 역사를 통해, 특히 교회 내에서 자발적이며 각자 스스로 선택한 삶을 통해 우정을 실천하는 것을 가능하게 해주었다. (유언238)

일리치는 대학에서 그런 우정이 가능하게 하려면 "전문화되고 배타적인 규율에 들어맞는 형태로 지식을 조직"(유언240)하는 학계의 불문율을 털어내야 한다고 주장한다. 이는 학부생에게 학문적인 방법을 소개하거나 학문 경계를 넘어 다른 분야의 전문가와 협력한다는 것과 다르다.

일리치는 1996년의 「철학, 인공물, 우정」이라는 제목의 강연에서, 도구가 기술이자 시스템이 되고, 타자성을 없애는 도구가 된 인공물에서 사랑이 사라지고 있고, 사랑과 우정이 사라지고 있는 '지의 세계'는 단념하고 싶다고 말했다.

『이반 일리치의 유언』 12장은 '어떻게 죽을 것인가를 아는 것'으로 이는 죽음을 예감한 일리치의 유언처럼 들린다. 일리치에 의하면 사보나롤라 Girolamo Savonarola[51]는 죽기 전에 "당시 교황이 교회의 권력에 내재한 유혹을 대변했기 때문에" "교회가 악의 보금자리"(유언238)라고 생각했다.

....

51 지롤라모 사보나롤라는 이탈리아의 도미니쿠스회 수도사·설교가·종교개혁가로 설교를 통해 피렌체시를 개혁하고, 민주정치를 실시하려고 했다. 또한 교황 알렉산데르 6세의 부도덕을 비난하고, 로마 가톨릭교회와 이탈리아가 벌을 받을 것이라고 예언했으나, 교회 법정에서 유죄 선고를 받고 화형을 당했다.

제**3**장

일리치의 생태 사상

일리치와 생태주의

한국에서 일리치는 생태주의자들이 즐겨 소개하는 경향이 있다. 그러나 일리치는 생태주의자가 환경을 산업주의인 획일성으로 다룬다고 비판할 뿐 아니라 '환경'이라는 용어를 사용하는 것 자체를 비판한다. 그는 1970년『절제의 사회』에서부터 환경 위기라는 문제가 생산의 총산출이 감소하지 않는한, 오염 방지 대책은 효과를 발휘할 수 없음을 지적하지 않는다면 그 대책역시 피상적인 것이 된다고 보았다.

> 그렇지 않으면 그런 대책은 폐기물을 눈에 보이지 않는 곳으로 옮기고, 미래에 미루거나, 빈민에게 쏟아버리게 만드는 경향을 낳을 뿐이다. 대규모 산업에 의해 지역마다 발생한 오염을 완전히 제거하고자 하면, 다른 어딘가에서 그 몇 배의 피해를 낳을 수 있는 장치나 재료나 에너지를 필요로 한다. 오염 방지 대책의 의무화는 생산물의 단가만 높일 뿐이다. (절제100~101)

또한 일리치는 '절제의 사회'를 파괴하여 현대 국민국가가 사회에 강제하고 이에 따라 국민의 빈곤을 현대화시킨 산업의 또 다른 사례로 건설업을 들었다. "건설업에 대한 법적 보호와 자금 원조는, 그런 제도가 없었더라면 자력으로 집을 짓고자 하는 사람들이 더욱 유효하게 가질 기회를 축소하고 말살했다."는 것이다.

> 극히 최근 멕시코는 모든 노동자에게 적절한 주택을 공급할 목적으로 중요한 계획을 시작했다. 제1단계로 주거 단위의 건설을 위한 기준이 수립됐다. 그 기준은 집을 구입할 영세민을, 집을 생산하는 산업에 의한 착취로부터 보호하기 위한 것이었다. 그러나 역설적으로 그와 같은 기준은 더욱 많은 사람들로부터, 스스로 자신의 집을 짓는 전통적인 기회를 박탈했다. 그 법률은 여가 시간에 자신의 집을 짓는 사람들이 충족할 수 없는 최저 필요조건을 상세히 규정하고 있다. 그밖에도 산업주의로 건설된 주택지역의 실제 임대료는 80% 국민의 수입총액을 넘었다. 그래서 '더 좋은 주택'은 부유한 사람들이나 그 법률에 의해 직접 임대료 보조를 인정받은 사람들만이 차지할 수 있게 된다. (절제85~86)

일리치의 생태 사상은 우리가 일반적으로 말하는 에콜로지나 생태주의와는 다르다. 에콜로지란 일반적으로 인간과 자연환경의 바람직한 관계를 찾아내고 그 실현을 향해 움직이는 사회운동을 일컫는다. 그런데 일리치는 에콜로지에서 말하는 환경이 생산 자원으로서의 환경이라는 시각에서 전혀 벗어나지 못하고 있다고 비판하면서, 총산출이 감소하지 않는 한 오염 방지 대책은 효과를 발휘할 수 없다고 주장한다. 일리치는 결국 자율과 절제 없이는 환경오염 문제는 해결될 수 없다고 본다. 그래서 일리치는 다음과 같이 말한다.

저는 수송 수단보다 발로 걷거나 자전거를 타기, 공급주택에 대한 소유권을 차지하기보다 자신이 만들어가는 집에서 살아가기, 발코니에 토마토 심기, 라디오와 텔레비전이 없는 술집에서 사람들과 만나기, 각종 치료 요법 없이 고통을 겪어내기, 의료의 감시하에 이루어지는 살해보다 '죽는다'는 자동사로 표현되는 행동을 택하기 등의 재발견을 일부러 축복과 은총이라고 말합니다. (과거25)

1970년대는 한국의 경우 유신독재로 시작한 성장 찬양의 시대였지만 서양에서는 환경문제 등 성장의 한계를 묻는 논의가 무성해졌다. 그 대표적인 문헌이 로마 클럽에서 낸 『성장의 한계Limits To Growth』(1972)였다. 한국에서는 역설적으로 대재벌인 삼성에서 낸 '삼성문화문고'의 하나로 간행됐다. 일리치의 『학교 없는 사회』(번역서 제목은 『탈학교의 사회』)도 그 문고의 하나였음은 더욱 역설적이지만 말이다.

로마 클럽에서도 일리치를 알고 그에게 토의에 참석해달라는 요청을 했다. 그러나 일리치는 이를 거부하면서 로마 클럽은 '도구가 환경에 미치는 영향'을 중시하지만 자신은 '도구가 사회에 미치는 영향'을 중시한다는 차이점도 명시했다. (대화122) 그래서 자신은 학교, 병원, 수송에 대해 논의한다고 했다. 로마 클럽을 잇는 생태주의와 일리치의 차이점은 그 후 일리치가 죽을 때까지 지속됐다.

『절제의 사회』

『절제의 사회』

『절제의 사회』는 일리치가 1973년에 낸 책이다. 그 앞에『학교 없는 사회』(1971)가 나왔지만 『절제의 사회』는 『학교 없는 사회』나 그 뒤에 나온 『병원 없는 사회』와 『자가용 없는 사회』와 함께 일리치의 3대 산업주의 비판서의 총론이다. 즉 이 책은 일리치 사상의 총론적 작품으로서 그가 분석하는 개별 주제의 기본적·정신적 토대가 된다. 그런 점에서 그의 사상을 이해하기 위한 가장 기초적인 문헌이라고 할 수 있다. 나아가 이 책은 비판의 전제인 비전의 책으로서 그 나름의 청사진이라고 할 수 있다. 곧 그가 꿈꾸는 사회가 '절제의 사회'란 것이다. 그 절제란 산업주의 사회의 절제 없는 '생산성'에 대립한다. 즉 그것은 도구에 대한 기술적 용어다. 그러나 그것은 중남미의 비산업주의인 생존을 배경으로 한 토속사회 따위를 말하는 것이 아니다.

이 책의 원제인 Tools for Conviviality에서 conviviality는 종래 '공생'이나 '공생공락'으로 번역됐다. '공생'이란 일반적으로 '공동의 운명 아래 같은 장소에서 함께 삶' 또는 생물학이나 생태학적으로 '두 종류의 생물이 서로 이익을 주고받으며 함께 생활하는 일'을 뜻한다. 그러나 일리치는 convivial이 사람이 아니라 도구에 사용되는 말이라고 분명히 못 박으며 이에 대한 대응으로 사람에게 사용하는 말을 '절제austerity'라고 한다. (절제15) 따라서 인간을 중심으로 하는 경우 컨비비얼 사회는 '절제의 사회'라고 할 수 있다.

> 매우 현대적이고 산업주의의 지배를 받지 않는 미래사회에 대한 이론을 만들기 위해서는 자연적인 규모와 한계를 인식할 필요가 있다. 우리는 그런 한계 내에서만 기계가 노예를 대신할 수 있음을 인정해야 한다. 그 한계를 넘어서면 기계가 새로운 노예주가 된다. 오로지 그런 한계 내에서만 교육은 인간이 만든 환경에 인간을 적응시킬 수 있다. 흔히 보편적인 것이라고 보는 학교, 병원, 교도소는 이러한 한계 너머에 존재한다. 정치는 에너지나 정보의 동등한 투입이 아니라 오로지 일정한 한계 내에서만 최대의 산업적 산물의 분배를 다루어야 한다. 이러한 한계를 일단 인식하게 되면 사람, 도구, 새로운 집단 사이의 삼각관계를 만들 수 있다. 그런 사회, 현대 기술이 관리자가 아니라 정치적으로 서로 연결된 개인에게 봉사하는 사회를 나는 convivial이라고 부른다. (절제13~14)

컨비비얼 사회에서는 산업주의가 추구하는 생산적인 것이 최고의 덕이 아니라, 인간 사이의 자율적이고 창조적인 상호 교환이 중심이다. 그러한 상호 교환을 하는 개인이 다른 개인으로서의 타인의 자유를 침해하지 않고 고립된 자유를 누리는, 인간 고유의 윤리 가치가 존중되는 사회를 형성한다. 그러므로 어디까지나 중점은 개인의 자율이다. 연대나 상호친화 따위보다도 개인이 존중된다. 일리치는 이러한 비전에서 회복 불가능한 상태로까지 무한 성장하고 있는 현대 사회의 산업주의 생산 양식을 대체할 수 있으며 그 성장에 대한 다원적인 한계 설정과 그 정치적 전복을 내용으로 한 절제의 사회를 제창했다.

절제의 사회를 실현하는 데에 불가결한 것은 '도구 수단에 대한 한계 설정'이다. 즉 일리치는 단순히 학교나 병원이나 자가용을 없애자고 주장하는 것이 아니다. 산업주의 사회의 여러 제도가 도구를 지나치게 발전시키고 확대했기 때문에 인간의 자율성이 마비당하고 타인에 대한 의존이 증대되면, 필요를 충족시키는 대량 소비가 지구의 유한성을 파국으로 몰아넣도록 소모한다고 지적한다. 따라서 산업주의 사회에서 절제의 사회로 전환하기 위해 '과학' 숭배를 비신화화하고, 일상 언어를 회복하며, 법적 조치를 회복해야 한다고 하는 세 가지 차원에서 도구를 고찰한다. 그리고 그러한 도구 사용에서의 정치적 전복을 논의한다. 무엇보다도 인상적인 것은, 일리치가 현 인류의 3분의 2가 현대 산업 시대의 경험을 회피하는 것이 지금이라도 가능하다고 믿고 있다는 사실이다.

문제는 제도와 도구를 좋은 것과 나쁜 것으로 구별하는 것이 아니라 그 자체의 권력성을 비판해야 한다는 점이다. 교사라는 직업과 교육이라는 행위, 또는 의사라는 직업과 의료라는 행위 그 자체의 권력성을 무시하는 한 좋은 교육이나 의료나 교통은 관리사회의 질서 유지를 위해 봉사할 뿐이다. 따라서 권력적 지배가 자유, 자치, 자연의 사회로 돌아감이 본질이다.

일리치는 마르크스를 비롯한 기존의 사회주의 이론은 물론 현실 사회주의도 산업주의라는 점에서는 자본주의와 마찬가지라고 비판한다. 이는 물질만을 중시하는 것이 아니라, 학교나 병원이나 사회보장제도와 같은 정신적 가치를 제도화하는 광의의 산업주의까지 포함한다. 따라서 현대 서양의 문명 자체에 대한 비판이다. 그 주류인 자본주의는 물론 그것에 반대한 사회주의도 일리치의 경우 산업주의라는 점에서는 다름이 없다.

그러나 그가 현대 서양 문명 자체를 부정하는 것이 아님을 주의해야 한다. 특히 자유와 자치 및 자연에 대한 존중은 서양 문명 자체를 부정한 것이 아님을 주의해야 한다. 이 책에서 일리치가 비판하는 시대는 20세기 산업주의 시대에 집중되어 있다. 물론 그전부터 그 뿌리는 형성됐지만 특히 문제가 된 것은 20세기다.

그는 산업주의에 반대하지만 그렇다고 해서 경제 성장이나 기술 발전을 무조건 부정하고 원시 사회로 돌아가자고 하는 반문명론자나 공업을 비롯한 현대 산업 자체를 부정하고 전근대 농촌 사회로 돌아가자고 하는 순수한 농촌주의자가 아니라, 현대 문명의 성장에는 일정한 한계가 있음을 주장하고 그 한계를 넘으면 문명 자체를 파괴할 수도 있으니 제발 '절제'하자고 했다.

그는 산업화에는 한계가 있고 그 중요한 제도인 병원, 학교, 자동차 등에도 한계가 있다고 보았다. 물론 그는 그 제도의 기본 가치인 건강, 교육, 교통 자체를 부정한 것은 아니다. 그 가치가 제도화되는 것 자체를 부정한 것도 아니다. 그가 문제 삼은 것은 그 제도화의 한계다. 건강을 위한 최소한의 의료는 필요하지만 그 정도를 넘어선 과도한 의료화는 안 된다고 본 것이다. 마찬가지로 교육을 위한 최소한의 네트워크는 필요하지만 강제 교육은 안 된다고 본 것이다. 마찬가지로 교통을 위한 최소한의 대중교통은 필요하지만 자가용의 대중화는 안 된다고 본 것이다.

이 책의 목차는 다음과 같다.

컨비비얼

앞에서 보았듯이 기존의 번역서에서 convivial은 '공생'으로 번역됐다.

공생이란 본래 생물학 관점에서 각기 다른 두 개나 그 이상 수의 종이 서로 영향을 주고받는 관계를 일컫는다. 또한 공생공락共生共樂이라고 함은 '함께 살면서 같이 즐김'이라는 뜻이다. 일리치도 말하듯이(절제14) 원래 이 말은 장 앙텔므 브리야 사바랭(Jean Anthelme Brillat-Savarin)의 『미각의 생리학Physiologie du goût』에서 세 번 정도 나오는 '부엌용 전문용어' (절제15)다. 일리치는 "현대영어에서 convivial이란, 친구들이 함께 술이 취해 기분 좋은 상태를 뜻한다고 알고 있다"고 하면서 이는 자기가 의도한 '절제된 즐거움' eutrapelia과는 다르다고 한다. (절제15) 즉 공생공락이란 말은 일리치가 사용하는 convivial과는 다른 것임을 일리치 자신이 분명히 밝힌 것이다.

그뿐 아니라 일리치는 그 어느 책에서도 소위 공동체주의에서 말하는 공동체적 삶이나 공동생활을 주장한 적이 없음을 특히 주의해야 한다. 도리어 일리치는 집단주의를 철저히 혐오했다. 특히 자유를 잃은 개인의 집합이라는 의미의 공동체를 철저히 배격했다. 도리어 개인의 자유와 자치와 자연의 존중을 강조했다. 이 책에 자주 나오는 community라는 말이 종래 '공동체'라고 번역됐으나 이 책에서 내가 이를 주로 '지역사회'라고 번역한 이유도 그런 점에 있다.

일리치는 공생주의자나 공동체주의자가 아니라 도리어 개인주의자다. 그런 그가 convivial이라는 말이 나오는 이 책 때문에 공생주의자나 공동체주의자로 오해받는 것은 참으로 우스운 일이다. 그러나 문제는 그런 오해 자체에 있는 것이 아니라 일리치라는 권위를 빌어 자기의 공동체주의를 선전하는 사람들이 있다는 점이다.

일리치는 공동체주의자나 전체주의자가 아닌 개인주의자이고, 전제주의나 독재주의에 반대하는 자유주의자다. 그러나 명백히 자본주의자나 산업주의자 또는 그 아류인 신자유주의자는 아니다. 그는 사회주의도 산업주의의 하나라는 점에서 철저히 비판하지만 적어도 자본주의에 반대한다는 점에서는 사회주의에 더욱 가깝다. 그의 사회주의는 사람들의 참여를 적극 인정하는 민주적 사회주의다.

그러나 일리치를 가장 정확하게 표현한다면 생활적인 차원의 자율주의자라는 표현일 것이다. 그는 인간이 누구나 스스로 공부하고 치유하며 걷는 자율적인 능력을 타고나는데, 그것이 학교, 병원, 자가용과 같은 산업주의인 타율적 제도나 기계에 의해 마비되고 있다고 주장한다. 일리치는 그런 자율성이 보장되는 사회의 제도나 도구를 지향하기 위해 산업주의인 타율적 제도나 기계의 무한 성장을 제한하자고 주장한다. 그런 의미에서 그를 성장주의자나 욕망주의자가 아닌 제한주의자나 절제주의자라고 할 수도 있다.

일리치는 그런 인간의 자율성을 보장하는 절제의 사회를 뜻하는 말로

convivial을 사용했다. 그러나 이는 그리 오래 사용하지 않았다.『절제의 사회』보다 2년 전인 1971년에 나온『학교 없는 사회』에서는 그 말을 한 줄 정도로 언급했고, 1976년의『병원이 병을 만든다』에서는 그 말을 사용하는 대신 vernacular라는 말을 새롭게 사용했다. 즉 일리치 자신은 convivial이라는 말을『절제의 사회』에서 주로 사용하고 그 전후에는 달리 사용한 적이 없다.

그러니 우리는 convivial이라는 말 자체에 그다지 크게 신경 쓸 필요는 없다. 그 말을 일리치 사상의 핵심이라고 볼 필요도 없다. 도리어 나는 그 말이 일리치 사상을 오해하게 한다고 생각한다. 그래서 조심스럽게 사용할 필요가 있다. 그러나 이 책의 이해를 돕기 위해 적어도 아래 몇 가지는 설명할 필요가 있다.

왜 '절제'인가?

convivial이라는 말 자체를 그 단어의 구성면에서 보면 '함께'라는 뜻의 con과 '생생한'이라는 vivial을 합친 말이니 '함께 생생한'이라는 뜻이라고 볼 수 있는데 그런 뜻이 가장 분명하게 드러나는 언어는 스페인어다. 이 책을 쓸 때 일리치는 남미의 멕시코에서 살았으니 스페인어가 일상어였다. 그는 1926년 오스트리아에서 태어났으나 1942년 나치스를 피해 이탈리아로 가서 신부가 됐고 1951년 미국에 와서 1952년부터 푸에르토리코 사람들을 위해 일하면서부터 스페인어를 주로 사용하게 됐다. 10개 이상의 언어를 자유롭게 구사한 그에게 스페인어가 반드시 특별한 언어는 아니었으나 서양어 중에서는 가장 토착적인, 즉 산업주의화가 덜 된 언어였으니, 비산업주의화를 지향하는 그에게는 가장 마음에 드는 언어였음이 틀림없다. 그래서 그는 여러 책에서 스페인어와 관련된 이야기를 자주 한다.

스페인어권에서는, 어느 마을에 이방인이 우연히 들어와 그 마을 사람들에게, 그들이 지금까지 한 번도 듣지 못한 이야기였음에도 그들에게 도움이되는 '좋은 이야기'를 해주어 화기애애한 시간을 보낼 수 있었을 때 그것을매우 convivial했다고 말한다. 따라서 비서양사회에 서양적인 것이 들어와비서양사회에 도움이 된다면 그것도 convivial한 경우가 된다. 단, 그 경우비서양사회나 서양사회의 것은 모두 자율성을 갖는 것이고 개성을 갖는 것이므로 각각 다른 것이다.

따라서 convivial은 다른 곳에서 온 이질적인 것이 서로 섞여 즐겁게 공존하는 것을 말한다. 즉 서로 대립하는 이질적인 것들의 공존이다. 다시 말해서로 다르기 때문에 섞이지 못하고 대립하는 것들이 어느 순간 함께 이웃해서로를 보충하는 상태로 바뀌는 것을 말한다. 따라서 자율적 공존이라고 번역할 수도 있다. 이와 유사하게 서로 이질적인 것들이 각각 자율성을 유지하면서 협동한다는 의미에서 '자율적 협동'이라고도 번역할 수도 있다. 그러나convivial은 인간의 어떤 행동을 말하는 것이 아닌, 제도를 포함한 도구를말하는 것이므로 공존이라는 의미는 몰라도 협동이라는 의미를 담고 있는지 의문이다.

여하튼 앞에서 말한 의미로 convivial을 '공생'이라고 번역하는 경우 그 의미는 더욱더 충분히 전해지지 않는다. 특히 보통 공생을 하나의 공동체를이루어 '함께 산다'라는 의미로 이해하기 때문에 더욱 그렇다. '함께 산다'는경우 반드시 각자의 자율이라는 convivial 본래의 의미가 죽는 것은 아니지만 '공생'이라고 하는 경우 그런 각자의 자율성은 결코 두드러지지 않고, 특히 convivial의 우연성의 의미가 전혀 드러나지 않아 번역어로서는 적합지않아 보인다.

일본에서는 conviviality를 '자립공생'이나 '자율적 공생'이라고 번역하는데 이 번역어에도 문제는 보인다. 일리치가 인간이 산업주의하에서 인간에게 고유한 자율성을 잃는다는 점을 비판하고 그 자율성의 회복을 주장한 것은 사실이지만 conviviality를 '자립공생'이라고 하는 경우에 그런 강조의 의미가 사는지 의문이다. 자립이란 자율과 다르다. 자립은 "남의 힘을 입거나 남에게 종속되지 않고 스스로 서는 것"을 말한다. 반면 자율이란 "남으로부터 지배나 구속을 받지 않고, 자기의 행동을 자기가 세운 규율에 따라서 바르게 절제하는 일"이다. 이러한 뜻의 자율이야말로 일리치 사상의 핵심이고 그 내용 중 '절제'야 말로 자율의 핵심이다.

conviviality를 '공생'으로 번역한다면 이는 산업주의인 것과 비산업주의인 것(이를 일리치는 뒤에서 vernacular라고 했다)이 공존한다는 의미로 번역하는 경우에만 일리치의 의도에 최소한 부합한다고 할 수 있다. 그러나 일리치가 그런 의미로 그 말을 사용하고 있다고 해도 이는 그 단순한 공존이 아니라고 보아야 한다. 즉 그는 산업주의 사회에 대항하는 것으로서 convivial society를 주장하는 것이라 보아야 한다. 이는 '책임 있게 도구를 제한하는 하나의 현대 사회'를 뜻하는 것이라고 말하기 때문이다. (절제3) 이는 지금 우리가 사는 현대 사회가 그렇다는 것이 아니라 일리치가 지향하는 하나의 새로운 현대 사회를 말한다. 즉 산업주의인 무한 생산성과는 반대되는 것을 가리키기 위해서다. (절제9) 그래서 나는 이를 '절제의 사회'라고 번역했다. 이렇게 번역하게 된 계기의 또 하나는 독어판 번역을 본 이후였다.

이 책의 불어판 제목은 *La convivialité*이고 스페인어 제목은 *La Conviviencialidad*이지만 독어판 제목은 *Selbsbegrenzun: eine politische Kritik der Technik*이다. 불어판이나 스페인어 제목은 영어의 conviviality에 해당되는 것이지만 독어판 제목은 '절제(자기제한): 기술에 대한 정치적 비판'이다. 독어판 제목이 이 책의 내용에 맞다. 그 밖의 언어판 제목에 붙은 convivial이란 어쩌면 잘못 붙인 것이라고도 할 수 있다.

자유, 자치, 자연

일리치는 이 책 첫머리에서 이 책을 "산업주의 성장의 한계를 여러 차원으로 분석"한 책이라고 요약한다. (절제1) 그런 점에서 이 책의 제목을 종래의 '공생의 사회'가 아니라 '성장을 멈춰라'로 옮긴 이한이 옳았으나 이 책은 단순히 성장 중지를 주장하는 것만은 아니라는 점에서 문제가 있다. 내가 '산업주의'라고 번역한 industrial이란 보통 '산업의'라고 번역되지만 나는 그 산업이 단순히 인간 활동의 일부가 아니라 전부가 되어버린 상태를 뜻한다고 보고 이를 '산업주의'라고 옮겼다. 특히 한국이 그렇다고 보기에 우리말로는 그렇게 강조할 필요가 있다고 생각했다.

그러나 이 책 본문에서 설명되듯이 conviviality라는 말은 매우 다의적이어서 '절제'라는 한마디만으로 간단하게 규정할 수는 없다. 이를 검토하기 위해 일리치 자신이 그 말에 대해 부여하는 바를 직접 들어보도록 하자.

> 나는 그 말에 사람들 사이, 그리고 사람과 환경 사이의 자율적이
> 고 창조적인 교류라는 의미를 부여한다. 나아가 타인과 인공적 환
> 경에 의해 강요된 필요에 대한 각자의 조건반사와는 반대되는 의
> 미를 부여한다(10쪽).

위의 문장에서도 강조되는 점은 자율이지 공생이 아니다. 이어 일리치는 conviviality라는 말을 "개인의 자유가 인간적 상호의존 속에 실현된 것이고, 또 그러한 것으로서 고유한 윤리적 가치라고 생각한다." (10쪽) 따라서 일리치는 어떤 사회에서도 어떤 일정 수준 이하로 떨어짐에 따라, 산업주의 생산양식이 아무리 증대되어도 그것이 사회 구성원 사이에서 창조하는 '필요'를 유효하게 만족할 수 없게 된다고 믿는다. 이러한 의미에서 '공생'이라는

번역에는 타당성이 없다고 볼 수 있다.

아니, 무엇보다도 중요한 점은 일리치가 주장하는 것을 '공생'이라고 요약한다고 해도 그것은 반산업주의인 절제를 전제로 한다는 것이다. 그래서 나는 공생이라는 번역어 대신 절제라는 말을 택했다.

나는 일리치의 conviviality라는 말을 '자유, 자치, 자연'이라는 삼위일체 개념으로 이해한다. 첫째, 자유에 대해 그는 conviviality의 기준을 "사회 구성원들이 그들의 자유를 방어하는 계속적 과정에 대한 지침으로 생각해야 하지, 기계적으로 적용되는 하나의 처방전으로 생각해서는 안 된다"고 말하면서 다음과 같이 설명한다.

> 절제의 사회는 모든 학교를 배제하지는 않는다. 그 사회는 탈락자에게 특권을 부여하지 않는 강제적 도구로 전도된 학교 제도를 배제한다. 절제의 사회는 어떤 도시 고속 수송의 설계 방식이 다른 모든 노선에 대해 실제로 동일한 속도를 강제하지 않는 한 그 도시 고속 수송을 배제하지 않는다. 심지어 텔레비전도 반드시 배제되어야 하는 것이 아니다. 비록 텔레비전은 극히 소수의 프로그램 기획자와 방송인에게 시청자가 무엇을 볼 것인지를 허용하지만, 사회 전체의 구조가 모든 사람을 관음증에 빠지게 하는 타락을 두둔하지 않는 한 반드시 배제할 필요는 없다.

즉 학교든, 교통이든, 텔레비전이든 무조건 없애야 한다고 일리치는 주장하지 않으며 사람들의 자유로운 기회의 선택과 그 선택에 의한 자유의 실질적 향유가 가능한 한 그것들을 부정하지 않는다. 여기서 중요한 것은 단순한 기회의 자유로운 선택만으로는 충분하지 않고, 그 자유의 실질적인 성취가 가능해야 한다는 점이다. 가령 강제 교육 외에 사립학교에 갈 기회가 주어진다고 해도 강제 교육에서 탈락한 사람들에게는 충분하기는커녕 도리어 그 자유를 더욱 속박하는 것이 되므로 일리치가 말하는 절제의 사회에 맞지 않다.

새로운 가능성에 대한 전망은, 과학적 발견이 최소한 두 가지의 반대 방향으로 사용될 수 있다는 것만을 아는 것으로 가능하다. 그 하나의 방향은, 기능의 전문화, 가치의 제도화, 권력의 집중화, 그리고 인간을 관료제나 기계의 부속품으로 전락시키는 것이다. 이에 반하는 다른 방향은 개인의 능력과 통제력과 창의력을 확장하여, 각 개인이 바라는 힘과 자유를 평등하게 누리게 하는 것이다(3쪽).

둘째, 자치와 관련해 일리치는 공동체주의자가 아니라 지역사회를 단위로 하는 주민의 자치 내지 사회 참여를 대단히 중요하게 생각한다.

셋째, 자연과 관련해 일리치는 생태주의자 또는 반생태주의라고 보는 극단적인 견해가 대립하고 있지만 그가 인류의 생존 원리 자체를 에콜로지가 아니라 절제(convivial)라고 보았음은 분명한 사실이다. 환경 이상으로 conviviality가 파괴되었다고 보는 탓이다.

도구

이 책의 영어판 제목은 '절제를 위한 도구'이며 독어판 부제목은 '기술에 대한 정치적 비판'이다. 이 독어판 제목의 부제가 이 책의 내용을 단적으로 보여준다. 일리치가 이 책의 제목을 처음에는 Retooling Society라고 하려고 했을 정도로 도구라는 개념은 이 책의 핵심이다. 그러나 이 말의 이해에도 문제가 있을 수 있다. 즉 '사회를 다시 도구화한다는 것'이 아니라, 'convivial

사회를 수립하기 위해 도구를 재구성'한다는 뜻임을 주의해야 한다.

어떤 목적을 위한 수단이었던 도구가 산업주의 사회에 와서는 목적 자체로 변했다고 보는 점에 일리치 사상의 핵심이 있다. 가령 그는 학교라는 도구(제도)는 본래 공부를 위한 수단인데, 산업주의 사회에 와서는 학교에 가고 거기에 속하는 것이 목적이 됐고, 그곳에 간 극소수만 성공하고 대다수는 실패하여 그 목적에 완전히 반하게 됐다고 비판한다.

일리치는 '기술'보다 더욱 넓은 개념으로 '도구'라는 말을 사용하지만 그런 '도구'란 우리에게 익숙한 말이 아니다. 그가 말하는 도구란 어떤 목적을 달성하기 위해 고안된 장치인 수단인데 여기에는 기술적 도구만이 아니라 제도도 포함된다.

일리치는 이 책의 2장에서 도구를 다음 세 가지로 나누고 있다. 첫째, 드릴, 그릇, 주사기, 빗자루, 건축자재, 모터와 같은 단순한 기자재, 둘째, 자동차나 발전기와 같은 거대한 기계, 셋째, 생산적 제도들이다. 이 셋째는 다시 콘플레이크나 전류와 같이 만져서 알 수 있는 유형의 상품을 생산하는 공장과 같은 생산시설, 그리고 '교육,' '건강,' '지식,' '의사결정'을 생산하는 것과 같이 만져서 알 수 없는 상품의 생산 체계로 나누어진다. (17쪽)

또 도구에는 손으로 움직이는 자율적인 손도구hand tool, 손이 아니라 기계와 같은 타율적 에너지로 움직이는 기술로 대체되어 가는 타율적인 동력도구power tool, 그리고 타율적 에너지로 조작되는 조종적 도구가 있다고 이야기한다. 일리치가 말하는 '타율적 에너지로 조작되는 조종적 도구'에는 학교, 의료, 교통과 같은 제도와 함께 법도 포함된다.

그러나 일리치에게 가장 중요한 것은 '절제의 도구=사용 가치의 도구'와 인간이 조작하는 '산업주의 도구=교환가치의 도구' 사이의 구별이다. 후자에는 교환가치를 넘어 인간을 지배하고 통제하는 조작적 도구인 기술이 물론 포함된다.

그런 산업주의 도구사회는 그 목적에 반하는 역생산성을 반드시 결과한다고 일리치가 분석한 것이 이 책의 3장이다. 그런 도구를 통해 발전과 진보를 추구하면 생태계, 사회, 개인, 물건 등이 모두 균형을 잃는다. 그 결과 불가피하게 발생하는 역생산성이 생물학적 퇴화, 근원적 독점, 과잉계획화, 양극화, 폐물화, 좌절이다.

여기서 중시해야 할 것은 문제의 본질이 생태 문제만이 아니라고 하는 것이다. 이는 일리치를 에콜로지스트라고 볼 수 없게 만드는 요소이기도 하지만 동시에 에콜로지를 넘어서는 가능성을 보여준다는 점도 주의할 필요가 있다.

일리치는 그런 균형의 파괴를 회복하기 위해 4장에서 과학의 비신화화, 언어의 재발견, 법절차의 회복이라는 방안을 제시한다. 이러한 방안은 반드시 일리치만이 제시한 것은 아니지만, 일리치의 경우 그 세 가지 모두 철저히 비전문가인 일반인들이 해야 하는 것으로 주장하고 있음을 주의해야 한다. 즉 그것들을 각각 과학자, 언어학자, 법률가들이 수행해서는 안 된다.

요컨대 일리치는 스스로 걷고 배우고 병을 고치는 고유한 힘은 우리 모두의 자율적 능력이고, 전통적인 문화 체계에 뒷받침되어 이웃과의 상호 교환에 의해 지켜온 것이었으나 산업주의인 기술과학문명은 그러한 자율적 능력을 마비시켰다고 고발한다. 곧 학교가 가르치고, 전문적 의사가 치료하고, 자동차가 운반하는 오늘의 일상세계에서는, 무한대의 '성장'이 행복한 생활을 보증한다고 생각되고 있다. 더 좋고, 더 많은 기술과학, 서비스, 상품 그리고 에너지소비가 탐구되고 실현되어야 한다고 믿게 되었다.

그러나 1960년대에 와서 발전과 진보의 결과가 낳은 부의 분배는 인간을 배반했다. 세계가 더욱 부유한 나라와 더욱 가난한 나라로 양극화된 것만이 아니라, '보통 사람들'은 전문가만이 문제를 해결할 수 있다고 믿으며, 나아가 현재의 여러 제도에 의존할 뿐만 아니라, 그것을 수용하여야 사회적으로 생존할 수 있다고 믿게 되어 인간의 정치적 자율성이 불능으로 치달렸다. 그러니 이제 그 자율성을 회복해야 한다는 것이 이 책의 내용이다.

일리치의 생각

저자 머리말에서 말하듯이 『절제의 사회』는 일리치의 다른 모든 책과 마찬가지로 몇 번의 수정을 거쳤다. 1971년에 쓴 최초의 글은 '공동적 제한의 필요성; 기술에 대한 사회통제'라는 제목으로 발표됐다. 이어 1972년경에 발표한 두 번째 글의 영어판은 '정치적 전복', 불어판은 '제도적 전복'이라는 제목이었다. 그리고 세 번째로 이 책 『절제의 사회』가 최종 원고로 출판됐다. 두 번째 글의 제목은 『절제의 사회』에서는 그 결론 부분인 5장의 제목이 됐다.

일리치는 이 책에서 산업주의 성장의 한계를 분석한다고 했지만, 이 말을 자칫 산업주의 성장은 당연하며, 그것에 일정한 한계가 있으면 된다는 말로 오해해서는 안 된다. 도리어 그는 산업주의 사회에 반대하고 반산업주의인 절제의 사회를 옹호한다. 그가 반대하는 산업주의 사회란 인간에게 교육이란 미명으로 학교를, 건강이란 미명으로 병원을, 편리와 속도란 미명으로 자동차를 강제하는 것과 같은 사회를 말한다. 반면 그가 옹호하는 절제의 사회는 인간이 스스로 배우고 병을 고치며 걷거나 스스로 바퀴를 굴려 이동하는 자율적 사회를 말한다. 따라서 어떤 특정한 학교나 병원이나 자동차는 괜찮고 다른 것은 안 된다고 하는 것이 아니다. 가령 산골의 대안학교나 민간 대체의학이나 대중교통은 좋다는 것이 아니다. 가령 민간 대체의학에 대한 광적인 신뢰는 일리치가 서양의학에 대한 광적인 신뢰를 비판한 것과 똑같이 산업주의로 보인다. 문제는 하나의 사회 전체가 그런 자율의 사회, 절제의 사회가 되어야 한다는 것이다.

그러나 일리치는 그것이 전통적인 농업사회나 소농사회로 돌아간다고 해서 이루어지는 것이 아니라고 보았음을 주의해야 한다. 나는 농업이 자연 파괴의 첫 단계였는데도 농업으로 돌아가면 생태 문제가 모두 해결된다고 주장하는 사람들을 도저히 이해할 수 없는데 그런 주장을 하는 사람들이 마치 일리치가 그런 주장을 한 것처럼 말하는 것에 아연할 수밖에 없다. 일리치는 그런 주장을 한 적이 없다. 또 농업 이전의 원시 사회로 돌아가자고 한 적도 없다. 도리어 일리치는 현대 과학이나 기술, 법이나 제도를 그것이 산업주의로 변모된 것이 아닌 한 기꺼이 수용한다. 따라서 과학이나 기술, 법이나 제도 자체를 거부하는 원시주의자나 농업주의자나 낭만주의자가 아니다.

도리어 일리치는 "산업 성장이 균형을 이루고, 여러 가지 보완적이며 명백하고 동등한 과학적 생산양식에 의해 계속 견제되는 현대 사회"를 지향한다. 그는 과학적 발견이 "기능의 전문화, 가치의 제도화, 권력의 집중화, 그리고 인간을 관료제나 기계의 부속품으로 전락시키"지 않고 "개인의 능력과 통제력과 창의력을 확장시켜, 각 개인이 바라는 힘과 자유를 평등하게 누리게 하는 것"이라야 한다고 주장한다. "그런 사회, 현대기술이 관리자가 아니라 정치적으로 서로 연결된 개인에게 봉사하는 사회"를 일리치는 '절제의 사회'라고 부른다. (4쪽)

이처럼 그는 '절단'이 아니라 '절제', '절대'가 아니라 '상대', '파괴'가 아니라 '균형', '타율'이 아닌 '자율', '획일'이 아닌 '다양'을 추구했다. 그는 이 책에서도 '다원적 균형'을 중시한다. 그가『학교 없는 사회』에서 말한 것도 당장 모든 학교를 없애자는 것이 아니라 '강제적 학교가 없는 사회'가 가능하도록 제도의 전환을 추구하자는 것이다.

일리치는 평생 자가용을 소유하지 않았고 만년에 암에 걸려서도 병원에 가지 않았다. 이는 그가 주장하는 절제의 사회를 이루기 위한 실천의 하나였지만 그런 개인적 실천으로 당장 절제의 사회가 이루어진다고 보았던 탓은 아니다. 도리어 그는 만년에 대학교수를 지내 자신의 "학교 없는 사회"라는 이상에 어긋나는 것처럼 보이기도 했다. 그러나 이는 당시 대학 외에 자신의 생활 근거지가 될 수 있는 곳이 없었음을 스스로 알고 택한 자율적인 행동이었으니 그 자신에게는 아무런 문제가 되지 않았다. 일리치를 모방한 탓인지 모르지만 어떤 사람이 나에게 학교를 부정한 일리치를 따른다면서 대학에 남아 있는 것이 우습다고 말한 적이 있다. 그러나 그것은 자율적으로 택한 나의 일이니 문제가 되지 않는다. 그런데 그런 비난을 한 사람 자신 역시 오랫동안 대학교수를 지냈으면서 그런 말을 하니 도리어 더 웃긴다. 마치 자신도 교수를 지낸 것은 타율적인 일이었던 것처럼 말이다.

여하튼 일리치는 그런 점에서 간디같이 매일의 생활을 진실의 실험으로 살았던 사람보다 철저하게 살지는 못했을지 모른다. 일리치 개인이나 다른 몇몇 개인이 학교나 병원이나 자가용을 멀리하며 산다고 해서 일리치가 말하는 산업주의 사회가 절제의 사회로 당장 바뀌는 것은 아니지만 그런 개인적 노력은 간디가 보여주듯이 대단히 소중한 것이다. 그러나 산업주의 사회를 비판한다고 해서 그런 주장을 한 사람을 포함해 어떤 개인도 산업주의 사회에서 완벽하게 비산업주의로 살 수는 없다. 그 자체가 불가능하다. 물론 그런 주장을 한 사람이 철저히 산업주의로 산다면 이는 용납될 수 없겠지만 산업주의 사회에서는 최소한으로라도 그 속에서 살 수밖에 없다. 나는 일리치의 교수직을 그렇게 이해한다. 그리고 나도 정년까지 그렇게 대학에서 교수로 살았다.

예수나 부처가 주장한 세상을 우리는 현실에서 조만간 가능한 세상이라고 생각하고 성경이나 불경을 읽는가? 그렇다면 왜 2천 년이 더 지난 세상은 여전히 예수나 부처가 개탄한 세상과 크게 변함이 없이 이 모양인가? 아마 세상은 영원히 그럴지 모른다. 그렇기에 우리는 예수나 부처의 말을 계속 읽는지도 모른다. 일리치의 책도 마찬가지다. 그가 말한 절제의 사회는 실현 불가능한 것일지도 모른다. 그러나 우리는 그런 사회가 오기를 희망한다. 그리고 그런 사회를 만들기 위한 작은 실천을 할 수 있다. 지금 우리가 할 수 있는 것은 그것이 전부다.

물론 일리치는 가치 전복을 주장한다. 이는 무기농이 아니라 유기농이 좋다는 것, 도시가 아니라 농촌이 좋다는 것, 법학이 아니라 인문학이 좋다는 것과 같은 상대적인 비교를 말하는 것이 아니다. 이는 자신의 존재기반을 완전히 전복하는 것을 뜻한다. 일리치의 경우 이는 먼저 서양인, 백인, 남성, 지식인, 신부 등등으로서의 자기 기반을 완전히 부정해 깨달은 자각이었다. 그런 놀라운 자각을 축하한 것이 일리치의 첫 책인『깨달음의 혁명』이었다.

자각이란 일리치에게 기본적인 개념 중 하나다. 이는 일리치와 함께 남미에서 활동한 파울로 프레이리 등이 말하는 의식화conscientization나 실천praxis이나 해방과는 다르다. 사실 프레이리가 말하는 바는 이미 마르크스 등에 의해 밝혀진 것들이다. 아니 그 발상 자체는 이미 기독교에 의한 교화니 포교니 선교니 하는 것에서 비롯됐는지 모른다. 그런 측면에서 본다면 일리치는 정통 기독교도가 아니다. 그는 선교 자체를 부정하기 때문이다.

일리치의 자각이란 집단적인 것도 아니다. 인류, 민족, 국가, 사회, 계급, 여성 등등의 자각이라는 말이 유행하고 있지만 그런 말 자체가 성립할 수 있는 것인지 의문이다. 여하튼 일리치에게는 그런 집단성이 존재하지 않는다. 자기를 집단이나 사회에 던진다는 영웅주의적 실천성도 그에게는 없다. 그는 자신이나 자신을 둘러싼 모든 것을 비판하고 그 가치의 전복을 주장하지만 그것은 어디까지나 철저한 개인의 자각을 통한 것이지 개인적으로든 집단적으로든 행동을 통한 것이 아니다. 물론 그런 자각에 의한 집단행동의 가능성까지 부정하는 것은 아니다. 그러나 그런 자각 없는 집단행동은 일리치에게 철저히 거부된다.

일리치의 자각이란 또한 그런 기존의 집단적 제도나 규범으로부터 자신을 홀로 단절시키는 것을 뜻한다. 그는 이를 '플러그를 뺀다unplugging'는 말,

또는 '나 혼자 내버려 둬to be left alone'라는 말로 표현한다. 즉 제도나 규범으로부터의 자유가 그 기본이다.

엘룰과 멈퍼드

『절제의 사회』를 쓰면서 일리치가 주로 참고한 책들을 살펴보자. 여기서 소개하는 책들은 일리치가 쓴 이 책의 두 번째 초고에 해당되는 『정치적 전복』의 끝에 소개된 것들이다. 그러나 그 전체의 양이 대단히 방대하므로 여기서는 주로 우리말 번역본이 있는 것들을 중심으로 소개한다.

일리치는 자신에게 가장 위대한 지적 스승은 에리히 프롬이라고 말한다. 일리치가 특히 지적한 『자유로부터의 도피』, 『악에 대하여』, 『정신분석의 위기』를 비롯한 그의 모든 책은 일리치 이해에 대단히 중요하다.

또한 루이스 멈퍼드도 일리치에게 중요하다. 특히 『기계의 신화: 권력의 펜타곤The Myth of the Machine: The Pentagon of Power』와 『기술과 문명Technik and Civilization』을 "총명하고 균형을 갖춘 이 책을 다원적 한계 설정의 분석에 참가하고 싶은 사람들을 위한 입문서로 강력하게 추천한다."

마찬가지로 자크 엘룰도 일리치에게 중요하다. 특히 엘룰의 『기술사회』에서 일리치는 '가치의 제도화'라는 개념을 빌려왔는데 이는 멈퍼드에서도 볼 수 있는 것이었다. 멈퍼드와 달리 신학자이기도 한 엘룰은 멈퍼드나 일리치보다 더욱 비관적인 기술 비판자였다. 일리치는 엘룰을 "지독한 칼뱅주의자이고 비관적이며 여전히 그러하다"라고 하면서 반면 자신은 "기술에 대해 아무런 기대도 하지 않지만 사람들에 대한 희망은 계속 품고 있다. 사람들의 아름다움과 창조성과 놀라운 창의력을 믿고 있다"고 했다. (대화126) 그러나 엘룰과 일리치는 1980년대 초에 기술사회가 오로지 기독교적 이상의 타락으로서만 설명될 수 있다고 본 점에서 일치했다.

그밖에 이해를 위한 중요한 참고서적 중 우리말 번역이 있는 것은 다음과 같다.

R. 뒤보, 『건강이라는 환상』

J. 롤즈, 『정의론』

W. 벤야민, 『복제기술시대의 예술』

E. 슈마허, 『작은 것이 아름답다』

H. 아렌트, 『인간의 조건』

T. 쿤, 『과학혁명의 구조』

P. 크로포트킨, 『전원 공장 작업장』

A. 토플러, 『미래의 충격』

K. 포퍼, 『추측과 반박』, 『과학적 발견의 논리』

M. 푸코, 『광기의 역사』

U. 하버마스, 『이데올로기로서의 기술과 과학』

에너지의 한계

『행복은 자전거를 타고 온다』

일리치가 일상생활을 비판한 책들은 학교, 교통, 병원의 순서로 나왔으나 학교에 대해서는 제5장 이하에서 살펴보도록 하고 여기서는 교통에 관한 책인 1973년의 Energy and Equity부터 살펴보자. 나는 이 책을 『행복은 자전거를 타고 온다』라는 제목으로 번역해 1990년에 냈다. 이 제목은 책 앞에 나오는 '사회주의는 자전거를 타고 온다'라는 말을 바꾼 것이다.

이 책을 내고자 한 이유는 당시 한국에서 자가용 붐이 불었기 때문이었다. 나는 그 3년 전에 『병원이 병을 만든다』를 번역했는데 이 역시 당시 한국에 건강붐, 병원붐이 불었기 때문이었다. 무분별하게 이는 붐을 경계하기 위해 그 책들을 번역했지만, 그런 붐 현상은 30여 년이 지난 지금도 여전하다. 따라서 지금도 그 책들을 검토할 필요가 있다.

본래 프랑스의 〈르몽드〉지에 프랑스어로 쓴 『행복은 자전거를 타고 온다』는 "에너지 위기는 착각이다"라는 말로 책의 서문을 연다. 일리치는 이 책에서 에너지의 양적인 확대와 발전이 생산을 향상시키고, 생활을 산업화시키고, 물질적인 풍요함을 이룩하여 인간을 행복하게 하리라는 것은 산업주의

사회의 신화이며 오류라고 주장한다. 곧 그것은 사회적 공정에 반하는 것이라고 비판한다. 일리치는 교통을 예로 들고 속도를 패러다임으로 하여 에너지—소비의 한계를 설정할 필요가 있다고 주장한다.

일리치에 의하면 사회가 속도를 우상화할수록 공평성은 저하한다. 왜냐하면 무제한의 속도를 누리는 데는 엄청난 비용이 들며, 그것을 이용할 수 있는 사람은 소수이기 때문이다. 빠른 속도는 소수 인간의 시간을 고액의 가치로 자본화하지만, 동시에 이것은 대다수 사람들의 시간을 희생시킨 결과이다. 대다수 사람들이 쳇바퀴 돌 듯 출퇴근과 대중교통에 구속되는 사이, 소수는 가장 교통이 편리한 곳을 골라 그곳에서 빠르게 이동하거나 비행기를 타기 때문이다. 1974년 미국을 기준으로 해마다 전체 비행거리의 5분의 4를 1.5%의 인구가 독점하고 있다는 것만 봐도 그러하다. 돈이 있는 사람은 속도를 마음 놓고 구입할 수 있고, 그렇게 확보한 시간은 더 많은 자본을 확보하는 데 쓸 수 있다. 속도에 의해 생활시간을 횡령당하고 있는 현실을 좀 더 들여다보자.

표준적인 미국 남성은 1년에 1,600시간 이상을 자동차에 쓴다. 주행 중이거나 정차해 있을 때만이 아니다. 그는 차를 사기 위해 계약금, 월부금을 벌어야 하고, 연료비, 보험료, 세금, 교통위반벌금을 내기 위해 노동시간의 상당 부분을 바쳐야 한다. 이 시간을 모두 합치면 하루에 깨어 있는 16시간 중 4시간에 달한다. 결국 표준적인 미국인은 1년에 1만 2,000km를 이동하는 데 1,600시간을 소비하고 있다. 이것은 시속으로 치면 7.5km에 지나지 않는다. 시속 7.5km면 수송산업이 발달하지 않는 나라의 사람들도 어디든 갈 수 있는 속도이다. 자동차 등록대수 2천만 대가 넘는 한국도 미국과 별반 다를 게 없다.

게다가 대량의 에너지소비는 필연적으로 자연환경을 파괴할 뿐만 아니라 사회적 환경, 나아가 인간의 자유와 자율적 능력까지도 파괴한다. 곧 높은 에너지소비가 환경을 오염시키기 때문이 아니라, 설령 오염이 없는 에너지가 발견된다고 하여도 한계를 넘는 에너지 사용은 인간을 정치적 불능으로 만들고 절제의 사회를 위한 조건들을 제약하기 때문이라는 것이다. 이는 발전·성장·진보라는 가치에 대한 도전으로서 논의된다.

일리치에 의하면 "깨끗하고 풍부한 에너지가 사회의 병폐를 치유할 수 있는 만병통치약이라고 하는 통념은 정치적 오류에 근거하고 있다." (자전거14) "설령 무공해 에너지를 확보할 수 있고 그것이 풍부하게 존재한다고 하여도, 대량으로 에너지를 사용하는 것은 육체적으로 아무런 피해를 주지 않으나, 정신적으로는 사람들을 노예화하는 마약과 같은 작용을 사회에 미치게 된다." (자전거15)

> 내가 주장하고 싶은 것은 1인당 소비하는 에너지가 어떤 적정한 수준을 넘어서면 어떤 사회의 정치체제나 문화적 환경도 필연적으로 타락하게 된다는 점이다. 일단 1인당 에너지 소비량이 한계를 넘어서면 반드시 관료 체계라고 하는 추상적인 목표를 향한 교육이 인간의 개별적이고 구체적인 주도권을 합법적으로 보장해주었던 자리를 대신하게 된다. 따라서 이러한 일정한 에너지 사용량이야말로 사회질서의 한계인 것이다. (자전거16~17)

이 책에서 이반 일리치가 줄곧 주장하는 것은 사회적으로 최적을 이루는 1인당 에너지 소비량이 있다는 것이다. 최적 에너지가 있다면 최적 속도도 있을 텐데, 저자는 시속 25km가 넘는 순간 사회적 불공정이 발생한다고 말한다. 일리치가 이렇게 최적 에너지와 적정 기술을 강조하는 것은 필요와 소비에 기초한 산업 사회의 논리 때문이다.

이동과 수송

일리치는 '교통traffic'에는 두 가지가 있다고 한다. 하나는 신진대사 에너지의 소비에 의한 자율적 교통을 뜻하는 '이동transit'이고, 다른 하나는 석유와 같은 기타의 에너지원에 의한 교통을 뜻하는 '수송transportation'이다. 그리고 이동과 수송의 균형이 깨어진 산업적 교통을 참여민주주의 정치로 복구시키고자 한다.

"사람들은 본래 자신의 발로 충분히 움직일 수 있다." (자전거28) "자신의 발로 걷고 있는 사람들은 약간의 차이가 있으나 기본적으로 평등하다." (자전거29) 그러나 "기계가 각 승객에게 일정한 수준 이상의 마력을 가할 수 있게 된 순간부터 이 산업은 인간 사이의 불평등을 낳았고, 인간의 이동성을 산업적으로 규정된 도로망에 얽어맸으며, 미증유의 심각한 시간의 결핍을 낳았다." (자전거30~31) 가령 산업 사회 이후 모든 사회에서는 깨어 있는 시간의 22% 이상을 수송에 소비하게 되었다. 그것은 집에서 차고에 가는 시간, 차 속의 대기시간, 교통사고로 병원에서 보내는 시간, 음주운전의 결과 경·검·법원에 출두하는 시간, 차량 구입 대금을 벌기 위해 일하는 시간, 세금을 내기 위해 일하는 시간 등을 포함한다. 시간당 수송 거리는 현대 사회가 미개사회보다 뛰어나나, 미개인의 5% 수송 시간보다 4배 이상인 22%라는 시간에 5% 정도 빨리 간다는 것이 얼마나 바보 같은 짓인가!

> 부유한 나라의 교통이 가난한 나라의 교통과 다른 점은, 대다수의 사람들이 생활시간을 체험하는 속도가 빠르다고 하는 것이 아니라, 수송산업에 의해 불평등하게 분배되는 에너지를 더 많은 시간 동안 소비하게끔 강제된다는 것이다. (자전거34)

그러나 부유한 나라에서나 가난한 나라에서나 속도는 "시간과 공간, 그리고 인간 개인이 갖추고 있는 잠재력이라는 개념을 동일하게 왜곡하는 효과를 낳게 된다. 어디에서나 수송수단은 그것이 만들어내는 새로운 지리와 새로운 시간표에 적합한 새로운 인간을 만들어낸다." (자전거36) "그리고 그는 통근전차의 시간표에 얽매이는 것이 싫어서 자가용 자동차를 꿈꾼다." (자전거 38~39) 그런 사람들은 직접 발로 뛰며 연설하는 직접민주주의를 믿지 않고 "시민으로서의 자유가 아니라 고객으로서 더욱 많은 서비스를 제공받기를 희망"한다. (저전거41)

이는 "스피드 자본가의 세계적인 계급구조"(자전거44)를 낳는다. 고속의 자동차는 사회에서 특별히 중요하다고 취급받는 극소수 특권층에게 특별한 권리를 부여한다. 아울러 중요하지 않다고 취급받는 대다수 민중에게는 특별한 불이익을 초래한다. 학교와 같이, 계급사회를 만들지 않고는 일정한 속도를 넘어 달리는 자동차가 생겨날 수가 없다. 자동화된 수송이 인간의 이동을 독점하고 인간의 생활공간을 왜곡하고 생활시간에 대해 언제나 '시간이 없다'며 한탄하게 만드는 결핍 상태에 빠뜨린다. 그리하여 인간의 이미지가 고갈되며, '걷다'라는 인간의 자율적 행위의 세계는 가치도, 의미도 자본집중 양식이 생겨난 후에 빼앗기게 된다. 그 속에서 인간들은 극소수의 특권을 지닌 제트기 여행자와 대다수의 버스 통근자로 양극화된다. 학교나 병원과 마찬가지로 인간을 계급화하게 된다. 수송이 교통을 방해하는 것은 교통의 흐름을 방해하고, 고립된 목적지군을 만들어내며, 교통에 의한 시간 손실을 증가시킨다.

"현대의 교통이 낳는 폐해는 수송이 모든 것을 독점하는 것에서 생겨난다." (자전거62) 이를 일리치는 '근원적 독점'(자전거63)이라고 부른다. 교통은 산업생산물이 어떤 것이든 간에 1인당 일정 한도의 양을 넘기게 되면 욕구 충족에 대한 근원적인 독점이 발휘된다고 하는 법칙의 모델로 고찰된다.

인력 이동의 효율성

일리치에 의하면 수송 수단의 혁명은 1세기 전에 발명한 볼베어링에 의해 이루어졌다. 그것은 인간의 이동에 획기적인 변화를 초래했다. 자전거는 볼베어링 없이는 존재할 수 없다. 모터화된 버스나 자동차 등도 볼베어링 없이는 존재할 수 없다. 왕복운동과 거기에 들어가는 에너지를 회전운동으로 바꾸어 속도를 높인 것은 인간 창의성의 빛나는 사례다. 하지만 볼베어링 기술에 엔진, 모터와 같은 동력원이 추가되면서 기술적 편의는 인간의 자율적 능력을 압도하여 오히려 부담이 더하게 되었다. 반면 자전거는 그렇지 않다.

자전거 사회는 과거의 어떤 사회보다도 뛰어나게 기동적이다. 자전거에 볼베어링이 사용됨에 따라 그것은 맨발, 샌들이나 구두를 훨씬 뛰어넘게 되었다. "자전거에 의해 인간은 그 생활공간이나 생활시간 사이에, 그리고 그 생존의 영역과 생존의 리듬 사이에 새로운 관계를 만들지만 그것에 의해 과거로부터 받은 조화가 파괴되지는 않는다." (자전거87)

자전거는 보행속도인 시속 5~6km보다 3~4배 빠른 속도로 이동하면서 에너지는 보행의 5분의 1밖에 쓰지 않는 최고의 이동수단이다. 또한 자전거는 인간의 신진대사 에너지를 이동력의 한도에 정확하게 맞춘 이상적인 변환장치이다. 화석연료를 쓰는 모든 기계보다 열역학적 효율이 높을 뿐만 아니라 다른 동물들 모두의 능력보다 이동능력이 뛰어나다. 또한 자전거 주행에 필요한 공공시설의 건설비는 자동차보다 턱없이 적을 뿐 아니라, 자전거와 자동차 사이의 전체 가격 차이보다도 적을 정도다.

또한 자전거는 공간의 활용도도 높다. 자동차 한 대가 주차하는 공간에 자전거는 18대를 세울 수 있고, 주행 시 필요한 공간도 30분의 1밖에 되지 않는다. 4만 명의 사람을 1시간 안에 다리를 건너게 하는 데 자동차가 12개, 버스는 4개의 차로가 필요하지만 자전거는 단 하나의 차로면 된다. 에너지 과잉 사용에 기초한 자동차의 저효율성과 사회적 불평등을 악화시키는 효과에 견주어, 자전거는 적정 기술과 적정 에너지의 모범적 사례라 할 만하다.

일리치는 자전거로 일상 행동 범위를 3배로 넓히고, 보조 모터 기관을 사용해 공정과 자유를 보장하는 적정 설비를 실현하는 나라를 제안한다. 반면 각 시민에게 자전거 한 대를 할당할 수 없거나 타인을 자전거로 운반하고 싶은 사람에게 5단계 변속기를 공급할 수 없는 나라를 저설비 나라라고 한다. 자전거로 다니기에 좋은 도로를 공급할 수 없고 오랜 시간 이상 계속 여행하고 싶은 이들에게 공공 수송 기관을 제공할 수 없는 나라도 저설비 나라다. 반대로 사회생활이 수송산업에 지배되고 그 산업이 계급적 특권을 결정하며 시간의 결핍을 강요하고, 산업이 부설한 제도에 국민을 더욱 묶어두는 나라는 과잉산업화한 나라다.

구체적으로 일리치는 제한속도 25km를 주장한다. 그러나 그것은 환경오염이나 교통사고 감소, 평등의 실현(이러한 것들은 속도 감소에 따라 필연적으로 생긴다) 이전에 기술적인 계산에 의한 것이다. 일리치는 그 증거로 다음과 같은 사례를 들고 있다. 자기 집에서 어디로 가는 것이, 성인이 일어나 있는 시간의 5% 이상을 차지하는 미개사회는 하나도 없었다. 그리고 전형적으로 미개인은 시속 4.5km로 이동했다.

이와 같이 일리치는 『행복은 자전거를 타고 온다』에서 에너지소비가 일정한 한계를 넘게 되면 인간의 자율성을 마비시킨다고 주장했다. 가령 자동차가 이동을 독점해 생활공간을 왜곡하고 생활시간을 결핍 상태로 만들어 걷기라는 자율행위가 자본 집중으로 상실당하기 때문에 규제가 필요하다는 것이었다.(마찬가지로 텔레비전은 인간의 말하기라는 고유성을 뺏는다고 보았다.) 따라서 일리치는 차의 최고 속도에 대하여 매우 엄격한 한계를 설정해야 비로소 모터로 움직이는 자동차와 자전거에 볼베어링을 사용하는 사람들을 차별하지 않고 달리게 한다고 생각하게 되었다.

이러한 내용의 속도제한론은 일리치가 1970년대 전후로 학교 자체에 회의하기 시작하면서 도구, 곧 생산수단이 결코 사회적으로 중립이 아니라는 점을 깨닫게 되면서 나온 것이었다. 그것은 A. 고르나 E. 슈마허가 제기한 문제와 같은 맥락이었다.

의료의 한계

『병원이 병을 만든다』

일리치에 의하면 공중 보건은 단지 의학적 문제가 아니라, 주로 사회적이고 정치적이다. 이는 일반적으로 받아들여지는 관점이 아니지만, 일리치는 더 나은 의료가 더 나은 건강과 같다는 지속적인 가정에 도전했다. 그는 기존 의료 패러다임에는 세 가지 구조적 결함이 있다고 한다. 제도의 역생산성, 비례성의 부족 그리고 희소성의 경제학이다.

첫째, 건강 및 기타 사회적 문제에 대한 제도적 대응이 특정 규모 또는 강도를 넘는 제도의 역생산성은 병원병iatrogenesis(의사 또는 의료인에 의한 위해)을 낳는다. 특정 규모나 강도를 넘어서면, 제도에 의해 혼자 돌볼 수 없고, 도움을 주려는 노력으로 인해 도리어 피해를 당할 수 있다는 것이다. 병원병 단계는 규모나 강도가 초과되는 지점에서 발생한다. 병원병 단계보다 다른 두 단계가 선행한다. 첫 번째 단계는 규모가 작을 때 제도의 초기에 발생하며 적당한 생산성 기간으로 표시된다. 두 번째 단계에서는 조직이 특정 임곗값 이상으로 성장함에 따라 생산성이 평준화되기 시작한다. 이 기간 동안 일반적으로 중립적 영향이 발생해 제도는 유익하지도, 유해하지도 않다. 의도한 출력에 비해 사실상 비생산적이다.

일리치의 비판은 의료로 인한 건강 피해에 국한되지 않는다. 건강에 대한 유일한 지배권을 주장하는 병원이 최악의 경우 병자의 죽음을 가속화하고 기껏해야 회복을 늦추는 장애 요인을 만들어낸다고 그는 주장한다. 그는 제도주의에 반대했지만, 제도 자체에 반대하지는 않았다. 오히려 건강과 복지, 죽음, 안전, 지혜 및 정의의 생산과 관련된 기능을 독점하려는 제도의 시도에 도전했다. 그는 이러한 사회적 재화가 제도적 시스템에 의해 일방적으로 생산된 후 개인에 의해 소비되는 상품이 아니라고 주장했다. 대신 그는 『절제의 사회』에서 자연적인 지역사회가 잘 수행하고 문화적으로 우세하기 위해 수행해야 하는, 대체할 수 없는 기능이 있다고 지적한다. 그리고 그것들이 그렇게 하지 않는다면, 그러한 시민 기능을 적절하게 대체할 수 있는 제도적 도구나 시스템의 대안이 없다고 했다.

실제로 그는 지역사회인가 제도인가가 아니라, 어느 것이 먼저냐가 문제라고 주장한다. 그는 제도적 역전이 현대 사회에서 자리 잡고 있으며, 이를 통해 제도와 전문 조력자들이 더 잘하거나 더 전문적으로 할 수 있다고 생각하는 일을 한 후에 지역사회의 역할이 생긴다고 본다. 그는 이러한 역전에 반대하고, 제도적 및 직업적 역할은 지역사회가 책임지고 맡아서 할 수 있으며, 하고 싶은 일을 한 후에 하는 것으로 정의되어야 한다고 주장한다. 지역사회를 위한 사회적 자본이 건강의 주요 결정 요인임은 로버트 퍼트남Robert Putnam의 『나 홀로 볼링Bowling Alone: The Collapse and Revival of American Community』에서도 알 수 있다.[52] 즉 하나의 그룹에 가입하면 다음 해에 사망할 위험을 절반으로 줄일 수 있다고 한다. 이처럼 외로움이 건강 문제의 중

---

52 Putnam R. Bowling alone. In: The collapse and revival of American community. New York: Simon & Schuster; 2000. p. 327.

심이 되었다.

　제도는 관리주의와 전문적인 과잉 관리를 통해 사회적 자본을 지원하기보다, 의도하지 않게 시민의 결사 능력을 약화시키고 대체하며 무색하게 만드는 경향이 있어 결국 그들을 개인화하고, 수동적이며 날카로운 형태의 개입에 의존하게 한다. 따라서 전문화와 테크노크라시가 더욱 지배적으로 변화됨에 따라 건강 생산 기능을 포함하여 시민 기능의 계속 증가하는 전문화에 직면하여 시민권은 후퇴한다. 모든 제도적 발전은 제도적 범위의 한계와 초과 도달의 잠재적 위험을 이해하는 데 달려 있다.

　둘째, 비례Proportionality는 기본적으로 지역, 가정 기반 커뮤니티 및 제도가 서로 올바른 관계를 맺을 방법을 해결하기 위한 것이다. 즉 더 많은 의료가 우리를 더 아프게 만드는지에 대한 것이다. 일리치는 제도 개혁을 통해 비례성을 얻을 수 있다고 믿지 않고, 오히려 제도적 세계의 한계를 넘어 시민 생활 안에 있는 진정한 진보의 핵심 포인트를 보았다. 그는 우리가 커먼즈를 복원하거나 되찾을 수 있다면 이것이 문화 혁명을 전면에 내세울 것이며, 이는 차례로 제도의 과잉 도달에 반대하여 시민과 제도 사이에 보다 비례적이고 민주적인 관계를 초래할 것이라고 믿었다. 그가 옹호한 비례의 예는 드물지만 실제로 존재하며 가장 훌륭한 보기가 된다.

　둘째의 비례에 대해 멘델존은 시민 건강 생산과 제도적 역량 사이의 격차를 방어하는 사람을 뜻하는 개퍼gapper라는 개념으로 설명한다. 이는 우리가 사회가 두 개의 상이한 영역으로 구성되어 있음을 알 때 의미가 있다. 그 하나는 법적, 계약적 및 행정적 규범에 의해 지배되는 제도적 영역이고, 다른 하나는 시민이 더욱 협약적이고 비계약적인 용어로 자신의 목적을 위해 연합하는 커뮤니티 영역으로 일리치가 말하는 버내큘러한 것이다. 상이한 두 영역은 근본적으로 다르며 학습, 정의, 안전 및 복지와 관련하여 다른 기능을 수행한다. 일부 사회 정책과 이를 시행하는 기관은 이러한 차이점에 대한 이해와 존중을 보여주고 두 영역을 서로 올바른 관계로 유지하기 위해 노력하지만 대부분은 그렇지 않다. 건강 문제에 대한 책임을 개인에게 돌리는 경향이 있는 임상적, 개인주의적, 행동 변화 및 생활방식 선택 서술에서 벗어나 공중 보건을 그 기원으로, 커먼즈를 향해 시급하게 되돌려야 한다.

셋째의 희소성과 관련하여 건강은 희소한 상품으로 간주되고, 그 상품의 유일한 공급자이며 그들의 시장은 수백만의 고립된 개인(수동적) 소비자다. 이 희소성 모델의 손아귀에서 커뮤니티는 건강 생성 기능을 수행할 수 있는 능력, 권한 및 연결성을 상실하고 결과적으로 국가는 인구 건강 문제를 효과적으로 해결하지 못한다. 일리치는 현대 의학이 건강과 복지가 아닌 질병에 지배적인 제도적 초점이 맞춰지는 희소성의 경제학에 뿌리를 둔 것으로 간주했다. 희소성의 경제학은 '건강'을 의료 전문가와 그들의 기술이 생산하는 희소 상품으로 취급하고 인구를 해당 제품의 시장 소비자로 본다. 이 패러다임 내에서 영향은 건강과 웰빙의 증가라는 측면에서 측정되지 않고 질병의 부재로 측정된다.

일리치는 대안으로 제도의 역생산성에 대한 명확한 인식이 필요하고, 시민과 전문가 사이의 올바른 관계를 위해 상호의존성을 높이고 제도화를 줄여야 한다고 주장한다. 일리치의 분석을 건강 접근 방식의 현재 경향에 적용하면 우리는 그와 마찬가지로 특정 제도적 규모나 강도를 넘어서는 더 많은 의료가 우리를 더 아프게 만든다고 결론지을 수 있다. 따라서 공중 보건은 개인의 결핍, 생활습관, 병, 행동 변화 및 건강 증진 접근법에 대한 초점에서 진정한 지역사회 건설과 지역사회의 건강 창출에 대한 상당한 정치적 투자로 극적으로 전환해야 한다. 더욱이, 공공 부문 및 제도적 과도화에 관여하는 제3섹터 조직을 포함하여 산업체 및 기타 제도적 이익의 건강에 해로운 행동을 방지하기 위해 시장에 대한 좀 더 단호한 규제가 필요하다.

『절제의 사회』와 『병원이 병을 만든다』

일리치는 1970년의 『절제의 사회』에서 의료의 발전을 두 개의 분수령으로 나누었다. 제1의 분수령은 의대를 졸업한 의사가 반을 넘는 1913년이고, 제2의 분수령은 1955년으로 병원병을 만들어내는 시점이다. 일리치는 제1의 분수령을 긍정적으로 평가하지만 제2의 분수령은 부정적으로 평가한다.

그에 의하면 제1의 분수령부터 산업주의인 의사와 비산업적주의적인 전통 의사가 반반씩 공존했다. 일리치는 이러한 이질적인 것의 공존을 컨비비얼이라고 한다. 그러나 더욱 중요한 것은 제1의 분수령 이후에는 간단한 습관과 도구가 주류로 개인의 건강에 기여했지만 제2의 분수령 이후에는 전문가가 가속화한 기술과 관료제에 의해 사회를 착취하게 됐다는 점이다. 따라서 컨비비얼이 사라졌다. 그렇다고 일리치가 제2의 분수령을 그만두고 제1의 분수령으로 돌아가자고 주장한 것은 아니다.

일리치가 1976년에 낸 『병원이 병을 만든다』는 제2의 분수령 이후 발생한 병원병을 분석한 책이다. 그러나 일리치는 제1, 2 분수령에 대해 더 이상 논의하지 않는다. 그렇다고 해서 그가 『절제의 사회』에서 논의한 두 개의 분수령이라는 개념을 포기한 것은 아니다.

내가 『병원이 병을 만든다』로 번역한 책의 원제는 『의료의 한계: 의료의 네메시스, 건강의 착취Limits to Medicine: Medical Nemesis, the Expropriation of Health』다. 이는 1976년 책의 제목이고, 1974년에 나온 책은 『의료의 네메시스』다. 네메시스란 신의 특권을 침해한 인간에게 신이 내린 복수를 뜻한다. "현대의 위생상의 교만함이 새로운 의료 네메시스의 병상病狀을 초래하고"(병원44) 있다는 것이다.

일리치는 『병원이 병을 만든다』의 내용을 다음과 같이 요약한 적이 있다.

우리 사회에서 의료화가 고강도로 일어나서 진단과 치료 모두를 의학이 독점한 결과, 사람들은 자신의 느낌을 의사가 가르쳐주는 대로 배운다는 것이다. … 의사는 환자를 점점 환자 자신의 의식과는 별개로 성립시켜 놓았다. (대화167)

환자를 환자의 의식과 별개로 성립시켰다는 것을 일리치는 다음과 같이 설명한다.

의사가 환자를 병원에 데려다 놓고, 새로 발견된 진단 방법을 가지고 환자에 대한 기록카드를 만든다. 그러고는 그 기록카드를 치료하고, 달라진 부분을 카드에 기록한다. 기록카드가 건강해지면 종종 환자는 보지도 않은 채 – 물론 희화화해서 표현하는 거지만 – 환자에게 신을 신겨 집으로 돌려보냈다. 그러면서 다시 체포해서 병원에 수감할지 말지 판단하기 위해 나중에 다시 검사받으라고 지시한다. (대화158)

『병원이 병을 만든다』에서 일리치는 과학기술 문명이 자기 파괴적인 지평까지 성장·진보·발전된 세계가 의료 문제에 가장 체계적이고도 근원적으로 집약되어 있다고 비판한다. 즉 의료의 신화는 관료적 프로그램 하에 구성되어 고통, 질병, 죽음에 대한 인간의 정치적인 자율행위를 불능으로 만들었다고 비판한다. 그 셋을 일소한다는 의료의 전제는 인간의 정치적 자율성을 근원적으로 박탈한다는 것이다. 의료에서 발생하는 질병이 더욱 복잡한 의료를 발생시키는, 현대의 유행병인 의료를 그는 '역생산성'으로 정의하고, 상징적 생산 수준에서의 도구의 개념에 더하여 자율과 타율이 같이 작용하는 사용 가치로 방향이 설정된 행위 양식의 균형을 명확히 밝힌다.

산업의 과잉 성장은 자율성이 제도를 수용하고 결국은 제도에 의존하는, 곧 타율성이 승리하는 편제로 만든다. 그리하여 그것은 '전문가'가 통제하는 기술과학의 독점으로 나타나고, 나아가 사람들에게 무엇이 필요하고 필요하지 않은가를 결정하는 힘을 갖게 한다. 일리치는 그러한 전문가에 대해 한계를 부여하기를 요구한다.

이 책은 일리치의 산업주의 서비스 제도의 생산양식에 대한 결정적인 고찰로 평가되었다. 그는 임상적 병원병, 사회적 병원병, 문화적 병원병이라는 세 가지 차원에서 산업적 서비스 제도의 구조적인 의미를 묻고 서양 문명을 철저히 비판한다. 과학기술 문명이 자기 파괴적인 지평까지 성장·진보·발전된 세계가 의료 문제에 가장 체계적이고도 근원적으로 집약되어 있다는 것이다.

일리치에 의하면 임상적 병원병이란 "유기체의 투쟁 능력이 타율적인 관리로 변해버린 결과"이고, 사회적 병원병이란 "환경이 개인, 가족, 이웃에게서 스스로의 내부 상태와 상황에 대한 통제력을 부여하는 조건을 뺏은 결과"이다. 또 문화적 병원병이란 "의료에 의한 건강 부정의 제3의 차원으로서 이는 의료 기업이 현실에서 인내할 수 있는 인간의 의지를 서서히 약화시키는 것에서 시작된다." (병원188)

임상적 병원병

일리치는 먼저 '임상적 병원병'에서 역사적으로 유행병이 사라진 뒤에 의료상의 발견이나 발명이 행해졌을 뿐이지 의사가 치료한 덕분이 아니며, 도리어 병의 수는 증가하고 병자의 수도 증가할 뿐이라고 주장한다.

과거 15년 동안 '새로운' 질병이라고 하는 무서운 현상의 대부분은 병을 앓는 사람들, 또는 병을 앓을 가능성이 있는 사람들을 위하여 의료가 개입한 결과라고도 말할 수 있고, 그 비율은 점차로 높아지고 있다. 그것이 의사가 만드는 병 즉 '병원병'이다. 의료의 유토피아를 추구한 지 1세기가 지났으나 현재 일반적으로 알려진 것과는 달리 의료 서비스는 실제로 나타나는 평균 예상 수명에 변화를 줄 정도로 중요한 역할도 수행하지 못했다. 현대 임상 치료의 대부분은 질병의 치료에서 우연한 것에 불과함에 비해, 의료가 개인 및 집단의 건강에 미치는 피해는 엄청나다. 이러한 사실은 분명한 것으로 충분히 실증되었으나 또한 충분히 억압되고 은폐되어왔다. (병원23~24)

이러한 사실을 일리치는 방대한 자료를 통해 증명하는데 이를 이 책에서 소개하는 것은 불필요한 일이라고 생각된다. 관심이 있는 독자들은 『병원이 병을 만든다』를 읽어보기 바란다. 일리치는 "1세기 이상에 걸쳐 질병의 경향을 분석하여 알 수 있는 점은, 환경이야말로 일반적으로 사람의 건강 상태를 결정하는 가장 중요한 요소"(병원26)라고 한다.

의사가 비교적 많다고 하는 사실은 의사들이 그 질병을 관리하거나 배제하는 능력을 갖고 있다는 것과는 아무런 관계가 없다. 그것은 단지 다음과 같은 것을 의미할 뿐이다. 곧 의사는 다른 직업의 사람들보다도, 단지 자신이 좋아하는 대로 생활하고, 기후가 좋고 물이 맑으며 사람들이 일을 하여 의사의 서비스에 보수를 지불할 수 있는 장소에 모여든다는 것이다. (병원31)

그래서 일리치는 "불행하게도 의학적 치료는 무효 또는 무해하다"(병원35)

는 결론을 내린다. 그러나 그것은 급성장하는 의료 산업이 현대 사회에 끼치는 손해 중에서는 "가장 보잘것없는 것"(병원35)에 불과하고, "건전하고 전문적으로 추진된 치료가 행해지지 '않았다면' 생기지 않았을 질병"(병원36)인 병원병을 낳았다는 점이 더 중요하다. 그중에서 임상적인 병원병이란, "치료, 의사, 또는 병원이 병원病原, 곧 '병을 발생시키는' 인자因子가 되는 모든 임상적 상태"(병원26)를 말한다. 그 단적인 보기가 1971년에는 1만 2천 건에서 1만 5천 건의 의료 과오 사건이 미국의 법정에서 다투어졌다는 사실이지만(병원40) 이는 빙산의 일각에 불과하다. 1999년 이후에 발표된 연구에 따르면 연간 13만 명에서 57만 5천 명의 입원 환자 사망이 의료 과실로 인한 것으로 추정된다.

사회적 병원병

사회적 병원병이란 의료가 사회 총체, 환경 총체에 끼치는 손해를 말한다. 일리치에 따르면 의사가 의료를 독점하여 의료 관리가 사회를 통제하고 사회 자체가 의료화에 의해 관리되는 것은 사회가 학교화되며, 가속화되는 것과 마찬가지다.

> 의료는 단지 개인에게 직접적인 손해를 끼치는 것만이 아니라, 그 사회적 조직체가 전체 환경에 주는 영향을 통하여 건강을 침식한다. 개인의 건강에 대한 의료적 손해가 사회 정치적 전달 양식에 의해 산출될 때, 나는 그것을 '사회적 병원병'이라고 부른다. 이 말은 건강관리 제도가 형태에서 더욱더 사람들의 주의를 끌고, 기능하며, 필연적인 것이 된 사회 경제적 변모에 의해, 건강에 미치는 모든 손해를 가리킨다. (병원50)

이는 먼저 "전문가의 자율성이 타락하여 근원적 독점으로 전환되고, 사람들이 그 환경과 싸우는 힘을 상실했을 때 사회적 병원병은 뿌리 깊은 것이"(병원51) 되는 것으로 나타난다. 근원적 독점은 자유와 독립을 침범하고, 환경의 형태를 바꾸어 환경에 대처한 사람들의 일반적 성격을 전유함에 의해 사회 전체에 사용 가치를 상품으로 바꿔치기할 것을 강요한다.

근원적 독점은 스스로 증식된다. 병원병을 낳는 의료는 의료 제도에 의한 인구의 사회적 통제가 중요한 경제 활동이 되는 병적인 사회를 증강시킨다. 그것은 다수의 사람들이 거기 들어맞지 않는 사회적 거래를 정상화하는 것에 도움이 된다. 그것은 장애인을 부적격자로 분류하고, 언제나 병자의 새로운 범주를 길러낸다. 산업 노동과 여가에 의해 분노하고 병들며 상처 입은 사람들은 의료적 감시 하의 생활로만 탈출할 수 있을 뿐, 더욱 건강한 사회를 추구하는 정치적 투쟁으로부터는 유혹에 의해 따돌려지거나 자격을 박탈당하고 만다. (병원52)

일리치는 이러한 의료 독점의 사회를 예산과 약제 등의 차원에서 상세하게 분석하고, 그것이 의사에게 전체주의적인 권력을 주고 의사의 진단을 제국주의로 만든다고 말한다. 즉 의사가 인간을 분류하고 생애의 모든 시간을 의료화하며 예방을 시장화하고 건강에 대한 배려를 상품화하여 인간의 자기 치유력, 친한 사람들에 의한 배려, 시적 정신이나 도덕, 사회적 관용, 인간적 존엄은 뿌리뽑혀버린다는 것이다. 그래서 소박한 자율의 삶에 대한 현실주의적 희망은 의사가 다른 공간으로부터 건강을 배달해주리라는 망상으로 변질한다고 본다.

문화적 병원병

　문화적 병원병이란 치료가 신앙처럼 의례화되어 인간의 고유한 고통, 병, 죽음을 각각 진통, 치료, 연명이라는 의료 처치의 대상으로 만들어 인간의 고유한 치유력을 마비시키는 것을 말한다. 즉 고통이 진통으로 변하면 인간은 자신만이 느낄 수 있는 고통을 스스로 느끼지 못하게 되고, 타인의 고통에 대한 공감을 상실하게 된다. 마찬가지로 죽음이 연명으로 변하면 인간은 자신의 집에서 가족에게 둘러싸여 죽지 못하게 되고, 병원 침상에서 임상사라는 차가운 죽음을 맞게 된다.

　전문적으로 조직된 의료는, 산업의 확대를 모든 고통에 대한 투쟁으로 선전하는 고귀한 윤리적 시도로 기능하여 왔다. 여기서 그것은 개인이 현실에 직면하여 자기의 가치를 표현하고, 대체로 치유되지 않는 고통, 상해, 노쇠, 사망을 불가피하게 받아들이는 능력을 없애버리고 만다.

　건강하다고 하는 것은 단지 현실과의 싸움에 성공한 것만이 아니고 그 성공을 누리는 것도 의미한다. 곧 그것은 기쁨과 아픔 속에서 생명을 느낄 수 있음을 의미한다. 그것은 또한 생존을 존중함과 동시에 그것에 승부를 거는 것을 의미한다. 체험된 감각으로서의 건강과 고통은 인간을 동물로부터 구별하는 현상이다. ... 인간의 건강은 본능적 행위에 솔직함을 부가한다. 그것은 풍속, 관행, 전통 또는 일정한 관습에서의 구체적 행동 이상의 것이다. 그것은 일련의 통제 메커니즘에 따른 행위를 포함하고 있다. 곧 이 통제 메커니즘이란 계획, 처방, 규칙, 지시 등으로, 그 모든 것은 개인의 행동을 지배하고 있다. 문화와 건강은 상당한 범위까지 부합된다. 어떤 문화에서도 건강에 관한 독특한 '형태'와 아픔, 질병, 상해, 죽음에 대한 독특하고 적절한 태도를 형성한다. 그리고 아픔, 질병, 상해, 사망의 자각은 전통적으로 '고통을 참는 기술the art of suffering'이라고 불리는 인간 행위의 한 유형을 보여준다. (병원139~140)

이처럼 일리치는 고통과 죽음을 문화에 나타나는 중요한 심신 행위로 본다. 즉 고통, 손상, 쇠약, 죽음을 받아들이는 능력은 인간의 존엄에 관련된 윤리적인 자율의 힘이라는 것이다. 따라서 이를 제거하는 무국적 의료 문명에 의한 식민지화는 현실이나 환경과 싸우는 힘을 마비시키는 관료적 계획을 조장한다고 비판한다.

건강 비판

『병원이 병을 만든다』는 출간 직후 독자들에게 많은 비판을 받았다. 그중 하나가 사회주의 의학자 빈센테 나바로Vincente Navaro의 비판이었다. 이에 대해 일리치는 다음과 같이 답했다.

> 나바로 씨는 의학에 대한 내 제안을 가난한 자들이 잘못된 치료로 인한 피해를 입을 권리를 부정하는 것이라 비난한다. 그는 잘못된 치료로 인한 피해마저 평등하게 배분하고자 한다. (대화84)[53]

『병원이 병을 만든다』가 출판된 지 10년이 지난 뒤 영국의 의학잡지 〈랜싯The Lancit〉은 그동안의 변화에 대한 일리치의 의견을 물었다. 이에 대해 그

---

53 일리치는 이를 『병원이 병을 만든다』 개정판 각주에서 썼다고 했으나 개정판 각주에는 그런 언급이 없다.

는『병원이 병을 만든다』에서 의료가 건강에 중대한 위협이라고 했지만, 이제는 더 이상 그렇게 보지 않고 건강에 대한 병적인 추구 자체가 중대한 위협이라 본다고 답했다.

이에 대해 일리치는『병원이 병을 만든다』에서 전문적 치료와 반대되는 것으로 자신이 주장한 '자가 치료(self-care)'가 건강에 대한 병적인 추구로 인해 '스스로를 완전히 환자로 만드는 상태'로 변질되었다고 비판했다. 즉 임상적, 사회적, 문화적 병원성보다 더 근본에 있는 신체 그 자체의 병원성을 자신이 보지 못했다고 하는 비판이었다. 이는 뒤에서 보는 일리치의 학교화 비판에 대한 대안이 '자가 학습(home schooling)'이라는 교육에 대한 병적인 추구로 나타난 것에 대한 일리치 자신의 비판과 같은 맥락이었다. 즉 건강이나 교육 자체에 대한 신화가 근본적인 문제라는 새로운 인식이었다.

그러나 일리치 자신이 처음부터 그런 신화의 성격을 강조했으므로 이는 결코 '새로운 인식'이라고 할 수 없다. 또한 의료 독점이나 학교 독점이 쇠퇴했다고 일리치는 '새롭게' 주장했으나 이는 사실과 달랐다. 도리어 그러한 독점이 더욱더 자연스럽고 일반적인 것으로 변하는 가운데 건강과 교육에 대한 신화화를 더욱더 초래했다고 봄이 옳다. 그런 점에서 '새로운 인식'이 아니라 그 신화적 성격을 더욱 강조하게 됐다고 보는 것이 좋다.

여하튼 일리치는 〈랜싯〉지에 실은 글에서 건강 붐이 전 세계적으로 일어나고 있고, 건강이 상품화되어 약초요법, 요가, 체조, 식이요법 등 다양한 건강 서비스가 나타나고 있는 현실을 지적했다. 뿐만 아니라 의학, 심리학, 환경-사회공학이 일반인들에게도 깊은 영향을 미치고 있고 생활 전반에 관련된 다양한 복지비용의 신장이 의료비용의 신장보다 높아졌다. 이를 두고 일리치는 자신이『병원이 병을 만든다』에서 분석한 의료보다 신체 자체에 대한 신화가 더욱 중요한 것임을 보여주는 것이고, 그 점에서『병원이 병을 만든다』는 문제점이 있다고 비판했으나, 이는 앞에서도 지적했듯이『병원이 병을 만든다』를 비판한 것이라기보다도 그의 관심 분야가 좀 더 역사적인 근원을 탐구하는 것으로 나아갔기 때문에 생겨난 것이라고 보는 게 옳다. 이러한 지적은 일리치가 1995년에 『병원이 병을 만든다』에 붙인 '서문[54]에 대해서도 마찬가지라 할 수 있다.

---

54 「발병학發病学, 면역, 그리고 공중건강의 질(pathogenesis, Immunity and 곧 Quality of Public Health)」 이는 본래 1994년 6월 13일, 펜실베이니아주 허시(Hershey), '질적 건강 조사 회의Qualitative Health Research Conference'에서의 강연이었다.

『전문가들의 사회』

일리치는 1977년에 어빙 졸라, 존 멕나이트, 조너선 캐플런, 할리 세이큰 등과 함께『전문가들의 사회』를 썼다. 그 책의 원제는 '인간을 불능으로 만드는 전문가Disabling Professions'이다. 그 목차는 다음과 같다.

> 1장 우리를 불구로 만드는 전문가들 (이반 일리치)
> 2장 의료 만능 사회 (어빙 케네스 졸라)
> 3장 서비스 사회의 정치학 (존 맥나이트)
> 4장 변호사와 사법 독점 (조너선 캐플런)
> 5장 베이비시터가 된 장인들 (할리 셰이큰)

일리치에 의하면 산업의 과잉 성장은 자율성이 제도를 수용하고 결국은 제도에 의존하게 하는, 곧 타율성이 승리하는 편제를 만든다. 그리하여 그것은 '전문가'가 통제하는 기술 과학의 독점으로 나타나고, 나아가 사람들에게 무엇이 필요하고 필요하지 않은지 결정하는 힘을 갖게 한다. 일리치는 그러한 전문가가 지배하는 사회에 대한 한계 설정을 요구한다. 그는 학교, 교통, 의료, 방송, 사법, 노동 등의 서비스를 제공하는 전문가의 권력이 일반인을 불능에 빠뜨린다고 분석한다. 일리치의 비판을 들어보자.

전문가들은 한 걸음 더 나아간다. 그들은 누구를 위해 무엇을 만들어야 할지를 결정할 뿐 아니라, 어떻게 이런 판결을 강제할 것인지에 대해서도 결정한다. 그들은 물건을 만드는 방법에 대해서뿐만 아니라 자신들의 서비스를 왜 강제로 이용해야 하는지에 대해서도 특별하고 독점적인 권한을 주장한다. 작금에는 전문직들이 너무나 발전한 나머지 고객화된 시민에 대한 보호감독자 역할뿐 아니라, 이 병동화된 세계의 형태까지 결정하려 들고 있다. (…) 성직자 계급이 영원한 구원을 약속하듯이, 전문가 집단은 일반 대중의 세속적 이익에 대해 그것의 해석자, 보호자 및 공급자로서의 적통嫡統을 가진다고 주장한다. 이런 종류의 전문가 권력은 엘리트라는 신분 자체가 전문가적 지위를 통해 확보되고 정당화되는 사회에서만 존재하는 것이다. 전문가 권력이란 사회에 대해 처방을 내릴 수 있는 특권을 말한다. 이런 처방 권력은 산업 체제 내에서 이 체제에 대한 통제권을 부여해 준다. 따라서 산업 체제의 구성원들이 해야 할 일까지 좌우하는 전문가 권력은 그 범위와 기원 모두에서 특이하고도 새로운 것이다. (전문가20~21)

이어 1978년의 『누가 나를 쓸모없게 만드는가』에서 일리치는 그러한 전문가에 대항하는 일반인의 자율성, 비고용자의 유효성을 공생의 논리에서 강조했다. 우리말 번역의 부제가 '시장 상품 인간을 거부하고 쓸모 있는 실업을 할 권리'이지만, 그것은 원래 제목이었다. 즉 '유용한 비고용의 권리와 그 전문적 적The Right to Useful Unemployment'이었다. 그러나 그것은 책의 제4장이고, 책 전체는 전문가 지배를 비판한 내용이다. 책의 목차는 다음과 같다.

서문

일리치에 의하면 산업 사회는 인간의 자율성과 함께 자존적인 활동을 빼앗아 사람들은 "고용되고 소비에 참가하지 않으면 무용한 것이 되어 버린다"라고 하는, '산업적 성장'에 집착하는 인간관에 대하여 적극적인 인간의 활동으로서의 노동을 시사하는 이 책은 일리치 사상의 새로운 발전임과 동시에 '자율적 공생을 위한 도구'를 토대로 하여 권력론의 차원에까지 심화된 것이다.

일리치에 의하면 인간이 자신의 세계를 상실하고 자신의 눈에 보이지 않는 것을 위하여 일하고 자신이 느끼고 있는 기분과 일치하지 않는 상태로 존재하는 것은 단지 욕구 불만을 북돋우는 것일 뿐이다. 이러한 부정한 현대의 잘못된 풍요를 폭로하여 그 허구를 분명히 하는 것이 일리치의 의도이다. 그는 첫째, 풍부한 상품 자체가 사용 가치의 자율적인 창조를 마비시키는 시장 집중 사회를 해명하고, 둘째, 그러한 사회에 있어서 전문적 서비스가 사회의 필요를 만들어 나가는 것에 따라 행하는 전문가의 은폐된 역할을 강조하고, 셋째, 모든 종류의 환상을 폭로하여, 시장 의존을 영속화시키는 전문가의 권력을 분쇄하는 전략을 제안한다.

그의 분석은 인간 문화의 중핵에 시장성이 없는 사용 가치의 발생이 있는 점, 그리고 산업 사회는 이 문화의 중핵을 공적·사적으로 규격화된 제품으로 오염시키고, 인간이 혼자 힘으로 이루는 것과 자신의 손으로 만든 것의 가치를 떨어뜨리고 있다는 자각을 재촉한다. 인간의 욕구와 필요는 오로지 상품하고만 합체하도록 변해갔다. 일리치는 상품이 사용 가치로 바뀌는 것에서 생기는 무력함이, 그 상품이 부여했어야 했던 충족을 추구하는 가치를 그것으로부터 뺏는 경우를 반생산성이라고 규정한다.

　나아가 인간은 생산자와 소비자로 분열되고 그러한 의미에서 '자조'는 아무런 문제 해결도 되지 않는다. 교환을 예정하지 않는 사용 가치 창출만을 위한 노동은 사회적 관계의 직업일 뿐이다. 아이를 기르고 가정을 즐겁게 하는 부인도 '노동하는' 부인과는 구별된다. 이 책은 그러한 전문가의 기준에서는 측정 불가능한 자율적이고 유용한 노동을 위한 '비고용—실업' 상태를 구하는 것이 산업 사회에서는 불가능하게 되었음을 설명한다.

『과거의 거울에 비추어』

일리치가 1992년에 낸 『과거의 거울에 비추어』에서는 현대의 생태, 의술, 법, 정치, 윤리 등의 모든 분야에 등장하는 생명이란 말도 영원한 무엇이 아니라 역사를 갖는 것임을 규명하고 생명에 대한 우상숭배를 비판한다. 마찬가지로 '인간의 본성'이라든가 '사회진화'라는 등의 근대적인 서구의 개념에서 해방되어 현대인이 놓인 시대적 특수성을 이해할 필요가 있음을 역설한다.

1980년대 이후, 중세로부터 현대를 비판한 일리치의 후기 사상은 제3세계의 고유한 문화 붕괴로부터 현대를 비판한 전기의 논점과 상통하나, 그 논점이 상당히 추상화되고 있다는 비판을 받았다. 그러나 그의 서양 근대 제도에 대한 근본적인 비판은 물론 그것에 대한 역사적 분석은 과도하게 서구화된 오늘의 문화 인식 틀에 상당한 수정 역할을 한다. 특히 그의 역사 분석은 우리 전통의 민중문화에 대한 새로운 이해를 가능하게 한다. 물론 일리치의 분석이 중세 회귀 따위의 보수반동이 아니듯이 단순히 전통의 미화에 악용될 수는 없다.

무엇보다도 인간의 자율성을 강조하고, 그것을 상실하게 만든 산업 문명 구조를 비판하는 일리치는 우리 사회의 제도와 이념에 대한 전면적인 재검토를 요구한다. 단순히 정치 사회적인 분석이 아니라 교육, 예술, 사법, 의료,

환경, 노동 등 각 분야의 전문가 계급, 국가 및 자본의 권력에 의해 민중의 고유한 능력이 훼손되고 있다는 그의 비판은 제3세계 중에서도 유달리 절대적이라고 할 정도로 서구지향성이 강력한 우리 사회에 대한 경종이 될 수 있다.

『과거의 거울에 비추어』는 1978년부터 1990년까지 강연을 위해 준비한 글들의 모음이다. "얼핏 사소해 보이는 관념을 역사적으로 살펴보자고 청"(거울9)하는 글이다. 강연 중에는 전문가 집단을 대상으로 한 것도 있는데, 일리치는 그 전문가들의 고정 관념을 파괴한다. 원저의 제1부는 커먼즈, 제2부는 교육[55], 제3부는 질료[56], 제4부는 의료[57]에 대한 글로 이루어져 있다. 2013년에 나온 우리말 번역에서는 글의 순서가 다른데, 그렇게 한 이유에 대한 설명은 없다. 이 글에서는 원저의 순서에 따라 설명한다.

커먼즈

1980년 평화에 관한 강연 「평화와 발전의 연결을 끊기」[58]에서 일리치는 1961년 이후의 '개발'이 "평화로이 내버려두는"(과거45) 것인 '민중의 평화'를 파괴했다고 주장하면서 민중의 평화를 회복하기 위해서는 경제 개발이 제한되어야 한다고 주장한다. 이와 달리 '지배 엘리트의 평화'는 기독교를 로마제국의 국교로 삼은 콘스탄티누스 대제가 십자가를 이데올로기로 바꾼 뒤로 집단학살이나 침략전쟁이나 정당의 군대 지배를 정당화하는 데에 악용되어 왔다고 보며, 최근까지 전쟁은 그것을 뒷받침하는 서브지스턴스 문화의 잔

---

55 이 부분은 일리치의 교육사상을 논하는 제5장에서 검토한다.

56 「H₂O와 망각의 물」은 다음 절에서 설명한다.

57 앞 절에서 설명했다.

58 원제는 The De-linking of Peace and Development로 번역서에서는 '평화의 사라진 의미'라고 옮겨졌다.

존, 즉 민중의 평화가 지속되어야 가능했다고 하면서 역사가들이 이를 무시한다고 비판한다.

일리치에 의하면 개발에 반대하면 평화의 적으로 매도된다. "간디조차도 바보 내지 공상가, 정신병자로 격하됐"고, 게다가 그의 가르침이 "개발을 위한 이른바 '비폭력 전략'으로 왜곡됐"다. (과거54) 일리치는 개발과 평화의 이러한 연관을 해체해야 한다고 주장하면서 그러한 연관이 시작된 유럽의 르네상스 이후 국민국가의 등장을 분석한다. 그리고 결론으로 개발과 연계되지 않은 평화가 있어야 한다, 즉 평화와 개발의 연결을 끊자고 주장한다.

이어 1982년의 강연 「품위 있는 침묵에 대한 권리」[59]는 "핵의 파괴력에 대해 아무 할 말도 없기 때문"(과거331)에 침묵하는 사람들에 관한 이야기로 시작한다. 그리고 1983년 「나 또한 침묵을 지키기로 결심한다」에서는 그 이유로 "대량 학살에 관한 어떤 토론에도 끌려 들어가지 않기 위해서이며, 핵폭탄은 전통적 의미의 무기가 아니라 인간의 말상 이외에는 어디에도 사용될 수 없기 때문이"(과거338)라고 한다.

다음 1988년의 「경제학의 대안: 낭비의 역사를 향하여」[60]는 다음과 같은 문장으로 시작한다.

> 저는 수송 수단보다 발로 걷거나 자전거를 타기, 공급주택에 대한 소유권을 차지하기보다 자신이 만들어가는 집에서 살아가기, 발코니에 토마토 심기, 라디오와 텔레비전이 없는 술집에서 사람들과 만나기, 각종 치료 요법 없이 고통을 겪어내기, 의료의 감시하에 이루어지는 살해보다 '죽는다'는 자동사로 표현되는 행동을 택하

---

59 원제는 The Right to Dignified Silence이고 번역서에는 제5부에 포함되어 있다.

60 원제는 Alternatives to Economics: Toward a History of Waste로 번역서에서는 '경제학에 가려진 삶의 축복'로 옮겨졌다.

기 등의 재발견을 일부러 축복과 은총이라고 말합니다. (과거25)

일리치는 대안 경제학을 모색한 코르나 슈마허와 함께 볼딩Kenneth E. Boulding, 카프Karl Kapp, 미샨E. J. Mishan 등을 거론한다. 영국 태생의 미국 경제학자, 교육자, 평화 운동가, 학제 간 철학자인 볼딩은 만년에 경제시스템이 제한된 자원 풀을 가진 생태계에 맞춰야 할 필요성을 확인했다. 카프도 사회생태학을 강조하면서 예방 정책을 제안한 사회적 비용 이론을 개발하고 신고전주의 경제학과 신자유주의의 부상에 반대하고 지식의 구획화 대신 사회과학의 통합과 인간화를 옹호했다. 미샨도 경제 성장을 비판했다. 이러한 대안 경제학자들은 경제 성장에 광분하는 한국 사회에는 그다지 잘 알려지지 않았다.

이어 일리치는 「침묵은 커먼즈이다」[61]라는 제목의 강연에서 컴퓨터의 지배를 비판하는 것으로 시작하여 자신은 환경을 자원이 아니라 커먼즈로 본다고 하면서 그러한 구별이 "이론 생태학뿐만 아니라 그보다 더 중요한 생태법제를 실질적으로 구성할 수 있다"고 주장한다.(과거65) 일리치에 의하면 과거에 길은 커먼즈였으나 지금은 "자동차와 버스와 택시와 승용차와 트럭을 위한 곳"(과거68)이다. 과거에 환경은 모두 커먼즈라고 본 일리치는 "사람들은 자신이 지은 집에서 살았고, 가축이 밟고 다니는 길거리를 따라 움직였으며, 물을 자율적으로 확보하여 쓰고 버렸고, 큰 소리로 말하고 싶을 때는 목청을 돋우면 되었다"고 했다. (과거71) 그러나 지금은 정적이 커먼즈에 들어가지 않는다.

---

61 원제는 Silence is a Commons로 번역서에서는 '빼앗긴 공용, 들판과 고요'라고 옮겨졌다.

「거주」

1984년 일리치는 건축가들에게 「거주, 되찾아야 할 삶의 기술」[62]이라는 제목의 강연을 했다. 건축가들은 인간의 거주에 관련된 자신들의 중요성을 듣고자 한 것인지 모르지만 일리치는 도리어 앞에서 본 건설업 비판과 마찬가지로 인간의 거주는 본래 건축가들과 무관했음을 강조해 건축가들을 실망시켰을지 모른다. 일리치에 의하면 본래의 거주란 건축가가 미치지 않는 인간 활동인데 그 이유는 어떤 공동체도 같은 방식으로 살지 않기 때문이다. 따라서 본래의 건축가는 그 공동체의 사람이어야 했다.

일리치에 의하면 '거주'는 동물의 우리나 차고 같은 것과 달리 인간만의 것이고, 따라서 거주는 하나의 기술art을 뜻하기도 한다. 또 인간만이 기술자일 수 있으며 거주는 삶의 기술의 하나라고 했다. "어디에 사는가"라는 말처럼 거주는 삶과 같은 뜻으로 사용되는 것이 어느 언어에서나 나타난다. 가령 영어에서 '거주'나 거주자'를 뜻하는 habitancy, '거주자'를 뜻하는 habitant, '거주할 수 있는'이라는 뜻의 habitable 등등은 모두 '습관'을 뜻하는 habit에서 나온 말들이다. 이러한 거주는 하나의 커먼즈[63]를 형성했다.

일리치에 의하면 산업주의 이전에 거주라는 말은 자신이 남긴 흔적 속에 사는 것을 뜻했다. 즉 인간이 살았던 흔적은 그 거주인과 마찬가지로 나타났다가 사라지는 것이었다. 게다가 과거의 거주는 누가 그곳에 살기 이전에 완성되지 않았다. 가령 텐트는 매일 펴고 거두는 것이었다. 집도 그 집에 사는 사람들의 상태에 의해 변했다. 그래서 그 집에서 결혼이나 장례가 행해지는 것도 멀리서도 알 수 있었다. 그런 집은 세대에서 세대로 이어지면서 시

---

62 원제는 Dwelling이나 번역서에서는 '정주, 되찾아야 할 삶의 기술'로 번역되었다. 거주나 정주는 모두 '어떤 곳에 자리를 잡고 삶'을 뜻하는데 정주보다는 거주가 일반적이다.

63 여기서는 생활공동체라는 뜻에 가깝다.

간과 함께 변했다.

거리도 마찬가지였다. 그러나 국가가 계획하는 도로가 강요되면서 주거는 없어졌다. 그 도로는 질서, 청결, 안전 등을 이유로 하여 이웃과의 여러 가지 인간관계를 없애버렸다. 또 19세기에 도로의 이름이 붙고 번지가 부여되며 전문가가 하수도와 함께 통제하면서 주거는 없어진 것이다.

반면 산업 사회에서는 생활공동체가 파괴되고 상품으로 구입하는 주거 housing나 아파트가 중심이 되어 인간은 거주의 힘을 상실하고 거주는 동물의 우리나 차고와 같은 것이 됐다고 일리치는 보았다. 즉 도시 사람들은 자신들이 생활할 공간을 부동산 소개업자를 통해 찾아야 하고 그 공간에 대금을 주거나 임대료를 지출하며 주거지 신고를 해야 한다. 오늘의 상품화된 집이란 사용할 수 있는 첫날부터 이미 낡기 시작하는 것이고 가능한 한 빨리 재개발되어 팔려야 한다. 그곳에 사람들은 자신이 살았다는 흔적을 남기기는커녕 더 높은 가격으로 팔기 위해서는 그것을 깨끗이 지워야 한다. 그 결과 산업주의에서 환경은 거주를 위한 생활공동체가 아니라, 인간과 상품 및 차고를 생산하기 위한 자원으로 바뀌었다. 그렇기에 세계 어디에서나 거주는 동일하게 됐다.

일리치에 의하면 고아원, 여관, 감옥, 군대막사 등의 집단수용소가 생긴 것은 18세기에 와서였다. 그전에는 군대에서도 캠프로 자신의 거주지를 만들었다. 이러한 집단수용소만이 아니라 획일적 거주지가 모든 사람에게 요구된 것은 18세기 이후의 산업주의 때문이었다.

일리치는 이러한 거주의 수용소화에 의한 커먼즈(생활공동체)의 파괴가 환경오염보다 더 야만적이고, 환경파괴는 서주 자체의 붕괴라고 본다. 일리치는 생태주의자들이 그러한 생활공동체의 파괴를 인식하지 않는다고 비판하면서 생태학을 경제학의 보조학문에 불과하다고 비판한다.

일리치는 결론으로 『절제의 사회』에서 주장한 것처럼 자력으로 집을 짓고자 하는 사람들의 권리를 보장하여 산업주의에서 벗어나고, 그 권리와 토지를 소유하여 집을 지을 재료를 소유하는 주거의 권리에 대한 올바른 균형이 주어져야 한다고 주장했다.

「바푸 오두막의 메시지」

일리치는 간디를 존경했다. 그러나 일리치는 1978년 인도 중부의 세바그람에서 열린 '제3세계를 위한 기술회의' 개회사 「바푸 오두막의 메시지」[64]에서 간디의 작은 집에 대해 언급한 것 뿐, 간디에 대해 언급한 적이 거의 없다.

그가 묘사하는 간디의 작은 집은 7개의 장소가 있으므로 결코 오두막이라고는 할 수 없는데 일리치는 hut라고 한다. 그리고 부자들이야 비웃겠지만 보통 인도인이 보면 그 이상의 필요가 없다고 말한다. 보통 인도인의 공간이란 그리 넓지 않다. 그 7개란 현관, 대가족이 묵을 수 있을 정도로 큰 중앙 방, 간디 자신의 방, 손님방, 병자용 방, 베란다, 넓은 욕실이기 때문이다. 여하튼 일리치는 멕시코의 자기 집도 그 정도라고 말한다.

그 집은 흙과 나무로 사람들이 지은 집이다. 일리치는 이는 home이지 house가 아니라고 구별한다. 짐이나 가구를 넣어두는 곳이 house다. 즉 인간보다 가구의 안전과 편의를 고려하는 곳이다. 게다가 그것은 시멘트와 기와로 지어진다. 그는 많은 가구를 둔다는 것은 그것에 의존한다는 것이라고 말한다. 교육을 위해 학교에, 건강을 위해 병원에 의존하듯이 말이다. 일리치에 의하면 "병원 수는 사람들의 건강 상태가 얼마나 나쁜지를 보여주는 지표이고, 학교 수는 사람들이 얼마나 무지한지를 보여주는 지표"로 "질병

---

64 원제는 The Message of Bapu's Hut이고 번역서에서는 「간디의 오두막에서」라고 번역되어 책의 첫머리에 실렸다.

에 높은 지위를 부여하고 무지를 더 존중하는 사회는 부도덕한 사회"(과거21)이다.

일리치에 의하면 간디는 "거간꾼이나 중앙집중체제"의 존재를 인정하지 않고 "진실과 비폭력이라는 단순"함을 주장했는데 기득권을 갖는 현대 인도의 정치가나 관리자들은 간디의 원칙을 부정한다. (과거22) 일리치는 인간의 존엄이란, 생산을 필요 한도로 제한하는 자족의 사회에서만 가능하고, 산업주의화는 인간의 존엄을 모독하는 것이라고 비판하면서, 간디의 작은 집은 그런 자족의 사회에 도달할 때 가능한 즐거움을 암시한다고 말한다.

이어 「부정가치」에서 일리치는 "세계적으로 보면 성장의 결과 경제적 이익이 소수에게 집중됐고, 한편으로 화폐경제를 벗어나면 생존 불가능할 정도로 사람과 장소가 부정가치로 변했"다고 비판한다. (과거105) 나아가 「사회적 선택의 세 가지 차원」에서는 역생산성과 좌절의 제도화를 설명한다.

「생명은 지옥으로!」

앞에서 보았듯이 일리치는 『행복은 자전거를 타고 온다』에서부터 이미 생태주의를 비판했고 『젠더』에서 생태주의가 균질공간을 자원으로 삼는 전제에 선 환경만을 생각하고 버내큘러한 환경이나 버내큘러한 젠더 환경을 고려하지 않는다고 비판했다. 그 뒤에도 그의 생태주의에 비판은 이어졌으나 그중에서도 가장 중요한 글은 1988년 미국복음루터교회에서 발표한 「생명이라는 우상숭배」[65]다.

이 글에서 일리치는 생명이라는 것이 역사상 교회가 마주친 가장 강력한

---

65 이와 유사한 내용의 글이 1994년에 발표된 「용감한 새로운 생명관료주의: 자궁으로부터 무덤까지의 건강치료Brave New Biocracy: Health Care from Womb to Tomb」이다.

우상이라고 비판했다. 성경에서 생명이란 말은 예수가 자신을 생명이라고 한 말인데, 이를 현대에서와 같이 "조작의 대상, 책임감의 대상, 관리의 대상으로 바꾸는 것은 더없이 철저한 왜곡에 해당한다." (대화284) 그래서 일리치는 '생명은 지옥으로!'라는 말을 세 번이나 말해 공식적으로 가장 강도 높은 저주를 내리는 것으로 강연을 시작했다. 그곳에 모인 목사들이 놀랐음은 물론이다.

이는 1989년 일리치가 시카고의 미국복음루터교회 기획집회에서 발표한 글이다. 그 집회는 일리치에게 '자원과 제도'에 대한 발표를 요청했으나 일리치는 여느 집회에서와 마찬가지로 그 집회를 괴롭게 하는 시비로 먼저 시작했다. 교회가 왜 기업과 같이 '기획'이라는 경영관리용어를 사용하느냐 는 시비였다.

일리치에 의하면 '기획planning'이란 말은 제1차 세계대전 이전의 『옥스퍼드 영어사전』에는 없었으나 그 몇 년 뒤 거의 동시에 히틀러, 스탈린, 루즈벨트가 사용했다. 이 말과 마찬가지로 '경영', '관리', '정책', '정책결정', '소통', '전문가주의', '인재' 등의 말도 멋대로 사용하고 있음은 미국이나 한국이나, 기업이나 교회나 마찬가지다. 가령 '인재'란 연구, 기획, 개발, 투자, 개량의 대상이라는 식이다. 아이들도 '인적 자원'이란 말을 사용한다. 심지어 한국에서는 군사 전투 용어로도 서슴지 않고 사용하고 있다.

이처럼 생활 전반에 걸쳐 관리를 추구하고 있는 희소한 자원이라는 사고방식이 시대와 무관하게 불가사의한 전제로 사용된다. 일리치에 의하면 현대 제도는 관리해야 할 대상으로 전문가가 필요로 하는 사회현실을 멋대로 만들어 거기에 말을 부여하는 힘을 갖고 있는데 이것이야말로 현대 제도의 기이한 권력의 근원이다. 이처럼 관리 체제가 교육, 건강, 정신의 균형, 개발과 같은 현대의 규범적 우상에 말을 부여하는 힘을 갖는 것은 매우 중요하다. 일리치는 '생명'이라는 말도 마찬가지로 본다. 일리치에 의하면 생명이란 말은 다음 다섯 가지 의미를 지닌다.

첫째, 성서에서 생명이란 신에 의해 계시된 유일한 생명을 뜻했는데 그것이 지금은 타락하여 다양한 의미로 사용되고 있다. 그러나 생물학(biology)이라는 것은 19세기에 생겨났다. 이는 그전 아리스토텔레스 이래의 감각 작용을 갖는 동물적 영혼과 영양 작용을 갖는 식물적 영혼이라는 구별이나 자연계를 광물, 식물, 동물로 구분한 것에 반대하고, 내적 조직에 의해 생물과 무기물을 구별하는 것으로 '생명의 존재'를 가정했다.

둘째, 고대 그리스의 아낙사고라스(기원전 500~428) 이래 자연 자체가 느끼고 응답하는 힘을 갖고, 그로부터 만물이 생겨난다고 보는 물활론이 존재했다. 이는 세계를 우연한 것이라고 본 것이었으나 과학혁명에 의해 부정됐다. 그 결과로 생긴 '자연의 죽음'은 우주관의 중대한 변화를 초래했다. 그런데 우주가 죽었다는 이 설명은 살아 있는 것을 설명할 수 없다.

셋째, 19세기 이후 학문은 고대 그리스 이래 서양 역사의 특징이었던 윤리와 결별하고 인간은 희소한 사물을 필요로 하여 태어났다고 하는 공리주의적 가정을 수립했다. 이에 따라 생명은 소유 대상인 재산이라는 하나의 최고 가치로 이해되고 경제인이라는 관념이 윤리사상의 핵심이 됐다.

넷째, 생태학이란 살아있는 것과 그 서식지 사이의 관계를 탐구한다. 이는 사이버네틱스 시스템에서 보듯이 우주를 하나의 시스템으로 생각함에 따라 합리적으로 분석하고 관리할 수 있는 실체로 이해하는 것이다.

다섯째, 의학을 비롯한 통속과학이 '하나의 생명'이라는 개념을 만들어내어 개인이라는 정당한 개념을 무효로 만들었다.

이러한 생명 개념의 다섯 가지 분석으로 일리치는 생명에 대한 논의를 부정한다. 그러나 기독교에서 말하는 '신에 의해 계시된 생명'만이 유일한 생명이라는 전제부터 시작해 그 후의 모든 생명 개념을 그런 성경 개념의 타락이라고 보는 일리치의 설명에는 납득하지 못할 점이 너무나 많다.

『H₂O와 망각의 물』

1984년 미국 텍사스주의 댈러스시에서 그곳의 중심가에 인공호수를 판다는 계획을 발표하고 이를 위해 주 지역에 사는 가난한 히스패닉과 흑인들을 퇴거하려고 했다. 이에 반대한 시민운동가들이 일리치에게 강연(과거 197~218)을 요청했다. 그러나 일리치는 그 계획을 추진한 행정당국이나 기업 측, 그 계획 자체의 비인간성, 비민주성, 이윤추구주의를 비판하지 않고, 추진파는 물론 반대자까지 공유하고 있는 물에 대한 산업주의 물신숭배를 비판했다. 이에 대해 시민운동가들은 실망했을 것이 틀림없다. 그 계획은 결국 실현되지 않았으나 일리치의 강연이 그런 결과에 얼마나 영향을 주었을지는 의심스럽다.

일리치는 1985년 그 강연 내용을 『H₂O와 망각의 물 : '소재'의 역사성에 대한 고찰』이라는 책으로 냈다. 일리치는 물에 '자연미'가 있다거나 그 자연미가 시민의 도덕에 영향을 준다는 생각은 19세기에 와서 물이 위생적인 여성상과 결부되면서 시작됐다는 이야기로 시작한다. 즉 여성의 나체가 욕실 꼭지에 하나의 문화적 상징으로 자리 잡고 욕실의 비눗물과 나부상이 물과 육체를 가정 속에 들이게 했다. 그래서 물은 수도관을 통한 소재가 됐고, 나부상은 새로이 생긴 가정 영역이 규정한 성적 관계의 새로운 환상을 상징하게 됐다. 이는 쿠르베나 앙그르나 드가를 비롯한 당시 화가들의 그림에도 나타났다. 그리고 일리치는 다시 앞에서 본 거주의 이야기를 하면서 댈러스 시민들은 거주를 상실했다고 주장한다.

이 책은 물의 사회사라고 하는 측면에서 고도산업주의를 비판한 책이다. 산업주의 이전의 사회에서 물은 순수성과 자연적 재생을 초래하는 정화의 소재로 지각되었으나, 산업주의 이후에는 산업기술용 세제 등과 같이 망각 시스템으로 희생이 되었다는 것이다. 그 상징이 H_2O라는 현대 사회의 창조물로서 기술적인 관리를 요하는 희소한 자원이 되어 물의 본질을 상실하고 있다는 것이다.

1980~90년대의 에너지 논의

일리치는 1992년 '자전거의 자유'에 관한 심포지엄에서 친구인 잔 로베르트와 함께 쓴 『오토 스톱Auto Stop』을 발표했다. 그 기본적인 내용은 『에너지와 공정』에서 말한 바와 다르지 않았으나 몇 가지 구체적인 방법을 제시한 점에서 차이를 보였다. 즉 대법원이 세금으로 유지되는 도로의 사용을 공적 서비스를 제공하는 수송기관에 한정하고, 의회가 운전면허증 발급을 여객마일(passenger miles, 여객수송량의 단위로서 여객 수에 주행거리를 곱한 것이다)의 생산에 의해 수입을 얻는 운전수에 한정하는 법률을 제정하며, 모든 시민에게 승차카드를 발급해주고 어디에서나 전문 운전수가 운전하는 차를 멈추어 탈 수 있게 하고, 그 사용료는 전화요금처럼 공제하자는 제안이었다.

이어 1996년, 일리치는 「속도? 무슨 속도?Speed? What Speed?」라는 심포지엄에서 '속도'라는 개념의 역사에 대해 설명했다. 그에 의하면 Speed란 본래 '빨리 간다'는 속도의 뜻이 아니라 '번성하게 한다'는 뜻이었으나 중세 말기부터 기계와 원동력이 발명되면서 속도라는 뜻을 갖게 됐고, 어떤 제도의 실질적 개선이 아니라 속도에 사로잡힌 전문가들의 구호가 됐다. 이를 일리치는 기우제의 춤이라고 야유했다. 즉 기우제의 춤은 비를 내리게 하려는 것처럼 보여서 실제로는 그 춤의 필요성을 부동의 것으로 만들 뿐이라는 것이다. 그리하여 속도는 필요한 것이 아님에도 자연스러운 것으로 변했다. 반면 일리치는 순례자처럼 걸음을 서서히 옮기면서 자신의 시간 속으로 들어가 자신이 갖는 지평선 내부에서 사는 속도 없는 삶을 주장했다. 그러나 이러한 만년의 속도 없는 삶에 대한 사색을 종래의 속도한계론을 부정한 것으로 볼 필요는 없다.

제**2**부

일리치의 교육사상

제1장

이반 일리치
교육사상의 뿌리

나의 일리치식 교육 경험

앞에서 보았듯이 CIDOC에서 이반 일리치를 만났던 미국의 인디언 교육학자 조엘 스프링은 18년째 학교에 다닌 러시아정교회 사제가 어느 날 아침 자신이 학교제도를 벗어나 살 수 없었다고 깨닫자 바로 학교를 그만두었다는 이야기를 한다. (스프링65) 18년이라면 초·중·고·대 16년에 대학원 2년을 더한 정도인데, 18년 만에 자신이 학교제도의 포로였음을 깨닫고 그만두었다니 좀 멍청한 자라는 생각도 든다. 그런 깨달음이야 한국에서는 소위 중2병을 앓는다는 시기, 또는 그보다 훨씬 더 일찍 깨닫는 것이 아닐까? 여하튼 그는 신부이니 그렇게 그만두어도 먹고사는 걸 걱정할 필요가 없겠지만, 우리나라의 대학원 졸업자라면 그렇게 그만둘 수는 없고, 대체로 다시 3년 이상의 박사과정을 밟아야 할 것이고, 그 뒤 박사학위를 따도 취직이 안 되어 절망할 수 있을 것이고, 결국은 20여 년 이상의 학교 공부와 무관한 직업을 택하기도 할 것이다. 나는 20여 년 만에 박사학위를 받고 시간강사 20여 년을 지냈으나 먹고살 길이 막막하여 나이 50이 넘어 공인중개사 시험을 치러 부동산 거래에 종사하는 사람을 보았다.

이반 일리치도 사제였다. 그는 박사학위를 땄고 사제이기도 하니 취직 걱정은 없었다. 이런저런 활동을 하다가 44세에 『학교 없는 사회』라는 책을 써서 학교를 없애자고 주장해 세상을 놀라게 했다. 그가 학교를 비판한 내용은 학교가 거짓 성공 신화를 만든다는 점이었다. 학교에 다녀야 인간이 되고, 일류 대학을 다니면 더 나은 인간이 되고, 4년을 다닌 대학이 그 뒤 인생을 결정한다는 것이었다. 이러한 거짓 성공 신화는 교회나 성당이나 절에 열심히 다니면 천당에 간다는 것과 같았다. 그래서 사제인 일리치가 『학교 없는 사회』라는 책을 쓸 수 있었다. 물론 '종교 없는 사회'부터 썼어야 옳았는지도 모른다. 그러나 그것이 가능할까? 믿음만이 중요하므로 믿음의 집이나 형식(의식)을 모두 없애야 한다고 할 수 있을까? 일리치도 성당에서 미사를 하고 예수의 피와 살이라고 포도주와 빵을 신자들에게 나누어주었고, 신자들을 그런 그를 우러러보지 않았을까?

일리치는 박사학위를 따고 열몇 개의 외국어를 유창하게 할 정도이니 학교 실패자는커녕 대성공자였다. 반면 내가 학교가 없어졌으면 좋겠다고 생각한 것은 시골 초등학교에서 놀다가 도시 중학교에 들어왔더니 초등학교와 달리 중학교가 시험지옥이었을 알고서였다. 나는 그 지옥이 싫었고 결국은 그 뒤의 여러 시험에 실패했다. 그 뒤 어쩌다가 요행으로 지역 대학의 법학부에서 20여 년 근무하면서 매년 입학시험을 치를 때, 학생들이 판검사가 되기 위해 지원하고 졸업 때까지 그 일념으로 공부한다는 말을 들었다. 그러나 그들 중 판검사가 되는 비율은 1%도 안 되었고 나머지 99%는 대부분 법과는 무관한 직업을 택했다. 그런 실정이기에 나는 학생들에게 사법고시 준비를 하지 말고 졸업 후에 도움이 되는 공부를 하라고 했지만, 학생들은 물론 동료 교수들도 그런 나를 싫어했다. 법학부 교과과정이 사법시험 중심이기에 어쩔 수 없는 측면도 있었다.

나는 결국 법학부를 그만두고 교양학부로 옮겨 10년간 학과 구분 없이 모든 학생들에게 〈법과 예술〉 등의 교양과목을 가르치다가 퇴직했다. 그 마지막 10년은 나에게 가장 행복한 시간이었으나, 학생들에게도 그러했을지는 의문이다. 수업에서 토론식, 대화식, 문제 제기식 등의 여러 가지 방법을 사용하고 시험 대신 글쓰기로 채점해보았지만 나도, 학생들도 만족스럽지 못했다.

이런 법학 교육을 개선한답시고 전국의 법학부 중에서 몇 개를 미국식 로스쿨로 바꾸었다. 그러나 로스쿨은 여전히 변호사시험 중심이어서 교육 자체가 바뀌지는 않았고, 학생들만 소위 일류대 출신들 중심으로 바뀌고 등록금이 엄청나게 비싸 부유층 자제들로 바뀌었다. 3년의 대학원 과정 수료 후 법률가가 되는 비율은 반 정도로 높아졌지만 나머지 반은 여전히 법률가가 되지 못한다. 결국 법학부 중에서 사법시험 합격률이 높은 학교 졸업생에게만 법률가가 되도록 하는 것과 같은 꼴이 되었다. 나는 로스쿨에 반대해 그 교수가 되는 것을 거부하고, 법학부 교육을 개혁하자고 주장했지만, 법학부를 없애자고는 하지 못했다. 법률가나 법도 비판했지만 그것들을 없애자고는 하지 못했다. 일리치라면 법학부는 물론 법률가나 법도 없애자고 주장했을까?

일리치를 존경한 나는 그의 가르침을 내 자신의 삶과 일치시키지 못한 실패자이다. 그러나 여전히 의문은 남아 있다. 가령 다음과 같은 것들이다. 앞의 신부처럼 학교 교육의 문제점을 깨닫고 학교를 그만둔다고 해서 문제가 해결될까? 학교가 스스로 문을 닫는 일은 없겠지만, 코로나19로 문을 닫게 되었다고 해서 문제가 해결될까? 홈스쿨링이나 언스쿨링 등이 학교 교육을 중심으로 짜인 학교 교육체제를 벗어날 수 있을까? 검정고시나 입학시험이나 취직시험 등에서 해방될 수는 없지 않을까? 그런 시험을 끝없이 요구하는 세상을 그냥 두고 교육을 바꿀 수 있을까? 그런 시험과 무관한 순수한 의미의 평생교육이라면 모르되, 어떤 시험과도 무관한 공부가 가능할까? 평생교육이라는 것도 사주팔자를 가르치거나 커피 제조법을 가르치는 것이면 무슨 의미를 가질까? 등의 의문들이다.

일리치나 스프링 등은 학교가 없어지면 모든 사람의 창조적 에너지가 해방되고 사회의 유연성이 증진되리라고 하지만(스프링66), 과연 학교가 없었던 19세기 이전 사회의 사람들이 모두 그러했을까? 그래서 19세기 이전으로 돌아가자는 것일까? 그전의 소농사회가 이상일 수 있을까? 아무리 좋다고 해도 그 과거로 돌아갈 수 있을까? 일리치의 '비학교론'은 1970년대 라틴아메리카의 학교 교육을 분석해 나온 것이므로 그것을 그대로 우리 현실에 작용하기란 쉽지 않다. 또 일리치가 비학교 이후의 교육기관으로 '문화교류자료센터CIDOC'를 만든 것은 아니지만 그것을 대안대학으로 보는 사람들이 많고, 그런 것을 만들어 운영하면 된다고 하면서 대학 밖의 대안연구기관을 그리 생각하는 경향이 있다. 그것이 시험과 무관한 순수한 의미의 평생교육기관으로서는 충분할 것이지만, 학교를 대체하는 것일 수 있는지는 의문이다.

학교 교육의 형성

보편적 강제 교육의 역사

공부는 자연스럽고 개인적인 일이지만, 교육은 사회적이고 집단적인 일이다. 교육은 넓고 깊지만 학교화는 짧고 좁다. 학교화는 개인적 공부를 제도화하여 공부는 지도의 결과라는 이데올로기를 전파하고 학교화를 교육과 동일하게 만든다. 그래서 교육과 학교는 같다는 이데올로기에 대한 비판은 일리치에 의한 대안교육의 기초가 된다. 따라서 보편적인 강제 교육compulsory education의 역사를 살펴볼 필요가 있다.

장 자크 루소는 플라톤의 『국가The Republic』가 공교육의 개념을 처음으로 정립했다고 보았다. 플라톤에 의하면 이상적인 도시에는 이상적인 개인이 필요하고 이상적인 개인에는 이상적인 교육이 필요하다. 그러나 아테네에서 교육은 본래 가정에서 이루어졌는데, 그것이 민주화와 함께 집단지도로 바뀌면서 군사교육, 체육, 음악, 시학에 중점을 두고, 읽기, 쓰기, 산수는 부차적인 것으로 가르친 보잘것없는 학교가 생겼다. 스파르타에서는 6~7세 소년에게 군사교육을 시키는 학교가 세워졌다. 이어 헬레니즘 시대에 아테네식 학교가 식민지에 보급되었고 이는 로마제국에까지 이어졌다. 1세기경에 6~8

세 소년을 대상으로 한 유대인 학교가 세워졌다. (라이머77~78) 그러나 최초의 보편적 강제 교육은 15~16세기 현재의 멕시코 중부 지역을 통치한 아즈텍 삼국 동맹에서 실시되었다.

플라톤 사상의 대중화는 르네상스와 마르실리오 피치노Marsilio Ficino의 플라톤 저술 번역으로 시작되었고, 프로테스탄트 종교 개혁은 독일을 중심으로 강제 교육을 실시하게 했다. 특히 마르틴 루터Martin Luther가 독일 국가의 모든 도시 평의원에게 『An die Ratsherren aller Städte deutschen Landes』(1524)를 통해 모든 교구민이 스스로 성경을 읽을 수 있도록 강제 교육을 실시할 것을 촉구한 뒤로 독일과 스코틀랜드 및 아메리카의 여러 지역에서 강제 교육이 실시됐다. 특히 1673년에 5세에서 13~14세까지를 대상으로 시작된 프로이센의 강제 교육은 유럽 전역에 확산되었고, 19세기 이후에는 식민지화와 함께 전 세계로 확대됐다.

근대 학교제도는 민족국가를 형성하고 식민지를 지배하는 데 중요한 역할을 했다. 가령 독일 학교 제도가 독일 지배계급의 언어를 표준어로 교육했듯이 민족국가의 군사, 정치, 인재 양성에 크게 기여했음을 당대의 철학자인 요한 피히테Johann Fichte가 『독일 국민에게 고함』에서 "국민으로서의 국민의 교육, 국민 각자에게 예외 없이 실시되는 교육"[1]이라고 주장한 바를 통해서도 알 수 있다. 나아가 학교는 제국주의화와 함께 전 세계 식민지에도 문명화를 위한 필수적 제도로 확대되었다. 그리하여 지금 "교육은 농업, 공업, 전쟁 등 어느 것보다 규모가 큰 세계적인 사업이다." (라이머23) 따라서 19세기는 학교화의 시대라고 할 수 있었다.

---

1 'J. G. 피히테, 김성진 옮김, 『독일 국민에게 고함』, 삼성문화재단, 1971, 46쪽.

강제 교육을 둘러싼 논쟁

　강제 교육의 옹호자들은 공교육이 개인의 발전, 사회적 유동성, 혜택받지 못하고 소유하지 못한 사람들에게 정치적 및 경제적 힘을 부여한다고 주장한다. 반면 비판자들은 교육은 학교화보다 더 넓은 것이고, 학교화는 교육과 무관하다고 주장한다. 그들은 삶이 교육이고 아이들은 삶의 순간순간 배운다고 본다. 즉 교육은 자연적 현상이라는 것이다. 굿맨은『잘못된 강제 교육과 학자 공동체』에서 "교육은 하나의 자연적인 지역사회 기능natural community function으로 불가피하게 나타난다."고 본다. (Goodman17) 따라서 굿맨에게 공식 교육은 자연적인 지역사회 기능의 보조물일 뿐이다.

　나아가 라이머는 "어느 나라든 교육 비용이 학생 수나 국민보다 더 빠른 속도로 증가하기 때문에" "학교 제도를 통해 국민이 원하는 교육을 그대로 실시할 수 없다"고 본다.(라이머22) 그 이유 중에는 급속한 인구 증가도 포함된다. 이는 1921년, 간디가 모든 아이를 공립학교에 보내려면 재정이 너무 부족하다고 한 것과 같은 이야기다. 그 결과 "전 세계 어린이들의 대부분이 학교에 다니지 못하고 있다." (라이머21) 반면에 학교를 가장 오래 다니는 아이는 특혜를 받는 것이다. 이처럼 모든 아이들에게 교육을 부여하는 데 실패하고, 학교에 다닌 자들도 '더 많이 다닌 자'와 '더 적게 다닌 자'로 나누게 된다. 그래서 굿맨은 강제 교육을 없애자고 주장한다. (Goodman46)

아나키즘 교육사상

아나키즘 교육사상

　일리치의 교육사상을 이해하기 위해서는 그 배경이라고 할 수 있는 아나키즘 교육사상을 검토할 필요가 있다. 우리가 흔히 보는 교육사는 기존의 학교 교육 제도의 역사로 그것은 교육에 대한 비판적 전통을 무시하고 있어서 아나키즘 교육에 대해서는 언급하지 않는다. 학교 교육에 대한 비판, 특히 그 국가주의적 권위주의에 대한 비판은 18세기의 루소와 고드윈 이래 20세기의 굿맨, 일리치, 라이머, 고르, 홀트 등에 이르는 아나키즘 사상가들이 주도해왔으나, 지금까지 무시당해왔다.

　아나키즘은 국가주의 교육을 그 통제권을 쥔 사람들의 정치적·경제적 이익을 위해 봉사하는 교육이라고 비판한다. 즉 교육은 기존 제도를 지지하고 유지하기 위해 국가가 시민의 성격과 의지의 방향을 결정하고 조작하기 위하여 이용하는 권위의 비판이다. 아나키즘의 학교에 대한 비판은 학교 제도 자체에 대한 전면적인 부정일 수도 있으나, 대체로 기존의 학교를 대체하는 새로운 공부터나 공부망을 주장하는 것이다.

　윌리엄 고드윈, 프루동, 프란시스코 페레르(1901년 최초의 자유교육 학교를 바르셀

로나에 세웠으나 프랑코에 의해 처형당함), 막스 슈티르너, 레오 톨스토이(농민학교를 세움),
엠마 골드만, 표도르 크로포트킨, 폴 굿맨, 이반 일리치 등 아나키스트들의
결론은 간단하다. 예컨대 크로포트킨은 1882년의『빵의 쟁취』에서 19세기
의 계급화된 교육을 비판한다. (크로포트킨15) 나아가 학교 제도에 의해 우둔하
게 되고 평생 과거에 예속돼 옛 문헌만 뒤적이는 태도를 비판한다. (크로포트킨
198) 프루동이 노동과 교육의 결합을 강하게 주장하여 '다기능적 기술습득'
을 목표로 하는 직업 교육을 중시한 것은 일리치의 기능 교환과 비슷한 착
상이다. 톨스토이는 학생들이 배우고 싶은 것을 자유롭게 배우도록 해야 한
다고 주장한다. 그리고 그 보기로서 강제 없는 학교, 곧 선택이 자유로운 박
물관 견학과 공개 강연을 들었다. 그것은 계획적 프로그램이 없고 교사는
자신이 원하는 것을 가르칠 수 있되 학생들의 요구에 의해 조정될 수 있는
교육이다.

그리고 교사는 학생의 자유, 즉 자율성을 북돋우어주는 사람이다. 곧 스
스로 자유롭게 되도록 도와주는 사람이다. 사상가에 따라서는 강조점이 다
소 다르다. 예컨대 페레르와 골드먼은 권위주의적 가족구조의 해체를 위한
여성 해방을 기본 전제로 삼았다. 여성 해방의 선구자인 골드먼은 페레르와
같이 남녀공학을 선구적으로 주장했고, 전통적 역사교육은 인간을 권위주
의적인 제도의 노예로 만들기 때문에 그것을 민중 중심으로 바꾸어 가르쳐
야 한다고 역설했다. 또한 골드먼은 1923년의『러시아에 대한 나의 환멸』에
서 비판적 탐구와 사상의 자유를 압살한다는 이유에서 러시아 사회주의 교
육을 자본주의 교육 이상의 권위주의 국가교육으로 공격했다.[2]

----

2 실버맨은 아나키즘이나 비학교화론이 자유교육 학교의 중요한 이념이었으나, 비학교화론은 학교의 폐기를
   주장한다는 점에서 모순된다고 본다. 곧 자유교육 학교도 비학교화론자들이 보기에는 폐기되어야 할 학교
   의 일종이나, 그것은 자유교육 학교의 이념 정립에 중요한 작용을 했다고 평한다. 그는『교실의 위기』(배영사,
   1972)에서 학교의 규칙과 불신의 분위기는 매일 학생들에게 그들이 무가치한 존재이고 그들 자신이 자율적
   으로 행동할 수 없는 개인이라고 강요한다고 비판한다. 아나키스트는 아니지만 많은 문학자들이 학교 교육

루소, 고드윈, 슈티르너, 톨스토이, 페러

친자식을 모두 보육원에 버린 무책임한 남자가 썼지만 그래도 아동 교육을 다룬 최고의 책인『에밀』은 인위적 교육이 아닌 자연적 교육을 주장한 점에서 일리치 교육사상의 선구라고 볼 수 있다. 일리치는 루소에 대해 언급한 적이 없지만,『국제교육백과사전The International Encyclopaedia of Education』에서는 비학교론이 루소에서 비롯되는 두 가지 사상, 즉 교육과 학교화는 하나가 아니고 같은 것도 아니며, 학교화의 규범적이고 강제적인 특성은 필연적으로 공부를 저해한다고 한다는 사상에서 비롯된다고 밝힌다.[3] 루소는 인간이 자유롭게 태어나지만 부패한 제도의 체인에 묶여 있다고 보고, 그를 해방시키기 위해서는 조직 사회생활로부터 그를 옮겨와 자연에 친숙하도록 교육해야 한다고 주장한다. 루소의 학생인 에밀은 자연법에 의해 자연스럽게 자라기 위해 책보다 실제의 활동과 경험을 통해 교육된다.

일리치는 고드윈[4]에 대해 언급한 적이 없지만, 고드윈의 교육사상도 일리치 교육사상의 선구라고 볼 수 있다. 고드윈이 1793년에 쓴『정치적 정의에 대한 탐구』는 당시가 학교 교육의 초창기로서 국가주의 교육을 가장 발달된

을 비판했다. 예컨대 미헬스가 편집한『중단된 수업 시간』(한국어 번역은『학교에서 길들여진 것들』푸른꿈 1990 ; 배영사 1985)은 학교에 대한 절망적인 묘사들을 만, 헤세, 조이스, 릴케, 케스트너, 브레히트, 니잔, 츠바이크, 되블린, 무질, 쇼 그리고 오웰을 통하여 적나라하게 보여주고 있다.

3 The International Encyclopaedia of Education, 제3권, Pergamon Press, 1985, p. 1367.

4 영국 국교도 목사의 아들로 태어난 그는 목사가 되는 교육을 받았으나 목사가 되는 것을 거부하고 1783년 자신이 이상으로 삼는 아나키즘적 학교를 세우기 위해 노력했다.

사회 원동력이라고 믿었던[5] 시대에 그 국가화에 대한 비판[6]을 최초로 시도한 책이라는 역사적 의의를 지닌다. 그는 국가가 권력을 확장하고 체제를 영구화하기 위해 교육을 이용하고, 교육내용은 피교육자를 정치권력의 명령에 순응하도록 짜 맞추는 것이라고 비판했다. 따라서 그는 국가에 의한 여론조작의 기초를, 국가숭배를 전제로 하는 국가 교육 제도에서 찾고 그것은 저지되어야 한다고 주장한 점에서 일리치의 선구였다.

한편 교사 출신인 슈티르너는 인간의 고유한 가치를 강조하면서, 자신을 해방하기 위해 인간은 부모와 교사에 의해 주입 받은 지식을 선별하는 우상 파괴 작업, 부르주아 도덕의 파괴를 실시해야 한다고 주장한 점에서 일리치와 유사했다. 그는 교육의 본질을 개인의 내면 지배로 보고 그것이 권력의 원천이라고 생각했다. 슈티르너는 르네상스와 종교 개혁 이후의 휴머니즘적 전통의 교육이 권력의 원천이 됐다고 보았다. 그에 의하면 과거에 이는 교회가 수행했으나 현대에는 정치에 의해 법을 따르는 것만이 자유를 의미하게 됐다. 즉 학교에서 법을 내면화하여 불복종을 없앤다는 것이었다. 그에 의하면 학교란 '옛 속담을 익히는 곳'이고, '늙은이의 장황설을 암기하면 성년'으로 인정된다. 반면 그가 바란 것은 의지의 작용을 통한 신념의 확보다. 즉 무

---

5 그 대표적인 인물은 독일의 철학자인 Johann Gottlieb Fichte(1762~1814)로 그는 1806년 나폴레옹 군대가 프로이센을 침입하자 『독일 국민에게 고함』(1807~1808)이라는 제목의 강연에서 국가주의 교육을 가장 강력한 군사력으로 강조했다. 그는 독일 관념론의 대표자로 실천적·주관적 관념론을 펼쳤으며 그의 사상은 셸링과 헤겔로 계승되었다. 그 후 1819년 프로이센에서 근대 학교 제도가 시작됐다. 당시 학교 제도는 군대에 충성하는 군인, 사용자에 순응하는 노동자, 정부에 복종하는 공무원, 경영에 순응하는 사무원, 중요한 사회적 이슈에 동일한 생각을 가진 시민의 양성을 목적으로 삼았다. 세계 최초의 유치원을 세워 유아교육에 앞장섰던 프뢰벨Friedrich Wilhelm August Fröbel(1782~1864)은 교사를 경작자로, 아동을 그가 재배하는 밭의 채소에 비유했다. 이어 1852년 미국은 독일 교육 제도를 수입했다. 독일교육은 19세기 독일 군국주의는 물론 20세기 나치 체제의 유지에도 기여했다. 독일 소설가 레마르크는 그의 소설 『서부전선 이상 없다』에서 제1차 세계대전은 학교 교장들의 음모에 의한 것이라고도 말했고, 신학자 본회퍼는 제2차 세계대전이 잘 정비된 학교 제도의 불가피한 산물이었다고 말했다. 미국 교육에 대해 톨스토이는 그렇게 나쁘지 않은 것으로 보았지만 그것도 미국 자본주의 유지에 기여했다.

6 고드윈과 1796년에 결혼한 메리 울스턴크래프트는 『여성 인권의 옹호』를 쓴 여성해방론의 선구자인데, 그녀도 여성에 대한 남성의 지배를 없앨 방법으로 교육을 지지했다.

엇을 믿고 그 믿음에 따라 행동하는 것이 유용함을 사람들이 알게 돼야 하며, 모든 생각과 행동은 그것이 어떤 가치를 지니는지에 관한 관점에서 판단되어야 한다고 그는 믿었다. 그는 국가를 자유로운 개인들의 필요에 근거한 사회조직으로 대체하고자 했다.

일리치는 자신의 교육사상이 톨스토이의 교육사상에서 나왔다고 밝힌 적은 없으나, 기독교 아나키즘이라는 사상의 원리를 비롯한 두 사람의 교육사상도 대단히 유사하다. 『학교 없는 사회』의 첫 문장부터 다음과 같은 톨스토이의 문장을 연상하게 한다.

> 학교, 이미 어린이들은 그것을 하나의 시설로 표현한다. 그들은 학교를 가르침을 받는 곳이지만 쉽게 이해할 수 없는 곳으로 인식한다. 자신의 고향 사투리가 아닌 외국어를 사용하도록 강요하고 교사들이 학생을 천적으로 간주하는 그곳에서 아이들과 부모들의 원한은 이미 배운 것조차도 무의미하다고 여길 정도다. 학생들의 입장에서 교사는 적이고, 교사들은 그에 대한 앙갚음으로 어려운 것을 아이들에게 억지로 학습시킨다. 이런 상황은 매일 6시간씩 6년 동안 강제적으로 의무적으로 진행된다. (헌31)

톨스토이에 의하면 아이들은 상상력, 창의력, 창작력을 갖고 있는데 학교는 그것을 북돋우기는커녕 깔아뭉개고 암기력과 주의 집중만 요구해 아이들의 독립성과 독창성을 상실하게 하고 상투적 틀에 빠지게 한다. 그래서 교사는 가장 우둔한 학생을 가장 훌륭한 학생으로, 가장 뛰어난 학생을 가장 끔찍한 학생으로 취급한다. 나아가 학교는 아이들이 가정이나 거리 혹은 놀이터에서 자연스럽게 공부할 기회를 차단해 신체적, 정신적 장애를 갖게 하여 소외시킨다.

톨스토이의 교육론은 그가 1862년에 쓴『교육과 문화』에서 교육은 강제되는 것이고, 문화는 자주적인 것으로 구별한 점에서 그 원리를 알 수 있다. 즉 교육은 사람들에게 특정 형태의 성격과 습관을 부여하려는 의식적인 시도로서 획일적인 반면, 문화는 개인의 성격을 형상하는 모든 사회적 힘으로 자유롭다고 구별했다. 톨스토이는 수업을 강요하면 교육의 수단이 되고, 수업이 자유로우면 문화의 도구가 된다고도 구별하고, 공부는 교육의 과정이 아니라 문화의 과정이어야 한다고 주장했다. 따라서 학교는 학생에게 간섭하지 않고 그들이 배우고 싶은 것을 자유롭게 배울 수 있게 해야 하는 것으로 박물관 견학과 공개 강연을 그 예로 들었다. 이 점도 일리치의 공부망과 유사하다. 그러나 톨스토이는 그가 비판한 기존의 학교와는 다른 새로운 학교를 세웠다는 점에서 일리치와는 구별된다.

스페인의 페러[7]는, 과거에 무교육에 의한 무지로 민중을 통제했던 국가가 19세기에 와서는 충성스러운 국민을 배출하기 위해, 또 기업은 유순하고 훈련된 산업노동자의 육성을 위해 교육을 이용했다고 보았다. 즉 교육을 통한 사회혁신이 아니라, 자본의 이익을 더욱 증대시키기 위해 완성된 노동의 도구, 개인, 노동자를 필요로 했기에 학교가 만들어졌다는 것이다. 그리고 학교는 기존 제도를 유지하는 중심으로서 학생을 유순하고 복종적인 경향으로 키웠다. 그래서 그는 주저인『모던 스쿨의 기원과 이상』(1913)에서 경제적 요구에 의한 국가의 교육 독점을 비판하고, 그것에 의한 노예화와 억압체제의 타파를 주장하면서 책이 없는 학교에서의 인간해방교육을 구상했다.

앞서 본 슈티르너처럼 페러도 교조주의를 싫어했다. 1890년 그가 근대학교를 세울 때 비교주의적인 책을 한 권도 구하지 못해 도서관은 텅 빈 채로

---

7 그는 1901년 바르셀로나에서 근대학교를 창설했으나 1909년 처형되었다. 박홍규, 『꽃으로도 아이를 때리지 말라』(우물이있는집, 2002)를 참조하라.

있었다. 교재가 없다는 것은 교육을 허공 상태에 둘 위험도 있었지만 다행히도 19세기에는 과학과 이성에 대한 믿음이 있었기에 위험은 발생하지 않았다. 그는 교사의 역할이 아동에게 이성의 영역 속에서 자라게 될 이념의 싹을 심어주는 것이라고 믿었다. 따라서 그의 학교에는 상벌이 없었다.

간디와 바베

일리치가 항상 존경한 간디는 교육의 목표를 "자신의 창조적 능력을 의식하는 것"이라고 생각한다. "왜냐하면 인간은 생성 중에 있는 신과 같은 존재로서, 그 결과 신에게 속한 가장 중요한 속성, 즉 창조력과 실천력을 지니게 되었기 때문이다." 이를 깨닫지 못하면 단순한 지식에 지나지 않고 교육이라고도 할 수는 없다고 간디는 본다. (하리잔, 1937년 10월 2일, 간디64~65.)

"지식이란 사람이 부릴 수 있는 수많은 하인 가운데 하나에 지나지 않는다." "따라서 단순하게 살아가는 방법과 자연의 소박한 아름다움을 가까이하는 모든 것, 또는 예술가나 기술자나 농사꾼 등 자신의 재주로 살아가는 모든 종류의 생활방식에서 감흥을 일으키는 방법을 배워야 한다." (하리잔 1937년 10월 2일, 간디 65.)

간디는 교육의 목표는 '인도의 꿈'을 실현하는 것이어야 하지 식민지 관료로 선발되거나 회사에 취직하기 위한 것이 아니라고 한다. 그 꿈이란 "물리적인 힘이 아니라 정신적인 힘으로 전 세계와 전 인류를 품어내려는 땅"을 이룩하는 것이다. (인디언 오피년 1915년 4월 27일, 간디28~29) 반면 유럽 문명은 현대 문명의 발꿈치에서 신음하고 있으므로 "그 문명을 무작정 모방하고 수입해오기 전에 다시 한번 깊이 반성해야 한다." (인디언 오피년 1915년 4월 27일, 간디30.) 또한 나아가 "인도가 지닌 사랑의 메시지를 강제력이 아닌 수단"으로 영국인에게 전파할 수 있다. '외국의 수입품' 중의 하나가 '학살과 집단 약탈 행위'이므로 그것을 받아들이지 않도록 경계해야 한다. (인디언 오피년 1915년 4월 27일, 간디 31.)

간디는 현재의 학교 교육이 '수많은 노예를 생산하는 공장'에 불과하다고 비판하고, 노예가 아닌 자립하는 인간을 키우는 것이 교육의 목표여야 한다고 주장한다. 따라서 실용교육, 예컨대 물레로 실 잣는 일이 필요하다고 주장한 것이다. (영 인디언 1921년 3월 30일, 간디101)

간디의 참교육(비디야피쓰 Vidyapith)은 1932년 총독부에 의해 불법 단체로 낙인찍혀 선생들과 학생들은 감옥에 갇혔다. 그의 참교육은 농촌에서의 물레질을 중심으로 한 것이었다. 간디는 물레가 '보편적 실용성을 지닌 보조 산업'이라고 주장했다. "촌락에서 베 짜는 사람은 물레가 없이는 생존할 수 없다. 만일 그가 끝까지 방적 공정에 의존한다면 공장으로부터 실을 구하기란 쉬우나 파멸하고 만다." 곧 "무수한 실업 상태와 나태함은 유혈 경쟁으로 변모한다." 물레는 그 유일한 대안이자 인도의 사회주의이다. (하리잔 1934년 8월 31일, 간디71-75.) 또 하나는 비로 쓸고 쓰레기통 주변을 치워 공중위생을 증진시키는 것이다. 이와 관련하여 간디는 약국이나 병원의 설립에는 반대했다. (하리잔 1934년 8월 31일, 간디77.) 또한 간디는 문자 교육이 우선이라고 하는 주장에도 반대했다. "눈, 귀, 혀가 손보다 먼저이다. 읽기는 쓰기보다 먼저이고 그리기는 글자를 베끼기보다 먼저이다." (하리잔 1934년 8월 31일, 간디78-79.)

간디는 초등학교, 중학교, 고등학교는 물론 대학이라는 구별도 해체해야 한다고 주장했다. (하리잔, 1937년 10월 2일, 간디62, 67.) 그리고 학교는 '철저히 쓸모 있는 것'이어야 한다고도 주장했다. 아무리 좋은 생각, 정서, 감수성이 있어도 "자연스럽게 실천에 옮겨지지 않으면 소용이 없다." 교육을 받으면 "당연히 현실적인 능력을 지니고 종사할 수 있는 일꾼"이어야 한다.

그러나 "오늘날 교육은 아주 광범한 분야에서 무용지물이 되었다." "우리는 판에 박힌 방식과, 시대에 뒤떨어진 교육 관행 또는 물신숭배라는 고정 관념에 갇혀 있다." (하리잔, 1937년 10월 2일, 간디62.)

간디는 1937년 10월, 다음의 와르다 플랜을 발표했다.

첫째, 7년간 강제 교육을 무상으로 한다.

둘째, 학교에서는 영어가 아닌 힌두어를 사용한다.

셋째, 모든 교육 과정은 실습과 공작을 병행한다.

간디의 실질적인 계승자이자 제자인 비노바 바베[8]는 자신의 교육관이 간디의 그것과 같다고 하면서, '일+교육'이 아니라 '일=교육'이라는 명제, 그리고 교육이 자립적일 수 있고 자립적이어야 한다는 확신을 농민과 교육의 불가분의 관계라는 차원에서 주장했다. 그리고 하루 8시간 이상을 물레질에 쏟았다. 간디 역시 그에게 적극 찬동했다. (하리잔, 1937년 10월 16일, 간디54-56.)

간디의 사티아그라하 아슈람Satyagraha Ashram은 '사랑하는 딸'이라는 뜻의 학교로서 그 교사는 진리, 비폭력, 무소유, 독신, 미각의 억제 등을 서약하고 육체노동의 모범을 보여야 하고, 그 학생은 4세 이상부터 10년간 공부한다. 영어는 벵갈어, 타밀어, 우르드어와 함께 제2외국어이고 역사, 지리, 수학, 경제는 힌두어로 가르쳐졌으며 물레질과 농사일이 의무였다. 또 1년에 3개월은 도보 여행을 해야 했다. 그리고 간디는 '둥근 구멍에다 사각형 말뚝을 박는 것과 같은' 해외 유학에 반대했다. (하리잔 1946년 9월 8일, 간디82-83)

간디가 정신적 후계자로 여긴 비노바 바베에 의하면 14개 인도어 중에는 '가르침'이라는 말에 상응하는 단어가 없다. 이는 누구나 스스로 공부하고 다른 사람은 그것을 도와줄 수는 있지만 가르칠 수 없음을 뜻한다. 반면 영어를 비롯하여 다른 언어에 '공부' 외에 '가르침'이라는 말이 있음은 이 둘이 상호독립적임을 뜻한다. 바베에 의하면 그 가르침이란 실제 삶과는 유리된

---

8 비노바 바베(Vinoba Bhave 1895~1982)는 마하트마 간디의 제자로 1940년 '비폭력저항운동'(사티아그라하)을 함께 이끌었고, '토지헌납운동'(부단)을 주도했던 인도의 정신적 지도자다.

죽은 지식을 가르친다는 것이다. 특히 국가가 통제하는 교육은 위험하다.

이와 반대로 바베는 공부란 그 자체로 가치 있는 것이고 그 목적은 자유라고 본다. 자유는 다른 사람으로부터의 독립만이 아니라 그 자신의 기분이나 충동과 같은 감정으로부터의 독립도 포함한다. 이러한 독립을 위한 지식은 오로지 삶으로부터 배울 수 있다. 학교가 할 일은 이런 사실을 학생들에게 일깨우고 삶의 한가운데서 공부하도록 이끄는 것이다. 따라서 바베는 노동을 통한 자립이 중요하다고 강조한다.

> 우리는 노동을 통해 경제적 자립을 해야 한다. 모든 사람은 일을 할 줄 알아야 한다. 만약 모든 사람이 어떤 기술을 가졌다면 다양한 종류의 이점을 가질 수 있다. 즉 계층 분리가 사라지고 생산성이 증가하며 부와 건강이 더욱 늘어날 것이다. 그래서 자급자족에 대한 교육 프로그램은 최소한이라도 반드시 실현되어야 한다. 교육은 학생들이 지적으로 자립하도록 훈련해야 하고 그럼으로써 독립적인 사고를 할 수 있도록 해야 한다. (헌 41~42)

굿맨

일리치가 『학교 없는 사회』 머리말에서 자신의 사상을 근본적으로 바꾸어주었다고 말한 굿맨은 『잘못된 강제 교육과 학자 공동체Compulsory Miseducation and the Community of Scholars』(1962)에서 강제 교육 체제가 하나의 함정이 되었다고 비판하면서 만약 그것이 없었다면 청소년들은 더 나은 생활을 할 수 있었으리라고 본다. 일리치와 마찬가지로 굿맨은 학교 교육이 개인에게 딱지를 붙이고 등급을 매기며 증명서를 받아 사회에 들어가게 하는 하나의 절차가 됐고, 이 모든 것은 지배적 산업 엘리트의 이익을 위해 존재한다고 보았다.

> 요컨대 이것은 소수의 대기업이 거대한 선발 과정을 통하여 이익
> 을 취하고 있으며, 모든 아동은 선발 장치 속에 투입돼 모든 사
> 람이 그 기계를 유지하는 데 드는 비용을 대고 있음을 의미한다.
> (Goodman57)

그에 의하면 획일적인 현재의 학교 교육은 공통의 세계관을 주입하고, 별도의 방향으로 길러질 수도 있는 싹을 없애며, 자신의 경험과 감정이 절절한지 어떤지를 알 수 없게 만들고, 만성적인 불안을 심어준다. 그는 교육은 동조보다도 독자의 사고나 표현을 양성하는 것이어야 한다고 주장한다. 학교의 세뇌 기능을 배제하고 아동의 자유로운 사고와 표현을 유지하기 위해서는 퇴학과 복학이 자유롭게 행해질 수 있는 제도와 통제 및 관리의 분산화가 필요하다고 주장한다. 따라서 굿맨은 수업이 없는 학급, 교실이 없는 학교를 만들고, 자격증이 없는 교사, 강제하지 않는 출석, 학교의 분산화를 인정하며, 농가에 아동을 보낼 것을 제안한다. 이처럼 굿맨이 닐처럼 자유학교를 주장한 점에서 자유학교에 비판적인 일리치와는 구분된다. 그러나 굿맨도 경우에 따라서는 학교에 교실이 없이 거리, 상점, 미술관, 영화관, 공장 등이 학습장으로 사용될 수 있고, 유자격 교사가 아닌 약사, 점원, 공장노동자도 교사로 활용할 수 있음을 시사한 점에서는 일리치의 공부망 구상과 같다고 볼 수 있다.

굿맨은 학교 교육만이 아니라 현대 사회의 성격과 방향에 대한 폭넓은 비판을 전개했다. 그는 교육만이 아니라 도시적이고 기술 중심적인 사회구조를 분산시키고, 산업을 지방으로 분산시켜 개인이 직접 기술 사용을 조정할 수 있게 하며, 관료 기구를 지방으로 분산시켜 민주적으로 통제하게 해야

한다고 주장했다.

굿맨은 또한 독특한 의사소통론을 전개한다. 그에 의하면 관료제 기구가 발달한 현대 사회에서 청년의 말은 상호적이지도, 시적이지도, 자기 발견적이지도 않고 복사된 혼성어로 보고하는 식이 되어버렸다. 그러나 "말한다는 것은 자신의 정체성을 형성하기 위한 방법이고 성장하기 위하여 타인과 함께 몰두하는 방법이다. 그것은 타인과의 사이에서 과거로부터 있었던 합의에 의존하는 것이 아니라, 그들에 대한 신뢰에 의존하는 것이다." (Goodman 79) 따라서 이러한 의사소통 본래의 모습을 회복하여야 한다.

그러한 의사소통이란 "언어로 되기 전의 요구와 경험을 구체적으로 표현하는 것으로서의 이야기 기능", "자신에게 적합하지 않은 환경을 극복하기 위해 무엇인가를 개인적으로 주도해가는 것으로서의 기능", "대화하는 사람 사이—또는 어떤 사람과 자신을 몰두하게 하는 대상과의 사이—의 대화로서의 기능"이다. (Goodman78~79.) 곧 단지 복사된 정보의 교환이 아니라 당사자 사이에서 의미를 만들어내는 동적인 과정이라는 것이다.

이러한 획일적이고 중앙집권적이고, 자발성보다도 동조를 강요하는, 세뇌 기능을 강조하는 현재의 학교 교육을 비판하고, 의사소통의 대화적 측면을 강조하는 아나키즘 교육론은 굿맨에 와서 그 현대적인 형태를 완성했고 이는 일리치를 통하여 더욱 정교하게 전개되었다.

라이머

앞에서 보았듯이 에버렛 라이머는 1956년 푸에르토리코에서 일리치를 만나기 전까지 지도 판매, 프로 축구, 연하장 인쇄, 타이어 공장 근무 등 다양한 일을 했고 제2차 세계대전 동안 공무원을 지냈으며 전쟁이 끝난 뒤에는 원자력 위원회, 미시간대학의 조사 연구 센터, 시러큐스대학교의 맥스웰대학원 워싱턴 연구 센터에서 근무했다. 그리고 푸에르토리코의 인적 자원위원회The Committee on Human Resources의 사무국장으로 '진보를 위한 동맹Alliance for Progress'에서 일했다. 그리고 일리치를 만나 디스쿨링 철학을 공동으로 발전시켰고 교육 대안에 관한 CIDOC 세미나의 책임자를 지냈다.

일리치와의 15년간에 걸친 토론의 결과인 『학교는 죽었다: 교육의 대안 School is Dead: an Essay on Alternatives in Education』 (1971)[9]에서 라이머는 일리치가 『학교 없는 사회』에서 한 것처럼 학교는 교육을 위한 자본과 시간을 빼앗아 대부분의 사람들은 진정한 교육을 받을 기회를 상실한다고 비판하고 따라서 학교에 다니지 않는 편이 심리적인 고통을 줄일 수 있다고 주장한다. 그는 제도 교육이 실제 학습을 억누를 뿐만 아니라 실제로 대부분 사람이 더 나은(또는 적어도 더 나은 자금 지원을 받는) 학교 교육이 시정할 것이라고 가정하는 계층 구조와 사회경제적 불평등을 강화한다고 주장한다. 그는 현대 학교 교육의 문제는 제도적 설정에 내재함으로 아무리 많은 자금으로도 해결할 수 없다고 보고 교육을 절약하는 유일한 진정한 방법은 교육기관에서 교육을 분리하고 부모, 고용주, 지역사회 생활 및 개인 주도권에 반환하는 것이라고 한다.

또한 라이머는 현대 기술문명이 제공하는 열매를 누구나 향유할 수 있다고 약속하지만, 실제로는 학교가 그것을 불가능하게 만들고, 학교의 주입식, 암기식 교육 방법을 통해 아이들은 읽는 방법을 배우나 읽지 못하며, 숫자를 배우지만 수학을 싫어하고 자기 자신을 교실과 차단한다고 주장한다. 라이머의 생각도 일리치의 생각과 흡사하다. 라이머가 학교를 대신하는 것으로 주장한 학습 네트워크도 일리치의 공부망과 유사하다. 그러나 그것 자체는 중앙집권화된 것이라는 점에서 일리치의 철저히 분권화된 공부망과 차

---

9 김석원 역, 한마당, 1982

이가 있다.

홀트

미국의 교육자인 존 홀트는 일리치와 만난 뒤 1976년에 쓴 『학교를 넘어서Instead of Education』 처음에서 '교육education'에 반대하며 '하기doing'를 지지하는 입장에서 그 책을 썼다고 하면서 그 둘을 다음과 같이 구분한다.

> 여기서 내가 말하는 교육이란 능동적인 삶과는 거리가 먼, 유혹과 위협에 넘어가거나 욕망과 두려움에 짓눌려서 억지로 받게 되는 '배움learning'을 뜻한다. 이와 반대로 '하기'란 스스로 방향을 정하며 목적 있고 의미 있게 살고 일하는 것을 뜻한다. (홀트17)

홀트에 의하면 교육을 더욱 효과적으로 만들려고 하면 할수록 오히려 교육은 악화되고, 개혁될 수도 없으며, 현명하거나 인간 중심으로 진행될 수도 없다. 홀트는 인간에게 가장 중요한 권리는 살아갈 권리와 함께 자신의 마음과 사고를 스스로 다룰 수 있는 권리인데 교육자는 그 권리를 앗아가 인간 존재의 핵심을 공격해 가장 깊고 영원한 상처를 입힌다고 홀트는 본다. 그들은 우리가 생각하는 것을 믿지 않고, 자신의 경험으로부터 스스로 만들어내는 의미를 가치 없다고 하며, 세상과 삶의 의미를 알려면 타인에게 의존해야 한다고 말하기 때문이다.

성적, 학위, 자격증과 같은 당근과 채찍을 사용하는 강제적이고 경쟁적인 학교가 지원하는 교육은 가장 권위적이고 위험한 발명품인 노예제도라고 홀트는 비판한다. 홀트는 또한 교사들이 학생들에게 전체주의적 질서를 요구한다고 비판한다. 그에 의하면 그러한 아동의 통제는 아동을 위한 것으로 합리화할 수 있으나 아동의 자유 박탈은 교육이라는 명분으로 합리화될 수 없다. 즉 상벌체계는 공부 효과의 증진, 도덕성의 함양 등을 이유로 교육적이라고 하나, 그 운용을 통하여 학교는 사회가 원하는 경제적 인간을 만들고자 한다는 것이다. 홀트는 현대인 즉 경제인은 공포나 탐욕에 의해 생존하며 아동은 벌을 피하거나 상을 받기 위하여 살아가는 기회주의적 인간으로 함양되며, 그 결과 아동은 자율적인 의지를 포기하고 타율적인 인간이 돼 제도의 희생물이 된다고 본다. 즉 학교 내의 승자는 사회적인 승자의 자녀들이고 패자의 대부분은 패자의 자녀들이라는 것이다.

홀트는 아동이 학교에서 중요하지 않은 것을 매우 느리게 배우지만, 대부분의 사람들은 그들이 하고 싶은 것을 할 때 진실로 배운다고 주장한다. 홀트가 말하는 '하기'란 정신, 손발, 도구, 몸 등 모든 것을 통해 이뤄지는 것으로서, 신체적인 것과 정신적인 것으로 구분되는 것이 아니다. '하기를 하는 사람'은 스스로 자기 행동을 결정하고 계획하며 조정하고 통제하고 판단하며, 자기 목적을 위해 행동한다. 지금까지 본 홀트의 생각은 일리치의 그것과 전혀 다르지 않다. 그러나 그가 주창한 홈스쿨링은 일리치에 의하면 반드시 바람직한 것은 아니다.

프레이리

일리치와 함께 19070년대 초에 활동했으면서도 아나키즘적인 일리치와는 달리 마르크스주의에 기운 프레이리의 저서는 일리치 저서와 같은 1978년부터 번역[10]되었다. 교육학자들의 관심은 일리치에 대한 관심보다 더욱 빠

---

10 최초의 번역은 채광석 옮김, 『교육과 의식화』, 새밭출판사, 1978: 채광석 옮김, '문화적 행동으로서의 교육', 이는 김쾌상 옮김, 『민중교육론』, 한길사, 1979에 포함되었다. 이어 성찬성 옮김, 『피압박자의 교육학』, 광주, 1981이 나왔다.

르게 나타났고 그 영향은 지금까지도 일리치보다 훨씬 깊다고 할 수 있다. 이는 그만큼 최근의 한국 교육학 일부가 마르크스주의적이라는 것과 함께 아나키즘적 전통은 거의 없다는 것을 뜻한다. 일리치는 프레이리를 학교 교육론자로 비판한다.

프레이리의 『피압박자의 교육학』은 교육자는 강요할 수 있는 권리를 갖지 못하며, 강요는 명령, 명령은 조종, 조종은 결국 아동의 물질화, 비인간화를 의미한다고 비판한다. 순응하는 인간은 객체로서의 인간이며, 순응이란 짐승 세계의 행동 특성으로 생각하면 되는 것이다. 프레이리는 제3세계에서 억압되고 착취당하며 문자를 박탈당한 민중의 해방을 추구한다. 그러한 피억압자=민중의 '침묵의 문화'라는 억압 상황을 민중 자신이 대상화하고 주체적으로 극복하는 방법을 교육적인 대화를 창조한다는 관점에서 추구한다.

그것이 그의 '문제 제기 교육'으로서 기존의 '은행 저축식 교육'에 대립하는 것이다. 후자는 말하는 주체인 교사가 인내심을 가지고 귀를 기울이는 객체인 학생에게 지식을 일방적으로 주입하여 암기하게 만드는 교육, 곧 예금 행위와 같은 교육을 말한다. 여기서 학생은 금고이고 교사는 예금자이다. 학생은 학습과정에서 지식을 수집하는 객체이지 주체가 아니다. 프레이리에 의하면 이는 억압사회의 특징이다.

> 교사는 가르치기만 하고 학생은 가르침을 받기만 한다. 교사는 사고를 하고 학생은 사고의 대상이 된다. 교사는 행동하고 학생은 교사의 행동을 환상처럼 따른다. 교사는 학습과정의 주체이나 학생은 단지 객체에 지나지 않는다.[11]

---

11 Paulo Freire, Pedagogy of the Oppressed, translated by Myra Berman Ramos, Herder and Herder, 1970, p. 59.

이는 성인 문맹퇴치 교육에서 학습자의 삶과 전혀 무관한 독본을 사용하는 것에 단적으로 나타난다. 이러한 은행 저축식 교육은 근본적인 문제가 사회가 아닌 개인에 있다고 전제한다. 가령 가난에 대해, 가난한 사람들이 사회 안에서 적절하게 기능하는 방법을 모르기 때문에 가난이 존재한다고 본다. 따라서 그 교육 방법은 가난한 사람들의 행동을 순화해 가난을 초래한 기존사회의 요구에 순응하게 하는 것이 된다. 그 경우 가난한 사람들은 교육받는 과정에서 온갖 비난을 받게 된다. 즉 본래 실패한 사람이라고 낙인찍혀 낙오자가 된다.

이에 대해 '문제 제기 교육'은 문제의식을 매개로 하여 교육자와 피교육자가 협동하여 현실 세계를 함께 인식해가는 교육을 말한다. 그것은 일방적인 주입을 거부하고 교류를 만들기 위한 것으로서 대화를 통하여 '학생인 동시에 교사인 학생'과 '교사인 동시에 학생인 교사'를 등장시킨다. 그들은 모두가 성장하는 과정에서 공동으로 책임을 지게 된다. 따라서 침투가 아니라 대화가 중요하다. 침투란 강자가 약자를 '정상화한다'는 식으로 교화, 순화, 전파, 교양화, 의식화, 조종, 나아가 메시아니즘, 기계론, 문화 침략, 제국주의 등과 연결되는 것이다. 그것은 인간을 객체화, 사물화하고 스스로 세계를 변화시키는 존재라고 하는 것을 부정하게 만든다. 이에 반해 대화란 수평적 관계로서 비판적 기반에서 생겨나 사랑, 겸양, 희망, 성실, 신뢰를 형성하는 것이다. 그리하여 대화의 두 상대는 사랑, 희망, 상호 신뢰로 결합해 서로 공동으로 비판적 탐구를 할 수 있다. 이와 같이 인간이 참으로 무엇을 알 수 있는 것은 주체로서이고, 오직 주체일 때뿐이다. 이러한 대화의 강조는 민중의 자립과 자기 교육의 각성을 목표로 하는 교육론에서 노동운동론으로 나아간다.

일리치와 프레이리는 사회의 민주화를 위한 교육 제도의 잠재적 역할에 대한 동의와 불일치를 포함하여 교육에 관해 흥미로운 토론을 했다. 우선,

둘 다 기존의 교육 제도에 대해 매우 비판적이었다. 두 사람 모두 전통적인 학교의 관료적 구조와 관행을 비판하고, 교육 시스템이 학생 소외를 낳는 데 동의하며, 교육이 창의성과 자율성을 촉진해야 한다는 데 일치한, 자유를 중시한 열렬한 휴머니스트였다.

그러나 그들은 학교의 반민주적 성격을 교정하기 위한 제안에선 의견을 달리했다. 일리치는 학교 시스템의 민주화 가능성에 대한 희망을 거의 갖지 못하고 학교 시스템의 해체를 요구한 반면, 프레이리는 더 광범위한 사회 민주화 프로그램의 일부로 학교 시스템을 민주화할 것을 제안했다. 프레이리는 또한 일리치가 도구(제도)와 교육 시스템의 이데올로기적 방향을 결합했다고 주장했다. 프레이리에게 학교는 사회 제도며 따라서 개혁의 대상이 될 수 있다. 실제로 그는 일리치가 자신의 책에서 설명한 학교의 문제를 인정하고 사회적 불평등을 재생산하는 교육 시스템의 역할을 알고 있었지만 학교는 여전히 가난한 사람들을 위한 몇 안 되는 상향 이동 수단 중 하나라고 주장했다. 더욱이 일리치는 학교를 단일하고 관료적이며 상환할 수 없는 제도로 그렸지만 프레이리는 학교란 갈등이 발생하고 변화가 발생할 수 있는 역사적 및 사회적 제도로 간주했다. 따라서 프레이리에게 진보적 개혁가의 임무는 학교를 완전히 없애는 것이 아니라 학교를 더 민주적이고 포용적이며 적절하고 즐겁게 만드는 것이었다.

또한 프레이리는 디스쿨링 제안에 대해 두 가지 문제점을 지적했다. 첫째는, 공부망에 참여하기 위한 전제조건과 관련된 것이다. 하나의 과목을 공부하고, 컴퓨터에서 정보에 접근하고, 공부 친구를 찾거나, 전문가와 의사소통하기 위해 공부하는 사람은 컴퓨터에 접근할 수 있어야 하며 수용 가능한 수리 및 읽고 쓰기 능력을 포함하여 일부 기본 수준의 교육을 받아야 한다. 프레이리에게 그러한 공부망 제안은 사회에 존재하는 다양한 수준의 문화적, 사회적, 경제적 자본을 인식하지 못하는 것이다. 이것은 공부망의 실제 작동과 관련되어 프레이리가 비판한 두 번째 문제와 연결된다. 즉, 프레이리는 보편적인 공교육을 포기하고 공부 활동을 비공식적인 사회적 상호 작용에 맡김으로써 모델이 더 유리한 사회 집단에 유리하게 편향되었다고 주장했다.

공부망 모델의 세 번째 문제는 나중에 우르술라 즈브제니아크Ursula Zbrzeźniak가『교육과 정치에서의 평등과 해방Equality and emancipation in education and politics』(2017)에서 논의한 것으로, 그녀는 일리치 제안의 혁명적 측면과 보수적 측면 사이의 긴장을 언급했다. 그녀는 일리치가 공부망을 민주적, 평등주의적, 콘비비얼적 제도로 개념화했지만, 동시에 숙달이라는 오래된 개념과 숙달자(마스터)가 과정의 중심에 있는 지식 이전의 전통적인 모델을 유지했다고 주장한다.

공부망에 대한 네 번째이자 마지막 관심사는, 그것이 시간이 지남에 따라 학교의 동일한 패턴에 빠지고 결국 출석 및 성적과 같은 문제를 해결하기 위해 동일한 관료적 성격을 취할 수 있다는 것이다.

1974년 프레이리와 벌인 논쟁에서 프레이리가 자유와 해방의 실천으로서의 교육과 사육과 조종의 교육, 즉 은행형 교육을 구별하고 전자의 교육을 주장했을 때 일리치는 교육이란 말 자체의 사용을 그만두자고 제안하며 교육이란 전 세계 민중을 유치하게 만드는 현대 제도라고 했다. 그가『학교 없는 사회』에서 교육의 대안으로 주장한 공부망이란 것도 교육이나 학교라고 보는 사람도 있으나 적어도 이는 현대적인 의미의 교육은 아니다. 여하튼 나는 일리치에 의하든 프레이리에 의하든 우리 교육에 대해서는 긍정할 점이 하나도 없다는 점만은 분명하다고 믿는다.

일리치의 교육 경험

일리치의 학교 경험

일리치는 학교 교육을 별로 받지 않고 자랐다. 여섯 살 때 빈의 초등학교에 들어갔으나 지진아라는 판단을 받았는데 그것을 "나로서는 무척 잘된 일이었다."(대화70쪽)고 한다. 그 후 그는 2년간 소설을 읽고 지냈다. 학교에 다니긴 했으나 드문드문 다녔다. 그렇지만 "학교를 진지하게 받아들인 적은 없다. 내가 배운 것은 사실상 전부 학교 밖에서 배운 것이다. 그렇다고 학교 교육에 대해 고민한 것도 아니었다." (대화71)

그러다 1951년 일리치는 29세 나이에 별안간, 학생이 5천 명 정도인 대학의 부총장이 되었다. 당시까지 그는 교육에 종사한 적이 없었다. 그는 5년간 부총장으로서 열심히 일했으나, 대학 예산을 대폭 삭감하고 그 삭감 부분을 초등학교에 돌리자고 주장하여 부총장직에서 쫓겨났다. 당시 푸에르토리코에서는 빈민 아동의 5분의 1 정도만이 5년간의 강제 교육을 겨우 마치는 정도였기 때문이었다. 그런데 일리치는 푸에르토리코에서 놀라운 교육 경험을 한다.

1956년, 뉴욕 대교구의 교사, 사회사업가 및 신부 수백 명에게 그들이 푸에르토리코 사람들과 이야기할 수 있도록 신속하게 스페인어를 가르칠 필요가 생겼다. 나의 친구 게리 모리스는 스페인어 방송국에서 할렘에 사는 스페인어를 모국어로 사용하는 자가 필요하다는 방송을 했다. 그다음 날 약 2백 명의 십대들이 그의 사무실 앞에 줄을 섰다. 그는 그중에서 48명을 뽑았다. 그 대부분은 학교에 다니다가 퇴학당한 사람들이었다. 그는 그들에게 대학원을 수료한 언어학자용으로 만들어진 미국해외원조협회의 스페인어 교사용 참고서의 사용법을 훈련시켰다. 그리고 1주일 만에 그의 교사들은 독자적으로 가르칠 수 있게 됐고, 각각 스페인어를 배우고자 한 뉴욕 사람들 4명씩을 맡았다. 6개월 만에 그들의 임무는 끝났다. 스펠만 추기경은 스페인어를 말할 수 있는 참모가 적어도 3명씩 있는 127개 교구를 갖게 됐다고 말했다. 어떤 학교의 프로그램도 그런 결과를 낳을 수 없었다. (학교46~47)

이러한 자율적 교육 경험이 뒤에 일리치 교육사상의 틀을 형성했다. 그런데 일리치는 자기가 해고를 당한 뒤에 설립한 문화교류형성센터(CIF)를 통하여 활동하면서 자신이 경험한 교육 문제를 더욱 깊이 생각한 결과, 그는 자기를 해고한 쪽이 '옳았다'고 판단하기에 이르렀다. 여기서 '옳았다'는 것은 물론 반어反語다. 왜냐하면 역설적이게도 그들은 교육이란, 이미 특권을 지니고 태어난 극소수의 특권을 더욱 강화하는 것에 불과하다는 본질을 잘 알고 있었기 때문이었다. 일리치가 그들과 다른 점은 그것이 학교 교육의 본질이긴 하되 수긍할 수는 없으며 거부해야 한다는 것이었다.

여기서 우리는 일리치가 직접 운영한 대안대학(CIDOC)에서 시도한 지적 교류의 방법을 살펴보아 그가 이상으로 생각한 교육을 이해할 수 있다. 그곳은 도서관을 중심으로 하여 설립된 곳으로서, 남북아메리카 사이에서 서방세계에 대하여 혁신적인 지적 의문을 던진 하나의 구심점이었다. 그러나 일리치 외에 그 운영을 담당한 63명은 대학을 졸업하지 않은 사람들이었다.

아니, 일리치 자신은 엄격하게 말하여 피고용인이었다. 그는 그곳에서 얘기하도록 허가받은 사람 이외에 달리 특별한 존재도 아니었다. 그런데 그는 피고용인으로서 월급을 받기는커녕 이야기를 하기 위하여 백 달러를 지불해야 했다. 지극히 가난한 나라에서 온 사람은 면제되었으나 대부분은 돈을 내고 얘기하며 배웠다. 그런 상태에서 CIDOC은 8년 사이에 320편의 학문적 문헌을 간행했다. 그리고 세계의 어느 대학도 이루지 못한, 19세기 라틴아메리카 문헌의 대부분에 관한 방대한 색인화 작업을 완성했다.

그 60여 명과의 만남을 일리치는 다음과 같이 소개한 적이 있다. 처음에 그들을 찾아와서 "당신의 일을 돕고 싶다"고 한다. 일리치는 무엇보다도 먼저 "당신은 글자를 읽을 줄 아는가?"라고 묻는다. 왜냐하면 최소한 글을 읽을 수 있어야 도움이 가능했기 때문이다. 그런데 일을 시작한 뒤에 스페인어(멕시코의 공식어) 이외에 영어·불어·독어가 필요하다는 것을 알고는, 1년 만에 두세 가지 외국어를 습득했다. 일을 통해서 배운 것이었다.

이러한 경험을 바탕으로 일리치는 제도화되지 않은(따라서 계급화되지 않은) 자율적인 공부를 하도록 해야 한다고 주장한 『학교 없는 사회』를 1971년에 냈다. 일리치를 국제적으로 저명하게 만들었고 지금까지도 가장 많이 회자되는 그 책은 파울로 프레이리의 혁명적 교육학과 함께 지하운동으로부터 국제운동에까지 범세계적으로 알려졌다.

그 책은 교육개혁론의 차원으로 오해받기도 했으나, 사회학적 제도화 등의 차원이 아니라, '여러 서비스 가치의 제도화'의 차원에서, 곧 '신화=물신화'의 차원에서 학교는 아무런 존재근거도 없는 것임을 폭로했다. 일리치는 학교 교육이란 필연적으로 사회 계급을 낙인찍고 소비자를 양산하는 것에 불과하므로 스스로 배우는 고유한 능력을 키워주는 상호 교류의 전달 과정이 학교를 대신해야 한다고 주장했다.

그는 그런 전달 과정이 12세기까지 존속했으나 대학이 출연함과 함께 무너졌다고 분석했다. 소비가 중심적 생활양식이 된 산업주의 사회에서 소비자의 의식만이 아니라 행위까지를 규제하는 제도화가 편성되었다는 것이다. 그곳에서는 '교육'이 사회생활의 기본적인 필요로 나타난다. 곧 '교육을 제도화하는' 학교 사회는 '공부한다'고 하는 인간의 자율적인 양식을, 교육의 '필요'로 바꿔놓음에 따라 서비스 제도로서의 '가르치는' 행위가 교육=상품을 제도적으로 산출하고 '제도화된 가치'를 산업적으로 부가하는 것이다. 이러한 구조를 명백히 밝히고자 한 점에서 이 책은 비학교화론이라고 하는 교육개혁론이 아니라 서비스 제도의 본질을 묘사한 최초의 책이라고 할 수 있다.

여기서 주의할 것은 일리치의 비판은 동서·남북(사회주의-자주의본, 선진국-후진국) 모든 사회에 미친다는 점이다. 예컨대 대학 진학률에 있어서 공산당 관료의 자녀가 미국의 특수 계층 출신 자녀의 3배 이상 높았다는 점을 그는 지적했다. 또 카스트로의 쿠바와 고문 독재의 브라질의 교육 문제를 비교 연구한 뒤에 의도는 전혀 달랐으나 학교화의 결과는 같았다고 밝혔다.

또 하나 중요한 점은 『학교 없는 사회』의 출간 뒤에 학교 외의 교육도 파괴적일 수 있음을 인정했다는 것이다. 예컨대 텔레비전 등이 그렇다. 그 점의 간과를 그는 솔직히 인정하고 있다. 그러나 학교에서만 공부하는 방식의 교육에 나타나는 근원적 독점에 대한 그의 비판은, 『학교 없는 사회』의 서설인 『깨달음의 혁명』에서 촉구된 문화 혁명·제도 혁명의 가장 빛나는 청사진으로서 지금도 빛나고 있다. 『깨달음의 혁명』에 수록된 두 편의 글부터 살펴보자.

「학교 교육은 필요한가」

일리치의 학교화 비판을 최초로 보여주는 글은 1968년에 발표된 「학교 교육은 필요한가」이다. 원제는 The Futility of Schooling으로서 '학교화의 무익성'이라고 번역할 수 있다. 일리치에 의하면 당시 미국 인구의 3분의 1에 해당하는 상류층이 누리는 수준으로 모든 인구에게 초중등 교육을 제공하려면 연간 370억 달러가 필요한데 이는 베트남 전비를 초과한다. 그러나 미국에는 그 정도의 돈이 없고 그런 계획 자체에 문제가 있음을 일리치는 제3세계 교육의 무익성으로 증명한다.

앞에서 보았듯이 라틴아메리카의 '진보를 위한 동맹' 참가 이후 학교화에 의해 극소수의 엘리트가 형성됐으나 동시에 도시의 서비스 프롤레타리아는 토지 없는 전통적 농민을 몇 배나 상회하는 양극화가 초래됐다. 그래서 일리치는 교육이란 사람을 등급화하고 열등성을 생산하는 반사회적 행위라고 본다.

> 라틴아메리카 헌법은 미국 헌법을 한쪽 눈만 대고 베껴서 만든 것이기 때문에, 다른 제도와 마찬가지로 학교 교육이라는 이상도 억지로 만든 유토피아일 수밖에 없다. 학교 교육은 라틴아메리카를 19세기식 부르주아 사회로 만들기 위한 필요조건이다. 모든 시민에게 학교에 갈 권리가 있음을 선포하지 않았다면, 서구의 자유주의 부르주아 계급은 결코 힘을 키우지 못했을 것이다. 오늘날 유럽, 미국, 러시아에 존재하는 중산층 대중이나 그들의 문화적 식민지인 남아메리카의 중간 관리층 엘리트도 존재하지 못했을 것이다.
> 학교는 이처럼 지난 세기에 봉건주의를 극복하는 데 한몫을 했지만, 이제는 학교 교육을 받은 이들만 보호하는 억압적 우상이 되

어버렸다. (깨달음169)

이에 대한 고민을 하던 일리치는 산업과정을 교육적으로 재편하는 방안, 정규교육 제도를 전폐하고 이를 인생의 초기 20~30년에 걸쳐 매년 2개월씩 자유롭게 선택하게 하는 방안을 제안한다. 그러나 일리치는 "라틴아메리카에서 학교 교육이 사회적 구원을 가져다준다는 신화에 의문을 제기하는 사람은, 300년 전 가톨릭 왕들의 신성한 권리에 의문을 제기한 사람들처럼 위험을 감수해야 할 것이다"(깨달음178)라고 경고하며 글을 맺는다.

그런데 일리치가 말하는 학교는 "사회적으로 조직한 모든 형태의 교육을 의미하지 않"고, 그것은 "특정 형태의 아동 보호이며 사람들이 당연시하는 통과의례를 가리"키는 점을 주의해야 한다. (깨달음162) 이러한 근대적 형태의 학교는 단계화를 통한 '모두에게 모든 것을 가르침'에 의해 모든 사람을 산업국가에 통합하는 산업국가의 성장과 함께 나타난다. 뒤에 일리치는 그러한 시도가 중세의 연금술에서 비롯되었고, 근대의 시조는 17세기 모라비아(오늘날의 체코)의 주교인 요한 아모스 코메니우스라고 본다. (Toward72)

코메니우스는 체코의 교육자로 학교 교육의 아버지라고 한다. 유아교육에서 성인교육까지 이르는 일관된 교육 구상, 단선적 학제안, 남녀공학의 원리 그리고 아카데미의 구상 등은 그 후의 교육에 큰 영향을 끼쳤다. 또한 교육방법에서의 직관주의와 언어의 결합, 교육내용에서의 실학주의, 전체 민중을 대상으로 하는 교육제도, 그리고 교사의 전문성 등에 관한 선진적인 구상은 현재의 교육에도 시사하는 바가 크다. 코메니우스는 저서『대교수학大敎授學Didactica magna』(1657)에서, 교육을 인간 생산의 위치에 놓고 고유한 생산방법을 전개하고, 7년에서 12년의 의무교육을 주장하며 학교를 모든 사람에게 모든 것을 가르치는 시설로 묘사하고 지식 생산을 위한 일관작업을 구상했다. 그는 자신의 단계식 교육에 의하면 교육이 더욱 값싸면서도 더욱

홀륭하게 이루어지고 모든 사람을 완전한 인간성을 갖는 존재로 발달시킨다고 주장했다. 1957년에 UNESCO가 중심이 되어 그의 사상을 널리 보급했으나 일리치는 그를 자신이 반대하는 학교 교육의 아버지로서 비판한다.

대학교 졸업식에서의 학교 비판

앞에서 보았듯이 일리치는 푸에르토리코에서 대학 부총장이라는 지위로 인해 자동으로 푸에르토리코섬 전체의 학교 교육을 관장하는 고등교육 자문위원회의 멤버가 되어 활동하면서 두 가지 사실에 놀랐다. 하나는 학교화를 위한 제도가 교회와 유사하다는 점이었고, 또 하나는 학교화를 주장하는 이유와 그 실제 결과 사이의 현저한 불일치였다. 즉 본래 공동체의 살아 있는 구체화여야 할 종교가 세속적 권력인 교회로 변한 것처럼, 공동체의 살아 있는 구체화여야 할 교육이 세속적 권력인 학교로 변한 것이었다.

일리치는 1969년 10월, "지금은 학교 제도가 위기에 처한 시대입니다"(깨달음181)로 시작하는 「학교: 그 신성한 소」라는 제목의 푸에르토리코대학 졸업식 연설에서도 그 졸업생이 같은 또래 중 10%의 특권층이고 그들에게 투자된 교육비가 5학년을 마치지도 못한 빈곤층 10%의 15배라는 사실을 강조하면서 TV로 중계되는 그 졸업식이 수많은 사람들에게 더욱더 교육의 열등감을 심어주고 대부분 실망으로 끝나는 대학 학위에 대한 헛된 희망을 불러일으킨다고 비판한다.

결론으로 그는 학교 없는 세상을 상상해 보라고 권하면 모두 놀랄 것이지만 그 놀라움을 받아들이는 것이 참된 교육이라고 한다. 그리고 학교 교육의 목적은 교회의 목적과 마찬가지로 근본적이라고 하고, 그 기본 목적을 다음과 같이 규정한다.

공교육의 기본 목적은 각 개인이 저마다 자신을 돌아보며 부족함을 찾을 수 있는 사회적 상황을 만드는 것입니다. 교육이란 사람들에게 독립적으로 살아갈 힘을 키워주고, 서로 손을 맞잡고 인간 공동체가 축적해온 기억에 다가가 그것을 사용하는 연대감을 키워주는 것을 의미합니다. 교육제도는 바로 이 과정에 초점이 맞추어야 합니다. 그러기 위해서는 우리들 각자가 놀라움으로 깨어날 장소가 사회 안에 마련되어야 합니다. 그 장소는 타인이 누리는 자유를 보고 놀라서나 스스로 깨달음을 얻는 장소이기도 합니다. 만일 '대학'이라는 전통이 여전히 가치를 갖는다면, 그것은 자유를 연습하는 기관이라는 점에 있을 겁니다. 대학의 자율성이란 바로 그런 자유를 사용하는 일에서 확신을 키우라고 있는 것입니다. (깨달음198~199)

제**2**장

일리치
교육사상의 얼개

학교에 대한 비판

우리는 모든 학교에 대해서 회의적이지 않지만 어떤 학교에 대해서는 회의적이기도 하다. 가령 일제가 그 식민지 정책을 학교를 통해 철저히 심었다고 비판하고, 북한을 비롯한 사회주의 정권 역시 학교를 통해 그 정책을 더욱 철저히 심었음을 비판한다. 그러나 해방 후 한국의 여러 정책도 학교를 통해 이루어진 것은 마찬가지다. 원리가 그러한데 일제강점기나 사회주의 학교만 나쁘고 자본주의 학교만이 좋은 것이라고 할 수 있는가? 학교 교육은 언제 어디서나 모든 체제의 가장 효율적인 교화 수단이었다. 그렇다면 그 체제만이 문제고 학교는 문제가 아니라고 할 수 있는가?

꼭 그런 체제와 연관시키지 않는다고 해도 학교의 가치는 개인이나 사회에 대단히 중요하다고 한다. 그러나 우리가 배우는 지식은 물론이고 도덕이나 인격적 요소도 학교에서 배우기보다 학교 밖에서 배우는 것이 훨씬 더 많다. 아니, 사회생활에 필요한 그 대부분은 학교 밖에서 배우고 학교에서 배우는 것은 사회생활에 거의 필요하지 않다. 심지어 민주화가 대학에서 시작돼 이루어졌다고 하는 것도 일리치에 의하면 학교화된 사회가 낳은 부정적인 현상의 하나에 불과하다. 그 학교화는 '산업적으로 제도화된 생활양식'의 하나로서, 그런 생활양식에는 병이 들면 무조건 병원에 가는 병원화나,

이동하기 위해 자가용을 이용하는 교통화, 본래의 신앙과는 무관하게 버릇처럼 교회에 가서 빌게 되는 교회화, 본래의 사회 적응을 위한 갱생교화와는 무관하게 비인간적인 처벌 기관으로 변한 교도소화 등도 포함됐다. 뿐만 아니라 존엄, 독립, 창조, 안전, 정치, 의사 교환 등의 여러 가치가 각각 사회복지, 군대, 노동, 경찰, 정당, 언론기관 등에 의한 서비스로 제도화되고 있다.

우리는 이처럼 학교화, 병원화, 교통화, 교회화, 경찰화, 교도소화, 사회복지화, 군대화, 노동화, 정당화, 매스컴화 된 사회를 선진사회라고 생각하고 이를 향해 미친 듯이 달려왔다(그중에서 사회복지나 정당은 다른 나라에 비해 강하지 않지만). **한국만큼 학교가 많은 나라**(아니 학원까지 합치면 지금 세계는 물론 세계사에서도 그 유례를 볼 수 없다), **병원이 많은 나라**(그것도 전문의가 많은 나라), **인구나 국토에 비해 자가용이 극단적으로 많은 나라**(그래서 교통사고나 환경오염이 가장 극단적인 나라), **교회가 많은 나라**(성당은 물론 절까지 포함하면 모든 국민이 둘 이상의 종교를 갖는다고 하는 나라), **검·경찰과 법원이 강력하고, 교도소가 많은 나라**(형사법상 웬만한 범죄는 사형에 처하고 검·경찰은 무죄율이 거의 없는 완벽한 검·경국가이며 법원이 정치까지 좌우한다), **군대가 강한 나라**(군인 수와 국방비가 세계적인 나라), **노동이 숭상되는 나라**(가령 노동시간이 세계 최장인 나라), **매스컴이 강한 나라**(몇 개 언론이 독점적인 나라)가 세상에 다시 없다.

반면 그렇지 못한 우리의 과거나 그 비슷한 처지에 있는 사회를 후진사회라고 생각하고 멸시한다. 그러나 우리는 사실 학교 밖에서 많은 것을 배우고 배울 수 있으며, 병원에 가지 않아도 우리의 건강을 지킬 수 있으며, 자가용을 이용하지 않아도 자전거나 대중교통 수단으로 이동할 수 있고, 교회에 가지 않고도 신앙을 가질 수 있으며, 범죄인을 교도소에 보내지 않고도 사회갱생을 시킬 수 있다. 우리는 그런 사회에서 자율적으로 살아오다가 별안간 모든 것이 철저히 제도에 의존하는 세계에 살게 됐다. 바로 일제강점기 이후였다. 그리고 그렇게 된 것은 학교 교육 때문이었다. 지금 나는 일제가 나빴다거나 좋았다고 말하려는 것이 아니라, 일제하의 본격적인 학교화 이후 우리는 학교에 대한 신화에 젖었고, 그 학교화와 이를 비롯한 제도화는 더욱 철저해져 지금 우리는 인간으로서의 본래의 자율성 자체를 상실하는 위기를 맞고 있음을 지적하려는 것이다. 이는 바로 일리치가 주장한 것이다. 학교에 대해, 아니 학교화된 사회에 대해, 아니 학교화된 문명에 대해 그 이상으로 속 시원히, 근본적으로 말해준 책은 그전에는 물론 그 후에도 다시 없었다. 바로 『학교 없는 사회』다.

그러나 이 책에 대해서는 많은 오해가 있었다. 최초 번역자 이래 30년간 일관된 일리치에 대한 설명은 그가 모든 종류의 학교를 없애야 한다고 주장한 것이 아니라, 강제 교육만을 없애자고 주장했다는 것이다. 이는 이 책의 첫 줄부터 나오는 public school을 '학교 교육'이 아니라 '공교육'이라고 번역한 영어 이해 문제에서 비롯된 것인지 아닌지와 관계없이, 일리치에 대한 근본적인 오해에서 비롯한 것이다. 일리치는 모든 학교란 그것이 법적으로만이 아니라 사회적, 심리적으로 강제되는 것이라고 비판한다.

또 하나는 일리치 사상의 전모에 대한 이해 문제다. 학교는 교육에 장애물이라고 하는 일리치 주장은, 병원은 건강에 장애물이며, 교통수단은 이동에 장애물이고, 교회는 신앙에 장애물이고, 교도소나 검·경찰은 사회 정의 실현을 할 때 장애물이며, 정신병원은 정신에 장애물이고, 사회 복지 시설은 사회 개선에 장애물이며, 군대는 독립에 장애물이며, 과도한 노동은 창조에 장애물이고, 정당은 민주정치에 장애물이며, 언론기관은 의사소통에 장애물이고, 국가의 언어 교육과 언어 정책에 의해 국민의 언어능력은 쇠퇴하며, 근대화가 빈곤을 없애기는커녕 빈곤을 근대화한다는 주장으로 이어진다.

이처럼 일리치는 평생 현대 산업 사회에 대한 고정 관념을 파괴하고자 한 사상가였는데 이 점이 우리에게는 충분히 이해되지 못하고 있다. 또한 그의 논점을 우리 사회에 제대로 적용하지도 못하고 있다. 가령 군사부일체니 스승의 날이니 하는 것도 전형적인 학교화가 낳은 것이다. 군사부일체란 봉건

조선의 유산인데도 지금까지 계승되는 이유는 학교에 대한 신앙에서 나온다. 우리 사회는 아직도 스승과 아버지의 권위주의에서 벗어나지 못하고 있다. 하긴 임금=대통령의 권위주의도 여전히 존재하여 사회 전체가 비민주주의적인데 학교와 가정의 민주화는 아직도 요원한 것이 아닌가? 일리치는 그런 전반적인 차원에서 이해되어야 한다.

학교 신화에 대한 비판

교육의 올바른 모습

일리치의 교육사상을 『학교 없는 사회』를 중심으로 이해하기 위해서는 학교 자체에 대해서는 아무런 의문도 갖지 않는 학교 절대화라는 신화로부터 벗어나야 한다. 오늘의 엄청난 교육 문제는 지금까지 끊임없이 문제 된 학교에서의 효과적인 수업 방식이나 교사의 직업 생활 조건 개선은 물론, 교육 내용의 이데올로기적 상징 효과의 유무 등이 아니라, 아이들의 인권인 교육권의 침해라는 근원적 문제에 있음을 알아야 한다. 여기서 교육권이란 배우는 권리를 말한다. 교육은 국민의 4대 의무 중 하나이기도 하지만, 그것은 어디까지나 권리인 것을 전제로 한다. 배움(학습)이라는 의미의 교육이란 양심과 사상의 자유를 비롯한 모든 정신적 자유와 마찬가지로 인간에게 본질적인 정신적 자유다.

여기서 우리는 교육(敎育)이란 말이 '가르쳐 기름'이라는 뜻으로 이루어진 것에 의문을 가질 필요가 있다. 왜냐하면 생활에 필요한 지식이나 기능은 본래 비공식적으로 상호 교류의 전달 과정이라는 더욱 바람직하고 더욱 인간적인 공부에 의해 얻어질 수 있고, 실제로도 그렇게 얻어지고 있기 때문이다. 따라서 교육敎育이 아니라 교육交育이라는 한자어가 더욱더 적절하다고 할 수 있다. 이를 일리치는 교육망 또는 공부망에 의한 교육이라고 부르고, 그 보기로 기능 교환과 동료 연결, 그리고 도서관과 같은 교육적 목적을 위한 참고 서비스와 넓은 의미의 교육자를 위한 참고 서비스(주소록 작성 등)의 정비를 제안한다.

그러나 지금은 교육학자는 물론이고 대부분 사람이 교육이라고 하면 학교 교육을 생각하고, 학교 교육이란 언제나 있어야 하며, 누구나 겪어야 하는 필수 사회 과정의 하나라고 주장한다. 그리고 '가르쳐 기름'의 주체는 교사이고 부모로 절대적인 권리를 가지고 있으며, 아동이나 학생은 그 대상에 불과하다고 주장한다. 시대나 지역에 따라 그러한 주장의 강도는 다르지만, 학교 교육이란 것이 절대화되고 일반화된 것은 20세기에 들어와서 생긴 현상에 불과하다. 그전에는 아이들이 남자나 여자의 사회적 역할에 따라 일을 통하여 길러졌다. 물론 수송 수단 등과 마찬가지로 교육의 특수한 경우도 있었다. 예컨대 왕족이나 양반의 자녀가 특별한 자리에서 교육을 받고 가마를 타고 다니는 등이었다. 그러나 대부분의 아이들은 사회생활 속에서 배우며 걸어 다녔다. 교육과 수송은 주변적인 것에 불과했다. 그밖에 의료를 비롯한 모든 일상생활이 그러했다.

일리치는 멕시코 등 라틴아메리카인들의 말을 빌려 다음과 같이 익살을 떤 적이 있다. "미국 사람들이란 그렇게도 많은 학교가 필요할 정도로 지극히 어리석은 사람들뿐인가?" "미국 사람은 그렇게도 많은 약을 필요로 하니 모조리 크게 병든 사람들이 틀림없다." "대부분의 미국인들은 다리 불구이거나 허약할 것이다. 왜냐하면 그들은 마치 갓난아기처럼 언제나 차를 타야 하기 때문이다."

서양에서 학교가 발생된 12세기(볼로냐, 옥스퍼드, 파리 등의 대학교)까지 세계의 인류는 완벽하게 유능했고 멋진 남녀였다고 일리치는 주장한다. 그들은 농민 사회에서 충실히 직분을 수행했고 작업도 상당히 복잡한 것이었으나, 아무런 학교 교육 없이—그것이 만족시켜 줄 수도 없었다.—거뜬히 해내었다. 예컨대 소를 만족할 만한 상태에 매어두기 위해서는 학교가 가르쳐준 것보다도 더욱 풍부한 감수성, 지식 그리고 축적된 경험이 요구되었다.

그리고 그런 사회는 '아동기'가 없었던 사회였다. 필립 아리에스Philippe Ariès는 '아이 시절'이란 18세기 유럽의 부르주아에 의해 발명된 것이라고 주장했다. 일리치는 아이들에게 무한한 가능성이 있다고 믿는다. 마찬가지로 그는 민중에게도 무진장한 재보가 있다고 믿는다. 그리고 그것을 파괴하는 최상의(아니 최악의) 방법이 학교 교육이라고 생각한다.

과거에는 아이에 따라서 지극히 빨리 읽는 방법을 익혀 많은 책을 읽을 수 있는 아이도 있다. 그러나 지금 학교에서는 12년간 가르쳐도 책조차 읽지 못하는 경우가 많다. 두세 번만 듣고도 훌륭하게 기타를 따라서 치는 아이도 있고, 음치도 있다. 그에게 산수나 수학의 12년이 무엇 때문에 필요한가? 따라서 일리치는, 열두 살 아래의 아이들이 무엇 때문에 교육을 강제로 받아야 하는가, 나아가 그 뒤에도 왜 오늘의 저 기기묘묘한 학습 형태가 아닌, 더욱 접근하기 쉬운 앞길을 선택하면 안 되는가를 이해할 수 없다고 부르짖는다. 그리고 그것은 현재 교육에 소비되는 예산총액의 10% 이하로도 실현 가능한 것인데도.

『학교 없는 사회』

『학교 없는 사회』가 일리치의 교육사상을 이해하는 데 핵심 문헌이지만 일리치는 그 밖의 책에서도 교육에 대해 많은 이야기를 한다. 따라서 그의 교육사상을 이해하기 위해서는 그의 저술 전체를 검토할 필요가 있다. 이하의 설명도 그렇지만, 『학교 없는 사회』가 중심이 되는 것은 물론이다.

『학교 없는 사회』는 다음 7개의 장으로 쓰였다.

제1장 왜 학교를 비국가화해야 하는가?
제2장 학교의 현상학
제3장 진보의 의례화
제4장 제도 스펙트럼
제5장 부조리한 일관성
제6장 공부망
제7장 에피메테우스적 인간의 부활

그런데 일리치 저서는 대부분 개별 논문으로 발표한 것들을 모은 것이어서 반드시 전체가 체계적이라고 보기 어렵다. 특히 제5~7장은 학교화에 대한 설명인 다른 장들과 다르다. 그리고 제4장과 제7장은 일리치 사상의 총론인데 이는 이미 앞에서 설명했다.

일리치 교육사상의 핵심은 제1장의 제목인 '왜 학교를 비국가화해야 하는가?'에 집약되어 있다. 이는 원저의 'Why We Must Disestablish School'를 옮긴 것인데 이를 종래에 학교 폐지의 뜻으로 번역한 것과 다르다. disestablish나 disestablishment는 '국가화'(establishment, 종래의 '공립화'라는 번역은 잘못이다)된 학교를 비국가화하는 것을 뜻한다. 이는 미국헌법이나 한국헌법에 명시된 특정 종교의 비국교화, 즉 국교의 금지와 같은 것이다. 따라서 학교(공립학교만이 아니라 사립학교에도)에 공공자금을 투입하지 않고, 학력에 따른 차별을 인종이나 성별에 따른 차별과 마찬가지로 더 이상 존속하지 못하게 해야 한다고 제안한 것으로 이해될 수 있다. 제1장의 첫 문장을 읽어보자.

많은 학생들, 특히 가난한 학생들은 자신들에게 학교가 무엇인지를 직관적으로 알고 있다. 그러나 학교는 그들이 과정과 실체를 혼동하도록 '학교화'한다. 이처럼 과정과 실체가 혼동되면 새로운 논리, 즉 노력하면 노력할수록 더욱더 좋은 결과가 생긴다던가, 단계적으로 올라가게 되면 반드시 성공한다는 식의 논리가 생겨난다. 그런 논리에 의해 '학교화된' 학생들은 수업을 공부라고, 학년 상승을 교육이라고, 졸업장을 능력의 증거라고, 능변能辯을 새로운 것을 말하는 능력이라고 혼동하게 된다. 뿐만 아니라 학생의 상상력까지도 학교화되어, 가치 대신 서비스를 받아들이게 된다. 즉 병원의 치료를 건강으로, 사회복지를 사회생활의 개선으로, 경찰 보호를 사회 안전으로, 무력 균형을 국가안보로, 과당경쟁을 생산적 노동으로 오해하게 된다. 그 결과 건강, 공부, 존엄, 독립, 창조 자체는, 그런 목표에 봉사하는 것이라고 강변强辯되는 제도의 수행보다 열등한 것으로 정의된다. 그리고 병원, 학교, 기타 시설의 운영에 더 많은 자원을 퍼부어야 건강, 공부, 존엄, 독립, 창조를 개선할 수 있다고 생각하게 된다. (학교23~24)

이어지는 문장에서 일리치는 "그러한 '가치의 제도화'가 반드시 물질적 오염, 사회적 양극화, 심리적 무능화를 초래한다는 사실을 보여주고자 한다. 그 세 가지 차원은 지구의 붕괴와 현대적 비참을 초래하는 과정이다. 나는 비물질적 요구가 물질적인 상품의 필요로 변화할 때, 즉 건강, 교육, 수송, 복지, 심리치료가 서비스나 '보호'의 결과로 정의될 때, 지구의 붕괴 과정이 어떻게 증폭되는지를 설명할 것"이라고 한다. 이는 소위 미래학이라는 것이 "가치의 제도화를 더욱 증대시키는 것을 옹호하는 경향에 있"어서 이와 반대로 참으로 "필요한 연구는 인간적이고 창조적이며 자율적인 상호작용과 전문기술자에 의해 본질적으로 통제될 수 없는 가치의 창조를 돕는 제도를 창출하는 기술의 유용성에 대한 것이"기 때문이다. (학교24~25)

여기서 일리치는 건강, 공부, 이동, 존엄, 독립, 창조, 안전, 갱생, 정치, 신앙, 의사교환 등의 여러 가치가 각각 병원, 학교, 교통, 사회복지, 군대, 노동, 경찰, 교도소, 정당, 교회, 언론 등에 의한 서비스로 제도화되어 가치와 제도를 혼동하게 되는 과정을 설명하고 있다. 즉 그런 가치의 제도화(서비스화)가 현대 사회의 가장 본질적인 문제인 물질적 오염, 사회적 양극화, 심리적 무능화를 초래하는 것이라고 본다. 이처럼 '가치의 제도화'가 현대 사회의 가장 큰 문제점인 환경오염이나 양극화 및 심리적 무능의 근본 원인으로 일리치는 보고 있다.

학교 교육의 기원과 파탄

일리치는 1977년에 쓴 『필요의 역사를 향하여』에서 학교 교육을 뜻하는 교육이란 말이 종교개혁 이전에는 없었음을 밝힌다. 즉 아동교육이 프랑스에서 최초로 기록된 것은 1498년이고, 영어에 교육이란 말은 1530년에 처음으로 등장했으며, 스페인어에서는 다시 1세기 뒤에 교육이라는 말과 이념이 사용됐다. 그러나 그전부터 지식과 공부는 존재했다. 즉 법과 고전문학을 이해하면 더 이상 교육은 필요 없었다. 이러한 교육의 등장을 일리치는 교회의 등장과 같은 것이라고 본다.

> 학교화와 교육은 교화와 종교처럼, 또는 더욱 일반적으로 말하면 의례와 신화처럼 서로 관련됐다. 의례는 신화를 만들고 신화는 의례를 영속화하는 교육과정을 산출한다. 사회적으로 정통성이 부여된 포괄적인 범주를 지시하는 것으로서의 교육은 기독교 이외의 어떤 문화에서도 볼 수 없다. 학교화의 과정을 통한 교육의 생산은 근대 이전에 존재한 공부의 제도로부터 학교를 단절시

켰다. (Toward76)

일리치는 교육이 필요한 인간인 '호모 에듀케이션(호모 에두칸두스homo educan-dus)'는 '호모 에코노믹스'(호모 오이코노미쿠스homo oeconomicus) 즉 경제인임을 밝힌다. 이는 호모 사피엔스나 호모 파베르와도 다른 인간이다. 일리치에 의하면 "인간은 태어난 상태에서는 사회적 능력이 없고, 교육을 받아야만 평생 사회적 능력을 지닌다고 하는 사고방식"이 서양 엘리트 계급의 새로운 공통 인식이 된 것은 17세기 초부터였다. 이 근대적인 확신이 널리 퍼져 교육은 "인간의 생명 유지에 절대로 필요한 능력의 반전을 의미하게 됐다."

> 이는 사실에 대한 간단한 지식과 구체적인 인간생활을 형성하고 있는 도구를 사용하는 능력이 아니라, 도리어 하나의 과정을 의미하게 됐다. 인간의 눈에 보이는 교회가 눈에는 보이지 않는 신의 은혜를 의례적인 형식으로 인간에게 부여하듯이, 교육은 인류의 이익을 위해 생산되고, 모든 사람에게 나누어져야 할, 만질 수 없는 상품이 됐다. 사회적인 관점에서 교육이 정통화되어, 교육은 원죄와 같은 원우原愚를 가지고 태어난 인간이 태어나 최초로 받는 세례가 됐다. (Toward75~76)

앞에서 보았듯이 코메니우스로 대표되는 17세기까지 서양에서도 데카르트나 베이컨이나 홉스가 말한 보편적 이성이라는 것은 존재하지 않았으나, 그들 이후 보편적 이성에 근거한 교육이라는 것이 경제인의 육성을 목표로 삼아 시작됐다. 바로 마르크스가 말한 자본제 생산양식으로의 이행, 또는 일리치가 말하는 젠더에서 섹스로의 이행이었다. 일리치가 말하듯이 근대적 의미의 '개인'이라는 것은 이미 그전의 인쇄 발명과 함께 나타났으나 그

때는 아직도 종교적 우주관에 의해 지배되는 시기였다. 오로지 사리사욕에 지배되어 한도를 모르는 목적을 향해, 희소한 수단을 이성적으로 이용하는 행동을 최대화하는 경제인은, 평등이라는 이념이 세속적 상식이 되고 경제학의 시조들이 근대사회의 법칙으로 주장한 희소성이라는 가설이 사회의 지배적 원리가 되어서야 비로소 등장했다.[12]

이러한 경제인이라는 인간상이 범세계적인 보편성을 획득함에 따라, 일리치가 말하듯이 인간의 희망은 기대로 변하고, 풍부한 전통은 쓸모없는 것이 됐으며, 전통적인 지혜는 단지 후진적인 것으로 폄하되고, 자기 한계의 자각은 진취성의 결여와 무기력으로 비난당했으며, 검소함은 유용성의 최대화를 향한 경쟁 능력의 결여로 무시됐다. 그리고 이러한 경제인이 중심인 국민경제를 발전시키기 위해 성립된 국민국가는 국민에게 필요를 충족시키는 법적 권리를 부여하고 그러한 경제인의 육성을 위한 국민교육을 실시했다.

그러나 이는 19세기에 와서 제국주의와 인류문명의 파탄을 초래했다. 학교 교육 제도의 파탄은 그 일부에 불과했다. 1971년 일리치가 『학교 없는 사회』에서 보고한 그 파탄은 그 25년 뒤인 1996년 일리치가 다음과 같이 보고했을 때도 전혀 개선되지 못했다.

> 시카고의 공립학교에 다니는 아동 중 반수는 고등학교를 졸업하기 전에 중퇴한다. 세계에서 초등학교에 입학한 아동의 4의 3이 법에 의해 최저기준으로 정한 평가 기준에 도달할 수 없다. (Education257)

일리치는 대학에 대해서도 마찬가지로 절망했다. 1990년대에 그는 다음

---

12 이러한 논의는 일리치의 1979년 강연 「중세의 우주에 갇힌 현대의 교육학」(과거139~150)과 1984년 강연 「호모 에두칸두스의 역사」(과거151~158)에서도 볼 수 있다.

과 같이 말했다.

> 적어도 전문대학과 종합대학의 제도만큼은 텔레비전같이 되어버
> 렸다. 이것도 조금, 저것도 조금, 거기다 오로지 계획을 짠 사람만
> 이 이해할 수 있는 방식으로 묶인 모종의 필수과정만 있을 뿐이다.
> 이 때문에 반드시 누가 가르쳐주어야만 배우고, 또 가르쳐주는 내
> 용은 어느 것도 참으로 진지하게 받아들일 필요가 없다는 사실에
> 철저히 길든 학생이 만들어진다. (대화80~81)

이러한 서양식 국가와 교육에 대항해 20세기 초, 간디는 '새로운 교육'(Nai Talim)을 주장했다. 즉 경제인과 교육을 필요로 하는 경제를 거부하고 고유한 지역사회의 자립과 자급을 강조한 '빵의 노동'이 갖는 풍요와 존엄의 교육이었다. 간디는 교실 교육을 거부하고 인도의 토착문화, 농업문화, 가내수공업의 전통을 지켰다. 그러나 국가의 권력과 근대기술에 의한 천박한 전제정치와 관료적 권위주의에 대한 저항의 상징인 그는 지금 인도만이 아니라 전 세계에서는 거부되고 있다. 인도의 국가주의자들은 그를 국민의 아버지를 순교자로 모셔 성인화하고 살아있는 정치적 존재인 그를 효과적으로 과거 사람으로 만들 수 있었던 것은 그 암살자 덕분임을 인정한 적이 한 번도 없다. 그러나 세계은행이 출자한 댐 건설에 대한 반대운동, 핵융합 시설에 대한 반대운동, 삼림 벌채에 대한 반대운동 등 간디를 잇는 민중의 투쟁은 여전히 이어지고 있다. 범세계적인 차원의 민중운동도 마찬가지다.

학교 교육의 이데올로기성

흔히들 학교 교육은 비정치적이라고 하지만 일리치는 이를 부정하고 그

기원부터 정치적이라고 주장한다. "학교에서는 교육이 정치와 무관하다고 주장하면서도, 교사가 대변하는 정치체제를 받아들이도록 학생들을 세뇌한다."(깨달음177) 일리치에 의하면 학교 교육이 19세기에 "봉건주의를 극복하는 데 한몫했지만, 이제는 학교 교육을 받은 이들만 보호하는 억압적 우상이 되어버렸다"고 한다. (깨달음169) 이처럼 학교는 봉건주의를 해체하고 민족 국가를 통합하는 것으로 기능이 바뀌었지만 그 근본 성격은 전혀 변하지 않았다. 그 근본 성격이란 정치적으로 동기화된 이익에 봉사한다는 것이다. 이러한 이익 봉사의 성격은 학교 자체를 하나의 '독립된 이데올로기independent ideology, meta-ideology'로 바꾸었다. 그것은 학교의 이데올로기적 역할이 당해 국가가 채택하는 이데올로기와 무관한 독립적인 이데올로기라는 것이다. 그리고 이러한 학교 이데올로기는 상이한 정치적 제도가 만드는 모든 이데올로기적 경계를 초월하고 하나의 독립된 제도로 진화한다.

독립된 이데올로기와 제도가 된 학교는 그 국가의 특정 이데올로기와 관계없이 모든 국가의 '가치의 제도화'에 지배적인 역할을 한다. 즉 "나라가 전체주의든, 민주주의든, 사회주의든 관계없이, 대국이든 소국이든, 부유하든 가난하든 간에 기본적으로 유사하다." (학교159) 세계 모든 나라에서 학교는 소비주의의 조작에 의한 신화 날조 제도의 중심이다. 따라서 학교는 "소비 사회를 재생산하는"(학교151) 기관이다. 소비주의를 확산하는 데 학교는 특정 국가 사회의 이데올로기에 정해진 영역 안에서 활동하지 않고, 반대로 그 자체의 이데올로기를 생산한다. 따라서 학교는 어떤 의미에서도 의존 변수가 아니다. 나아가 학교는 하나의 독립된 제도다. 그것은 제도 스펙트럼에서 최우익에 해당하는 가장 교활한 것이다. 이처럼 가장 교활한 제도인 학교는 학습 연령, 학습 장소, 학습 시간, 배울 가치가 있는 지식으로서의 교과서와 같은 고정 관념을 날조한다. 그래서 일리치는 학교를 "특정 연령층에게 의무적 교육과정의 전일제 출석을 요구하는 교사와 관련된 과정으로 정의한

다." (학교66~67)

학교화를 위한 아동이라는 개념의 날조

학교는 19세기 유럽과 미국에서 연령에 따라 사람들을 모으는 것으로 시작하면서 '아동childhood'이라는 개념을 만들어냈다.[13] 그러나 "유아, 성년, 청년과 다른 것으로 구별된" (학교68) 아동이라는 말은 다른 문화에는 존재하지 않았다. 어디에서나 아동은 그들의 부모인 성년과 같이 생활하고 옷을 입으며 놀이하는 작은 성년으로 여겨졌다. 그러나 그것이 부르주아에 의해 만들어지면서 모든 것이 변했다. 일정 연령의 아이들이 아동이라는 범주로 집단화됨에 의해 근대사회는 아이들을 '교육적 치료사'라는 학교 교사의 권위에 맡겨졌다. 그전에 아이들은 가정교사나 사립학교의 도움을 받으면서 가정에서 교육됐으나, 산업 사회의 발전에 의해 아동이 생산되고 마찬가지로 학교가 생산되었다.

아동의 창조는 학교의 존재를 정당화한다. 그것은 특정 연령대의 강제 공부 제도화를 위해 만들어졌다.

> 제도적인 지혜는 우리에게, 아동이 학교를 요구한다고 말한다. 그러나 이러한 제도적 지혜 자체가 학교의 산물이다. 왜냐하면 오로지 아동기에만 학교에서 가르쳐질 수 있다고 건전한 상식이 우리에

---

13 현대자본주의 역사와 현대아동기 역사가 평행을 이루고 있다는 점에 대해서는 필립 아리에스, 『아동의 탄생L'enfant et la vie familiale sous l'ancien regime』(문지영 옮김, 새물결, 2003)을 보라. 아리에스에 의하면 중세에는 아동기에 대한 의식이 없었고, 처음에 아이들은 어른의 모습으로, 즉 축소된 어른으로 그려질 정도로 아이들의 독자성에 대한 의식이 없었으나, 군대를 근대화시킨 나폴레옹과 함께 근대 교육이 크게 군사화되면서 아동이 나타났다.

게 말하기 때문이다. 인간의 일부를 아동이라는 범주로 구분함에 의해서만, 인간이 학교 교사의 권위에 복종할 수 있도록 만들 수 있었다. (학교71)

학교는 세속의 교회

사회적 실체의 창조자로서의 학교는 '아동'의 창조를 멈추지 않고, 아동은 학생으로 정의된다. 그리하여 학교는 또한 학교 교사를 창조한다. "아동이라는 조건에 대한 요구가 유자격 교사들에게 무한한 시장을 제공한다. 공부라는 것이 가르침의 결과라고 하는 공리 위에 세워진 제도가 학교다. 그리고 제도적 지혜는 그 반대의 증거가 압도적임에도 불구하고, 그 공리를 계속 받아들이고 있다." (학교71)

가르침은 교사에 의해 이루어지므로 아동은 세속 사제인 교사의 감시를 받게 된다. 책임을 지지 않기 위해 교사는 권위를 갖는 존재로 여겨진다. 교회가 임종 시에 회개할 기회를 주듯이, 학교는 성공한다는 기대를 품게 한다. 그리하여 학교는 "교사를 보호자, 설교자, 치료자로 만들어간다." (학교74) "'보호자로서의 교사'는 의례의 주재자로 활동하여, 학생을 장기간 미로처럼 알기 어려운 의례로 깊숙이 안내"하고, "규칙의 준수를 조정하고, 인생의 입문을 위한 번잡한 전례규범을 관장한다." "'도덕가로서의 교사'는 부모, 신, 국가를 대신하는 것이다. 그는 학교 안에서뿐만이 아니라 사회 전체에서 무엇이 옳고 그른지를 학생들에게 교화한다." "'치료자로서의 교사'는 그의 학생들이 하나의 인간으로 성장하도록 돕기 위해 개인 생활까지 파고드는 권위를" 갖는다. (학교75)

아동과 교사는 특정한 장소 없이 학교를 만들지 못한다. 필수 참가와 교실벽은 학교에 시간과 공간이라는 차원을 부여한다. 따라서 "오늘날 '학교 교육'이란 학생들이 1년 내내 의무적으로 똑같은 교실에서 작은 그룹별로 매일 여러 수업을 듣는 걸 말한다. 모든 시민이 이 과정을 10년 또는 18년 동안 거쳐야 한다." (깨달음163)

학교는 성스러운 지식

학교가 만들어내는 고정 관념 중에서 가치 있는 지식이라는 고정 관념, 즉 학교에서 학생이 배우는 커리큘럼은 학교의 가장 기본적인 고정 관념이다. 학교는 학생에게 미리 묶음화한 가치 있는 지식을 공급한다. 즉 학교는 학생에게 교육과정(커리큘럼)을 판매한다. "교육과정은 다른 상품과 마찬가지 과정과 구조를 갖는 것에 따라 만들어진 한 묶음의 상품이다." (교육92) 이러한 교육과정은 과학적으로 연구된다고 한다. "학교는 공부를 '교과 과제'로 세분화하여 사전에 조작된 것으로 만든 교육과정을 학생에게 강요해 구축하고, 그 결과를 국제적 척도로 측정하는 양 가장한다." (학교90~91) 그리하여 학생은 '학교화된 사회'에서 학교에서 가르치는 지식만 배운다고 여겨진다. 학교가 가르치는 대부분은 가장 엄격하게 위치되고, 구분된 교육과정 속에 갇히는 의례가 된다. 따라서 교과과정은 학교의 유일한 차원이 아니라, 가장 근본적인 고정 관념이다.

일리치는 교육과정만이 아니라 '숨은 교육과정'도 있다고 한다. '숨은 교육과정hidden curriculum'은 종래 잠재적 교육과정으로 번역되었고 이는 보통 교육학에서 말하는 의미, 즉 학교의 학습지도안에 기록된 계획적이고 의도적인 교육과정이 아니라, 그러한 교육과정에 의한 학습을 촉진하기도 하고 저해하기도 하는 방향에서 작용하는 보이지 않는 무언의 수업이나 환경적 교육과정, 즉 가정환경이나 사회환경과 같이 교육의 목적이나 내용으로 명시되지 않으면서도 인간 형성에 중요한 영향을 미치는 것으로 이해됐으나, 일리치는 오히려 학교에 의해 제도화된 구조를 형성하는 교육과정을 말한다. 즉 그것은 오직 학교 교육을 통해서만 인간은 사회적 성인이 될 수 있고 학교 수업에서 가르쳐지지 않은 것은 가치가 없으며 학교 밖에서 배운 것은 무의미하다는 메시지를 분명하게 전하는 것을 말한다.

어떤 급의 학교나 나라와 관계없이 동일하게 일정 연령의 청소년을 수십 명의 집단으로 모이게 해서 자격증을 갖춘 교사의 권위 밑에 매년 약 5백 시간에서 1천 시간을 보내도록 강요한다. 그 교육과정의 구체적인 내용이 파시즘, 제국주의, 자유주의, 사회주의, 특정 종교주의 등 어떤 이데올로기의 것이든, 또는 교사가 권위주의적이든 자유주의적이든 민주주의적이든 간에 숨은 교육과정이라는 구조는 동일하다. 중요한 것은 학생들이 교육이란 그것이 단계적인 소비과정을 통해 학교에서 획득되어야 가치 있는 일이고, 인간이 사회에서 누리는 성공은 그가 소비한 학습량에 달려 있으며, 세상에 '관하여' 배우는 것이 세상'으로부터' 배우는 것보다 더욱 가치 있음을 알게 하는 것이다.

이러한 숨은 교육과정은 공부를 인간의 고유한 활동이 아니라, 생존을 위해 가장 필요한 상품으로 바꾸고 학교가 그 상품시장을 독점하게 한다. 그 독점자가 학교이고, 학교의 전문가인 교사(교수를 포함하여)의 생산물이 교육으로서 소비자인 학생은 대부분 자신의 공부로부터 소외되고, 사회적으로 낙오된다. 그 결과 새로운 계급이 형성된다. 즉 교육의 양에 의해 지식의 양을 더 많이 성공적으로 흡수하면 특권과 고소득을 누리는 지배계층으로 출세하는 반면 나머지 대다수는 낙오한다. 이처럼 일리히가 종래의 교육학상의 용어를 그것과 전혀 다른 의미로 사용함에 대해서는 당연히 기성 교육학자들로부터의 비판이 있으나, 이는 기존의 권위를 강조하는 것에 불과하다. (탈학교논쟁24)

요컨대 일리치는 학교를 그 구조인 숨은 교육과정 때문에 비판한다.

반교육제도로서의 학교

학교는 교육적이라고 한다. 그것이 학교의 이데올로기이고 공적 목적이다. 그것을 실현하기 위해 학교의 기능은 교육과 동일시된다. 나아가 교육은 오로지 학교화를 통해서만 가능하고 개인의 학습은 일정 기간에 개인이 학교에서 지도를 받아야만 가능하다고 한다. 그러나 "우리가 아는 거의 모든 것들은 학교 밖에서 배운 것들이다. 학생은 교사 없이, 가끔은 교사가 있음에도 불구하고 그 모든 것을 배운다. 가장 비극적인 점은, 대다수 사람들이 전혀 학교에 '가지' 않음에도, 학교에 의해 가르쳐지는 것을 배운다는 사실이다."(학교72)

교육을 학교화로 정의함에 의해 학문적 이데올로기는 학교 밖의 배움을 비교육적인 것으로 보고 거부한다고 일리치는 비판한다. 또 일리치에 의하면 학교는 교육에 이용할 수 있는 자금, 사람, 선의를 독점할 뿐만 아니라 학교 이외의 다른 사회제도에 대해서는 교육에 관여하지 못하도록 한다. 노동, 여가 활동, 정치 활동, 도시 생활, 그리고 가정생활까지도 교육의 수단이 되는 것을 정지당하고, 그것에 필요한 습관이나 지식을 가르치는 것까지 학교에 맡기고 있다. 그 결과 가르치는 것과 배우는 것의 혼동, 진급과 상급반 진학의 혼동, 면허와 능력의 혼동이 생겨난다. 나아가 인간의 상상력마저 학교화되고, 가치 대신 제도에 의한 서비스를 받는 것이 수용된다. 이러한 전도 현상은 병원 치료와 건강의 혼동, 사회복지 사업과 사회생활 개선의 혼동, 경찰 보호와 생활 안전의 혼동, 군사력 균형과 국가 안전의 혼동, 악착같이 일하는 것과 생산 활동의 혼동 등을 낳았고, "건강, 공부, 위엄, 독립, 창조라고 하는 가치는 그런 가치의 실현에 봉사한다고 주장하는 제도 활동과 같은 것으로 오해되고 말았다." 이것이 바로 '가치의 제도화'다.

이러한 '가치의 제도화'에 의해 학교는 모든 사회를 두 영역으로 구별한다.

곧 특정 시간대, 특정 방법, 특정 조치와 배려, 그리고 특정 전문 직업은 학술적이거나 교육적이라고 간주되고, 다른 것은 그렇지 않은 것으로 구별된다는 것이다. 이러한 제도적 배려에 의존하는 정도가 높으면 높을수록 인간은 자신의 잠재적인 능력과 혼자서 무엇인가 할 수 있는 능력을 고갈되게 한다.

일리치는 학교를 위한 투자의 증가와 확대는 국가적 차원이나 세계적 차원에서 학교의 파괴성을 강화했다고 비판한다. 그에 의하면 학교의 교사는 다른 제도의 감독자보다 더욱 많은 권력을 가지고 학생들에게 행사하며 아이들은 각종 수용소 속에서 보호 조항의 적용을 받는 것마저 박탈당하고 있다. 학교가 고객으로 필요로 하는 인간은 자주성도, 스스로의 의지로 성장하고자 하는 동기도 갖지 못하게 하고 스스로의 힘으로 성장하는 것을 포기하게 하여 정신적 자살을 강요한다.

학교의 기능은 계급화다. 현대 사회에서 개인의 사회적 지위는 학교에서의 성공에 의한다. 학교에서 수여하는 각종 학위는 이력서 위에서 영원한 가격표가 된다. 학교는 계층 상승의 유일한 길이라고 믿게 하며, 자본주의적인 상하 질서로 사람들을 몰아넣는다. 학교는 저소득층 사람을 포함한 대부분의 사람들에게 계층 상승의 기회를 주지 않으며 기존의 계층 구조를 그대로 존속시킨다.

학교화가 낳은 폐해

위에서 보았듯이 사회의 '학교화'는 여러 가지 폐해를 낳고 있다.

첫째, 그것은 필연적으로 사회의 계급구조를 더욱 확실한 것으로 만든다. 인간의 고유한 '공부' '배움'을 학교라는 형태의 조직에 따라 제도화하는 것은, 사회에서 살아가는 모든 사람에게 졸업장-학위-능력이라는 낙인을 찍는 것 이상이 아니다. 곧 학교는 계층화라는 방식으로 모든 사람들에 낙인을 찍고 있다. 둘째, 학교화는 '배움'이라는 것을 소비과정의 결과라고 사람들에게 믿게 한다. 셋째, 학교화는 교사가 없는 배움은 가치가 없는 것이라고 믿게 한다. 넷째, 학교화는 지적인 민감성을 비롯한 인간의 고유한 '배움'의 능력을 상실케 한다.

이처럼 학교화된 사회현실은 학교라는 범위를 벗어나 있음에도 불구하고, 교육론이 여전히 학교를 대전제로 삼는다는 것은 근원적 문제를 은폐하는 것이 아닐 수 없다.

요컨대 일리치의 주장은 일률적인 기계식 강제 교육 및 고급 교육이 결국 계급을 정당화하고 부(富)의 불평등을 심화시키는 것이므로 부당하다는 것이다. 부만이 아니라 권력도 평등하게 만들기 위해서는 무엇보다도 학교 교육에 대한 물신적 존경심을 버릴 필요가 있다. 그 이유는 우리가 교육의 이념을 존중하는 한, 인간의 가치는 교사 앞에서 입을 벌리고 자식을 먹여주는 시간을 적당히 보냄에 따라 출세한다고 믿기 때문이다. 달리 말하자면 우리들이 학교 교육을 믿고 있는 한, 학교 교육이란 돈과 같은 기초적인 인간상품의 일종으로서 인간이란 지식자본가라고 믿게 되는 것이다. 그러므로 학교 교육을 존중하지 않는다면, 사람들이 평등한 수입만이 아니라 평등도 권력도 지닐 수 있는 사회 상태가 도래할 수 있다. 그것이 일리치의 『학교 없는 사회』이다.

일리치의 공부망

일리치는 훌륭한 교육제도란 세 가지 목적을 가져야 한다고 주장한다.

첫째, 학습에 대한 의욕만 있다면 누구든 삶의 어느 시기에도 연령에 상관없이 교육에 필요한 수단이나 교재를 이용할 수 있어야 한다.

둘째, 자기가 알고 있는 일을 타인과 더불어 나누어 가지고자 하는 사람과 그 지식을 배우고자 하는 다른 사람을 연결해주어야 한다.

셋째, 공중에게 문제제기를 하고자 하는 모든 이들에게 그것을 위한 기회를 부여해주어야 한다.

일리치에 의하면 인간이 하는 대부분의 공부는 본래 자력으로 하는 것이며 학교 밖에서 행해진다. 곧 교사의 개입 없이 학교 밖에서 말하고 생각하고 사랑하고 느끼고 놀고 일하는 것에 대해 배운다. 따라서 공부는 교육 결과라고 하는 공리에 입각하며, 실생활과 떨어진 형태의 지식 중심의 주입식 교육은 아동의 흥미를 고려하지 않으므로 아동의 자연적인 공부 능력과 건전한 성장 능력을 방해하며 질식시킨다.

이러한 학교에 의존하는 상황을 타파하기 위하여 인간과 환경 사이에 새로운 양식의 교육적 환경을 만들어낼 필요가 있고, 그것을 위해서는 성장에 대한 태도, 공부에 유효한 도구, 그리고 일상생활의 질과 구조가 동시에 변혁

되어야 한다고 일리치는 주장한다. 그 구체적인 형태로서 아동의 자발적인 공부를 가능하게 하도록 사물, 모범, 동료 및 연장자라고 하는 네 가지 공부 자원의 이용을 촉진하는 '기회망opportunity web'을 구축할 것을 제안한다.

학교를 대체하기 위해 그는 공부, 공유 및 돌봄의 기회를 높이기 위해 공부망이라는 대안 시스템을 권장한다. 대부분의 공부는 교육의 결과가 아니라 의미 있는 환경에서 적극적인 참여의 결과라고 주장한 그는 듀이처럼 대부분의 사람들이 경험과 협력을 통해 가장 잘 배운다고 믿었다. 흥미롭게도 일리치는 "공부망" 또는 "공부 네트워크"의 생성에 대한 제안에서 수십 년 동안 교육 제도 외부의 사람과 지식을 연결하는 컴퓨터와 전화의 가능성을 예상했다. 1970년대에 일리치가 제기한 아이디어는 교육계에서 열띤 토론의 주제였다. 먼저 교육 제도를 옹호하는 쪽과 비판하는 양쪽이 논쟁하고, 이어 학교를 비판하는 사람들 중 디스쿨링 주장에 동의하는 사람들과 학교 시스템의 민주화가 가능하다고 믿는 사람들 사이에서 논쟁이 나타났다. 오늘날 코로나19가 학교 폐쇄에 미치는 영향과 홈스쿨링, 언스쿨링, 마이크로스쿨링 등의 최근 성장으로 일리치의 아이디어가 좌우 교육계에서 다시 논의되고 있다. 이는 주로 미국에서 나타난 것이지만, 한국을 비롯한 다른 여러 나라에서도 볼 수 있는 현상이다.

비학교론에 대한 비판

1970년『학교 없는 사회』가 출판된 이후 그것이 실질적인 의미가 없는 비현실적인 유토피아라는 비판을 위시하여 많은 비판이 쏟아졌다. 그러한 논쟁은『비학교논쟁After Deschooling, What?』이라는 제목의 책으로 엮여 나와 우리나라에서도 번역되었다. 그러나 여전히 대부분의 사람들은 학교를 자비로운 제도로 인식했으며 일리치가 주장한 것처럼 문제의 중심 주인공이 아니라 세계의 많은 문제에 대한 해결책의 일부로 학교를 인식했다.

특히 교육자들에게는 그의 제안을 수락하는 것이 자신의 직업을 포기하고 일종의 '자살'을 저지르도록 요구하기 때문에 전문 교육자로서의 자신의 정체성에 도전하는 것으로 받아들여졌다. 마르크스주의자들은 일리치가 교육에 초점을 맞추고 자본주의의 경제적, 사회적, 정치적 구조, 특히 생산수단의 소유권에 거의 관심을 기울이지 않는다고 비판했다. 신마르크스주의자들은 학교는 헤게모니 프로젝트와 반헤게모니 프로젝트가 종종 공존하는 모순적인 제도이며, 학교는 모든 한계에도 불구하고 여전히 가능성의 장소라고 주장했다. 커뮤니티주의자(공동체주의)들은 공부망이라는 일리치의 제안을 지지하면서도 현대성 억압, 특히 농민운동, 도시 집단 및 토착 조직에 맞서 투쟁하는 풀뿌리 그룹의 맥락에서 비판했다.

1990년대 들어서는 신자유주의의 대세 속에서 디스쿨링은 교육의 시장화에 투항하는 것이라는 비판이 제기되었다. 즉 공교육의 재정 확대가 학교제도를 강화시키므로 중단되어야 한다는 디스쿨링의 주장은 신자유주의의 교육재정 감축 노선과 일치한다는 비판이었다. 실제로 자유 시장 자유주의자들은 일리치의 정책 제안에서 자신들에게 영감을 주는 요소를 발견했다. 특히 밀턴 프리드만Milton Friedman의 교육 바우처에 대한 아이디어, 보다 최근에는 사립학교 등록금 및 수수료, 온라인 공부, 사교육, 고등교육 비용 및 기타 승인된 맞춤형 공부 서비스 및 자료를 포함한 다양한 교육적 선택인 ESA(education savings accounts)가 그렇다. ESA는 학교를 넘어 교육 선택을 확장하고 부모에게 광범위한 교육 옵션에서 선택하여 자녀에게 가장 적합한 것을 결정할 수 있는 권한을 주기 때문에 ESA 옹호자들은 일리치가 그의 열렬한 지지를 제공했을 것이라고 주장했다. 그러나 그들은 일리치가 신자유주의 정책과 교육에 대한 소비주의적, 개인주의적, 경쟁적 접근에 반대했다는 것을 몰랐거나 알고서도 일부러 모르는 척했다. 그들은 또한 공부망에 대한 일리치의 제안이 공동체적 교육 및 절제의 사회에 기반을 두고 있다는 점을 생략한다.

일리치 자신이 여러 차례 이 책의 주요 아이디어를 재검토했다. 그의 첫 번째 후회는 책의 제목과 독자들 사이에서 발생한 혼란과 관련이 있다. 매우 빨리 그는 자신의 입장을 명확히 하기 위해 두 개의 논평을 발표했는데, 첫 번째는 1971년 6월 〈새터데이 리뷰Saturday Reviewy〉에 발표한 '대안학교'(Alternative of Schooling)에 실렸고, 곧이어 '비학교 이후 무엇을?'(After Deschooling, What?)이 1971년 9월 〈소셜 폴리시Social Policy〉 저널에 발표되었다(『비학교논쟁』에 실림). 그 글에서 그는 자신의 책 제목이 많은 사람들에게 계몽에 대한 반역처럼 들릴 수 있음을 인정했으며 그것이 "학교에서 지워지고 있는" 계몽 자체이고 디스쿨링은 "인간 해방을 위한 모든 운동의 뿌리"가 될 것이라고 주장했다(pp. 24 및 47). 그는 또한 자신의 의도가 학교 교육을 끝내는 것이 아니라 교육을 해방하고, 즉 국가에서 해방하고 통제를 사회적으로 조직된 풀뿌리 운동으로 옮기는 것이라고 설명했다. 그는 1992년에 나온 『이반 일리치와 나눈 대화』에서 "학교를 없애고 싶지 않았다"고 분명히 밝혔고(대화 64) 1995년에 나온 「우리의 삶을 디스쿨링하다Deschooling Our Lives」 서문에서는 학교 교육에 대한 자신의 비판이 일부 사람들이 그 제도의 의도하지 않은 해로운 영향에 대해 생각하고 반성을 하고 대안을 추구하는 데 도움이 되길 바란다고 말했지만, 동시에 그는 자신의 견해가 나이브하고 자신이 "헛다리를 짚었다"는 것을 깨닫기 시작했다.

일리치 후기의 교육 논의

문자 문화의 분석

성에 대한 분석과 함께 후기 일리치의 가장 뛰어난 분석은 문자문화에 대한 것이다. 1988년의 『ABC: 민중지성의 알파베트화』에서는 민중이 읽고 쓰는 것을 배워 문자문화를 형성한 것과 강제 교육에 의해 알파벳을 배우고 사회적인 형태의 사고와 행동 양식을 강요당한 것을 구별하여, 전자에는 후자에 없는 민중과 문자문화 사이의 창조적인 연결이 있었고, 말하기와 쓰기가 함께 이루어진 다양한 역사가 있었으나, 후자는 특수한 서구적 현상으로서 고유성을 박탈한 무표정한 음으로 환원되었다고 분석한다. 그 결과 언어는 기호 이외의 아무것도 아니게 된 현대적인 위기 상황이 생겨났다고 보고, 고유한 언어의 회복을 위하여 노력하여야 한다고 주장한다.

『ABC:민중지성의 알파벳화』의 속편이라고 할 수 있는 1993년의 『텍스트의 포도밭: 위그의 공부론에 대한 고찰』에서 일리치는 소리를 내어 종교 책을 읽던 시대가 끝나고, 돌연 논리적인 사색자를 위해 시각적으로 조립된 텍스트로 변모한 책을 묵독하기 시작한 12세기경의 일대 전환을 분석한다. 일리치는 당시의 저명한 신학자이자 스콜라 철학자였던 위그의 '공부론'을 축으로 하여 독서주의의 역사를 검토하여 그때부터 수도사가 학자로 전환되었고 독서 시대가 나타남으로 읽기 위한 수단을 스스로 소유한 것을 의미한다는 점에서 계급적 특권 형성이라는 결과를 낳는다. 그 결과, 문자를 모르는 민중은 지식인으로부터 멸시받고 관리·감독 당하는 입장에 처하게 되었다는 것이다.

일리치의 문화와 대학에 대한 분석은 우리의 문제점을 검토하는 데에 도움이 된다. 사상도, 문화도, 학문도 모두 시험을 위한 것이 되어버린 듯한 이 '대한공부국'에서는 시험을 위해 모든 것이 존재하는 듯하다. 입시 제도를 바꾸는 것 외에 크게 할 일이 없어 보이는 교육부를 없앤다면 사상도, 문화도, 학문도 모두 없어지고 공부까지도 없어지리라고 걱정하는 사람들이 있는지도 모른다. 그러나 권력이 모든 아이들에게 천편일률로 떠먹기를 강요하는 교과서나 그것을 익히기 위한 참고서나 문제집 따위의 암기는 괴로운 사역이지 즐거운 공부가 아니라는 사실을 모르는 사람이 있는가? 게다가 그런 암기 공부의 무한 경쟁을 통해 그 사역은 더욱더 이기적이고 비인간적인 것이 되고 결국은 그런 비인간을 낳고 있지 않은가? 그래서 우리의 삶은 더욱더 사막같이 황폐해지고 있지 않은가?

그러나 적어도 라틴어에서 비롯된 공부, 즉 study란 말은 본래 "자애, 우정, 타인의 행복에 대한 헌신, 동지애, 희망, 애호, 무엇에 대해 느끼는 기쁨이나 흥미"를 뜻했다. 공부가 본래 즐거운 것이라고 함은 동서고금을 가리지 않고 진실이 아니던가? 그러나 본래 工夫라는 이상한 한자 말인 우리의 공부란 국어사전에 '학문과 기술을 닦는 일'로 풀이된다. 언제 어디에서 이런 말이 생겨났는지는 알 수 없으나 그 자체가 대단히 기술적인, 기능적인 의미를 담고 있음이 분명하다.

지금 우리의 강제되는 기술적인 공부와는 상당히 다른 자발적인 지혜 탐구의 study가 하나의 시대적인 요구로 서양에서 나타난 것은 오늘날의 그것과 같은 책이 본격적으로 엮어지고 대학이 출현한 12세기부터였다. 그 성립에는 여러 가지 요인이 있겠으나, 무엇보다도 전통적인 농경 중심의 봉건사회가 서서히 무너지면서 그전 여러 세대를 살았던 고향을 떠난 사람들이 도시라고 하는 새로운 환경에 적응하여 어떻게 살아야 하는가? 라는 문제에 부딪히면서, 그전에 비슷한 시대를 살았던 로마 말기의 고전 문헌을 읽음에 따라 공부의 시대, 독서의 시대, 학문의 시대, 교양의 시대, 고전의 시대가 본격적으로 시작되었다.

그러나 그 어느 나라도 우리처럼 공부를 위한 공부의 나라가 된 것은 아니었고 공부란 사실 소수의 특정인에게만 필요한 것이었다. 즉 공부를 전문으로 하는 사람들을 양성하기 위한 대학이 필요했고, 유식한 그들 소수 지식인이 무식한 다수 민중을 지도하고 감독하며 관리하는 시대가 열렸다. 그러나 당시의 공부란 어디까지나 전체적, 전인적 교양을 중심으로 한 것이고, 그 교양이란 사회 속의 자기 위치를 알고 사회를 위해 해야 할 일을 탐구하는 것이어서 역사상 최초로 '개인'의 사회적 자각을 가능하게 한 것이었음을 주의해야 한다. 그런 공부의 전통은 모든 사람에게 공부가 가능해진 지금도 기본적으로는 변하지 않고 있다.

반면 우리의 대학을 비롯한 학교가 출현하는 과정이나 그 공부의 내용은 서양의 경우와 상당히 다르다. 우리 사회의 변화는 서양의 역사 몇백 년을 몇십 년으로 줄인 것이라 할 정도로 급격한 것이었고 그것도 주체적이라기보다는 도리어 객체적인 변화의 강요에 의한 것이어서 본래의 모습이 왜곡되기 쉬운 것이었다. 특히 '개인'의 사회적 자각을 가능하게 하는 전인교육 중심의 대학 전통은 식민지적 왜곡에 의해 처음부터 불가능했고, 오로지 출세를 위한 교육 인플레이션의 정상에 대학이 존재하여 암기학습 중심의 전문기능인 양성에 주력했다. 게다가 그 내용이란 서양의 근대 지식 체계를 무조건 이상화한 식민주의적이기도 했다. 그것이 급격한 초기 서양화-산업화 과정에 불가피하게 필요했다는 점을 인정한다고 해도, 지금 우리 사회의 여러 가지 문제가 보여주듯이 그 자체가 옳은 것은 아니었고, 초기 산업화 과정을 벗어난 지금, 무엇보다도 창조적인 인간상이 필요한 21세기의 지금에는 더더욱 바람직한 것이 아니다.

근대화라는 이름의 산업화가 휘몰아친 1960년대에 중고등학교를 다니면서 암기만을 강요하는 학교공부가 너무나도 싫었던 기억은 우리 세대만의 악몽이 아니었으리라. 철이 들면서 갖게 된 수많은 의문에 학교 공부는 전혀 답해주지 않았고 오로지 주어진 토막지식의 암기만을 강요당한 것도 우리 세대만의 고통이 아니었으리라. 본질이 변하지 않은 기능인 양성 중심의 대학교육도 마찬가지였다. 심지어 학문의 전당이라는 대학에서 이루어지는 교수의 연구라는 공부도 마찬가지였다.

지금도 그런 악몽과 고통이 지속되고 있다면 우리는 공부란 과연 무엇인지를 새삼 물어볼 필요가 있다. 공부에 관한 최초의 책인 『공부』(1128)를 쓴 위그를 살펴보고자 하는 이유는 바로 그 점에 있다. 그러나 이 책은 아직도 우리에게 충분히 알려지지 않았다. 어떤 고전 목록에도 이 책은 포함되어 있지도 않다. 그러나 우리의 왜곡된 공부 상황을 극복하고 진정한 교양을 쌓기 위해서 꼭 읽어볼 필요가 있다.

일리치와 사이드의 위그

12세기의 위그는 유럽에서 최초의 근대적 사상가로 평가되는데, 우리에게는 거의 알려지지 못한 점을 나는 언제나 이상하게 생각했다. 나도 그를 일리치와 사이드를 통해 간접적으로 겨우 알았다. 위그는 중세의 신부이자 신학자이고 스콜라 철학자였기 때문에 신부였던 일리치에게는 당연히 친밀할 수 있었겠으나 중세 이래의 수많은 그런 사람들과 달리 일리치가 위그를

'나의 가장 친한 친구'라고 부른 점에는 특별한 이유가 있다.

즉 일리치는 산업 사회에 대한 비판가로 우리에게 유명하나, 그는 산업 사회의 기반이 된 독서 시대가 위그의 12세기에 시작되었고 그런 수도사의 수양을 위한 책의 시대에서 학자의 학문을 위한 책의 시대로 전환되었다가 최근 새로운 매스미디어의 등장으로 끝났다고 주장한다. 그리고 전문적인 독서 시대에서 무식한 민중은 유식한 자들에 의해 무교육 인간으로 취급되고 관리되며 감독되었다고 규명한다. 그러나 그는 독서 시대의 재개를 주장하지 않고, 오늘의 매스미디어를 독서의 연장으로 보아서도 안 된다고 주장한다. 한편 사이드는 위그의 『공부』에 나오는 다음 한 구절로 지식인의 바람직한 자세를 논한다.

> 자신의 고향을 아름답다고 생각하는 사람은 아직 미숙한 초보자이다. 모든 땅을 자신의 고향으로 생각하는 사람은 이미 강인한 자이다. 그러나 전 세계를 타향으로 볼 수 있는 사람은 완벽한 자이다. 미숙한 영혼의 소유자는 그 자신의 사랑을 세계 속 특정한 하나의 장소에 고정한다. 강인한 자는 그의 사랑을 모든 장소에 미치고자 한다. 완벽한 자는 그 자신의 장소를 없애버린다.

즉 인간은 자신의 문화적 고향을 떠나서야 비로소 참된 비전에 필요한 정신적 초연성과 관용성을 동시에 얻고 그 고향과 세계를 더욱 쉽게 판단할 수 있다는 것이다. 그런데 이는 서양 중세의 국경 없는 지식인의 자세나 일리치나 사이드와 같은 현대 망명 지식인의 특별한 경우를 말하는 것이 아니라, 더욱 기본적으로 인간이 개인으로서 가져야 할 태도를 말한다는 점에 더욱 주목할 필요가 있다.

이처럼 인간이 개인으로서 가져야 할 태도인 '고향 극복'이 우리나라 사람들, 특히 지식인들에게 결여된다. 즉 우리는 혈연, 지연, 학연 등 갖가지 얽힘에 의해 보편적인 개인이 아닌 특수한 집단의 일원으로 살아간다. 공부를 전문으로 한다는 지식인이나 학자들의 경우 그러한 집단적 폐쇄성을 더욱 심하다. 그것이 전문성이라는 차원에서 무조건 부정되어야 할 것은 아니라고 반박될지도 모르겠으나, 여러 가지 부작용을 낳고 있음도 사실이다. 공부가 공부답지 못하고 타락하는 이유는 그런 집단이 여전히 유지되고 있기 때문이다. 따라서 공부가 제대로 되려면 그런 집단에서 벗어나 개인이 자아를 확립하는 과정이 전제되지 않으면 안 된다. 사실 공부란 개인의 이기적 출세 수단, 심지어 집안 세력의 강화 수단, 학교나 학파의 권력 유지 수단, 정권의 정통성을 인정하기 위한 수단이 되고 있다.

특히 위그가 학문의 전체적 교양성, 인간의 전인적 교양성을 강조하고 모든 학문을 닦은 뒤에는 반드시 막노동을 하도록 권유한 점도 일리치나 사이드에 의해 함께 주목된다. 이러한 학문과 인간과 노동에 대한 전체적 교양의 이해도 우리에게는 결여되었기 때문에 우리도 함께 주목할 필요가 있다. 특히 학문과 인간의 산업화가 강조되는 오늘날 노동과 함께하는 교양은 더욱 무시되고 있다. 아울러 일리치와 사이드의 위그에 대한 주목은 그들이 특히 비판하는 서구 산업 사회나 제국주의와 관련되어 학문과 예술 또는 교양이 권력화하는 것에 대한 반대 논의를 이끌어내는 데도 매우 중요하다.

교양과 고전의 성립

앞에서도 말했듯이 서양에서 교양이란 12세기 무렵 고향을 떠나 도시에 온 사람들이 고향과 무관한 개인으로 새로운 직업을 선택하게 되면서 '어떻게 살아야 하는가'라는 문제를 던지면서 시작되었다. 그리고 당시 그런 물음에 답을 주는 유일한 문헌이 멸망의 위기 시대였던 로마 말기의 라틴어로 쓰인 고전 작품들이었기에 사람들은 라틴어를 익히고 그 고전 작품들을 읽기 시작했다. 우리 선조들이 어떻게 한자를 익히고 중국 고전들을 읽게 되었는지 모르지만 아마도 유럽과 마찬가지의 사회변화에 따른 개인 관념의 탄생과 결부된 것은 아닌 듯하다. 게다가 주경야독이라는 아름다운 말이 남아 있음에도 불구하고 노동을 함께하는 교양인이 우리의 선비 전통에 존재하는지도 의문이다.

여하튼 12세기 서양에서 고전 교양을 쌓게 된 사람들도 특권 소수였으리라. 그러나 지금 교양이라고 하는 말은 주로 학문이나 예술과 관련된 대단히 협소한 개념이다. 이와 달리 교양을 서양에서처럼 보다 넓게 정의한다면, 즉 "사회 속 자신의 위치를 알고 사회를 위해 무엇을 해야 하는지를 아는 상태, 또는 그것을 알고자 노력하는 상황"이라고 정의한다면 교양이란 근대적인 자아와 사회의 성립과 존속에 직결된 것이라고 할 수 있다.

위그의 『공부』는 그런 자아를 최초로 탐구한 지혜에 대한 책으로서, 그는 인생의 최대 위로는 지혜의 탐구이고, 지혜란 자연 본성인 선의 완전성을 회복하는 것이며, 이를 위해 학예와 덕이 필요하다고 말한다. 그러나 학예란 전체적인 것이므로 그 하나만을 익힌다든가, 그 세부에 빠지면 안 된다고 경고한다. 즉 학문의 전문화란 공부 자체의 이념에 반한다는 것이고 이는 특히 노동과 동반되어야 한다는 것이다.

위그에 의하면 공부에는 소질, 수련, 학습이 필요하다. 소질이란 대상을 쉽게 정리하는 능력이고, 수련이란 천부의 재능을 독서와 명상으로 닦는 것이며, 학습이란 훌륭하게 살면서 나날의 행동을 학예와 결합하는 것이다. 즉 "겸허한 정신, 탐구의 열의, 조용한 생활, 묵묵히 하는 음미, 가난과 이국의 삶을 통해 사람들에게 독서 시의 불명함을 밝혀주는 것이다." 여기서 이국의 삶이란 위에서 사이드가 인용한 바로 그것이다. 그러나 위그가 가장 중요하게 생각한 공부는 수양의 한 방법이라는 점이었다. 여기서 위그가 말하는 공부에 대한 몇 가지 중요한 논점을 들어보자. 그는 먼저 겸손의 미덕을 강조한다.

> 겸손은 공부에 대해 특히 중요한 다음 세 가지를 가르친다. 첫째, 경멸하는 마음을 품지 않고 그것을 글로 쓰지 않아야 한다. 둘째, 누구로부터 배워도 부끄러워해서는 안 된다. 셋째, 일단 배움을 몸에 익히면 누구도 업신여겨서는 안 된다.

여기서 겸손한 공부란 개인적 수양이자 사회적 평등을 뜻한다. 동시에 불필요한 부의 축적과 권력을 거부한다. 즉 소유와 함께 소속을 거부하는 자유를 추구하는 유랑민, 나그네의 삶을 찬양한다. 이는 지적 추구에서 시행착오를 전제하는 것이고 모든 사상과 학문의 자유를 전제하는 것이다.

> 불필요한 사치를 추구하지 않는 것은 수양에 특히 중요하다. 격언에도 있듯이 살찐 배는 예민한 감각을 낳지 못한다. 마지막으로 완전한 독서를 희망하는 자에게 이 세상의 모든 것은 이국의 땅이 되어야 한다. 시인은 노래한다. "나는 모른다. 도대체 어떤 감미로움이 사람을 고향으로 이끌어가는가? 그리고 고향을 결코 잊지 않는 것이 왜 고통스러운가?" 현명한 사람은 한 발자국, 한 발자국, 고향에 이별을 고하는 것을 배우지 않으면 안 된다.

독서인은 자신의 모든 흥미와 욕망을 지혜로 향하게 하기 위해 자신을 유랑민으로 만드는 사람이고, 따라서 그는 유랑의 여행에서 안주의 땅을 발견하는 나그네이다.

위그의 학문

서양사상에서 개인의 교양 성립에 가장 중요한 계기가 된 사람이 위그였다. 12세기 사람인 그의 생애는 당연히 불명한 구석이 많다. 간단히 말하면 지금의 독일에서 태어나 수도원에서 교육받고 파리의 성 빅토르 수도원으로 옮겨 많은 책을 썼다. 그중 우리에게 특히 시사적인 책이 그의『공부』이다.

위그는 학문을 사변학, 실천학, 인조학, 논리학으로 구분하고, 다시 사변학을 신학, 수학, 자연학으로 나누며, 수학을 다시 산술, 음악, 기하, 천문학으로 나눈다. 이어 실천학은 개인, 가정, 공공의 실천으로 나누고, 다시 윤리학, 도덕학, 가정학, 경제학, 재정학, 국정학으로 나눈다. 그리고 인조학은 기계, 병기, 상업, 농업, 수렵, 의학, 연극으로 나누고, 다시 건축, 도금, 식료, 오락을 나눈다. 마지막으로 논리학을 문법학과 논증학으로 나눈다.

이러한 위그의 학문 분류에 대해 이의를 제기할 수도 있으나, 적어도 12세기에 이처럼 전체적이고도 체계적인 분류가 있었다는 사실은 놀랍다. 더욱 놀라운 것은 위그가 이러한 모든 학문을 닦은 뒤에 노동자로 수업할 필요가 있다고 역설한 점이다. 아니, 이미 학문 자체의 분류 속에 음악의 실천과 수렵, 수공업, 개인의 실천이 포함되어 있다. 이는 반드시 말이나 문자를 필요로 하지 않는 분야들이다. 그러나 위그가 이를 학문에 포함한 것은 매우 중요하다. 왜냐하면 근대나 현대의 학문에는 그런 것이 포함되지 않고, 말이나 문자, 기호 등에 의한 것만 포함되기 때문이다.

그러나 위그의 중세에는 말이나 문자가 커뮤니케이션 수단으로서 불충분한 것이었고, 그보다 더 중요한 수단은 동작이나 춤이었다. 중세 말에서 근대 초까지 노동자의 커뮤니케이션에는 동작, 특히 춤이 중요했다. 춤은 이동 노동자들이 신분을 증명하기 위한 수단이었다. 그것은 또한 왕후 귀족에게도 중요했다. 사실 중세에 문자는 성직자나 지배자의 점유물이었고, 일반 대중과는 무관했다. 당시 대중은 반드시 단체(길드)에 속했는데, 그 단체에서는 모든 관계가 의식儀式화되었고, 그 의식은 기본적으로 동작이나 춤에 의했으므로 그것들에 의해 사회관계가 보장되었다.

중세에는 인간이 신체와 영혼의 결합으로 여겨져 동작은 인간의 내부에 숨어 있는 영혼의 움직임을 외부에 보여주는 것으로 생각되었다. 따라서 훈련에 의한 동작을 통해 영혼을 신에게 끌어올릴 수 있다고 생각했다. 당시에는 음악도 동작에 중요한 역할을 했다. 당시의 음악은 오늘의 정밀과학에 필적하는 것으로서 천체의 운동을 밝히고 보편적 운동과 깊이 관련된 것이었고, 우주의 리듬을 각자가 무용 속에서 실현할 수 있다고 생각되었다. 이는 오늘의 음악과는 전혀 다른 것이었다.

또한 동작은 인간 영혼의 발현이므로 건강한 영혼은 병든 신체에 있을 수 없다고 생각되었다. 따라서 신체가 부자유한 자는 성직자가 될 수 없었다. 나아가 개인이 구원받기 위해서는 자기 신체를 수도원과 같은 공동체에 양도하고 그 신체를 공동체의 움직임에 융화시켜야 했다.

중세의 기독교도는 말을 하는 인간이기 전에 기도하는 인간이어야 했다는 점도 오늘날과 달랐다. 성경이 교육의 중심이 되어 문자와 말이 동작보다 우위에 선 것은 근대 이후의 것이었다. 이처럼 동작을 중시한 중세에서는 이상한 동작을 하는 자를 죄 많은 악마의 탓이라고 보고 그것을 치유하는 성인을 중시했다. 위그의『공부』보다 더욱 방대한『수련자교육』에도 이러한 동작에 대한 가르침이 있다.

그중에 특히 주목되는 것은 개인의 성립에 결정적인 계기가 된 고해제도였다. 고해는 6세기경에 보급되기 시작해 12세기에는 비밀의 고해로 성립되었다. 초기 고해는 공중 앞에서 죄를 고백하고 성지순례를 떠나는 것으로 이루어졌다. 고해를 통해 사람들은 자신의 내면을 처음으로 보게 되었다. 이와 동시에 도시의 성립에 의해 농촌 출신 청년들은 도시에서 사제가 되거나 도제로 살아가게 되었다.

지금 우리는 '자아'나 '개인'이라는 말을 일상회화 속에서 자주 사용하지만, 그것이 뜻하는 바는 실로 12세기의 중요한 발견 중의 하나였다. 그리스나 로마의 어떤 개념에도 이 말에 적확하게 해당된다고 생각되는 것은 없다. 우리가 뜻하는 자아를 전제로 한 사회는 여러 문화 중에서 하나의 특수한 존재이다. 이 특수성은 12세기에 뚜렷이 나타나기 시작했다. 위그의 책은 이 자아라는 새로운 형태의 출현을 보여주었다.

자아 확인의 정신에 따라 소외에 대한 새로운 적극적인 의미가 부여되었다. 위그가 '고향 땅의 감미로움'을 떠나 자아 발견의 여행을 향해 출발하도록 요청하는 것은, 실로 이 새로운 사상의 한 가지 보기에 불과하다. 그는 봉건체제 아래 모든 계층의 사람들에게 이웃이라는 일상적인 정신 풍토에서 벗어나 고독한 여행으로 출발하고, 타인이 부여한 통칭이나 타인의 대우 방식으로 존재가치를 발견한 장소에서 떠나, 긴 고독의 여행 속에서 자아를 발견하도록 설득한다. 학자들에게는 정신의 방랑이 필요하다고 주장한 위그의 주장은 이에 따른 것이다.

자아와 공부

적어도 유럽에서 12세기의 공부란 개인적 자아의 확립과 함께 시작되었다. 그러나 우리는 공부를 자아의 확립과 함께 시작하지 못했다. 여기서 자아란 기본적으로 가정이나 학교를 비롯한 공동체의 집단적 존재에서 벗어나 사회에 직면하는 고독한 존재로서 사회 속에 놓인다는 점이다. 공부란 그러한 사회 속에서 자아를 확립하는 데 필요한 것이었다. 따라서 그것은 평생을 두고 탐구하는 것이지 출세를 위해 어린 시절에 수행하는 하나의 단계 과정과업에 그치는 것이 아니었다. 이처럼 학생 시절만이 아니라 평생을 두고 학생으로 공부한다는 것은 평생을 두고 개인이 자아를 확립하기 위해 지혜를 추구한다는 것을 뜻했다. 그러므로 두뇌와 체력이 아닌 정신과 감성의 연마이자 지혜와 노동의 합체로서의 공부는 12세기 위그만이 아니라 21세기 우리에게도 필요하다.

공부는 하나의 모럴이다. 모럴이란 결코 도덕이라고는 말할 수 없는 자유로운 정신을 말한다. 그 자유란 어떤 권위나 권력에도 메이지 않는 것을 뜻한다. 따라서 공부를 함께한다고 해도 그것은 어떤 권위나 권력을 전제하는 것일 수 없다. 그런 점에서 우리의 공부란 문제가 너무나 많다.

교육 제도는 공부와 직결된다. 우리의 어지러운 교육 제도, 입시 제도, 특히 관료적 교육 제도가 자발적인 공부를 망친다. 그러나 교육 제도보다 더 중요한 것은 교육 방식이다. 교수나 교사가 교육 방식을 바꾸면 공부도 바뀐다. 하지만 우리는 공부하는 방법을 가르쳐야 한다. 교육 방식의 변화 없이 교육 제도만의 변화로는 아무것도 이룰 수 없다. 교수와 교사가 바뀌어야 공부가 바뀐다. 그러나 무엇보다도 학생 자신이 바뀌어야 한다. 설령 왕따가 된다고 해도 스스로 바뀌어야 한다. 학생 자신이 자아를 추구하는 탐구에 나서야 한다. 사춘기의 호기심과 의심, 그리고 반항심을 언제나 버려서는 안 된다. 그것도 어떤 학교과정에서의 탐구만을 대상으로 하는 것이 아니다. 평생을 두고 우리는 사춘기의 학생이어야 한다. 특히 선생이 학생이어야 한다. 교수가 학생이어야 한다.

그래서 나는 선생이 아니라 학생으로서 묻는다. 우리는 왜 공부하는가? 우리가 절망한 시대와 사회를 변혁하고, 자유로운 '자기'의 존재가치를 알기 위해, 지금까지는 절망한 공부 자체를 극복하기 위해서 참된 공부를 찾아 스스로 공부해야 하는 것이 아닐까? 지금이야말로 도구, 수단, 기능으로 타락한 토막지식을 암기하는 공부가 아니라, 우리 자신의 바람직한 삶과 사회와 시대를 즐겁게 탐구하며 노동과 함께하는 전인적인 교양의 공부가 필요하지 않을까? 그야말로 주경야독이 필요하지 않은가? 그것이 공부의 올바른 모습이고, 더욱이 지금 이 시대는 그런 공부를 한 사람을 필요로 하는 것이 아닐까?

유럽의 학문과 대학의 출발

앞에서 말했듯이 여기에서 우리의 관심은 대학의 교양교육에 있다. 본래 교육이란 학교가 아니라 가정의 몫이었다. 특히 서양에서 귀족교육이란 최근까지 가정교사가 담당했고, 서민을 위한 초중고 학교가 생긴 지는 그다지 오래가 아니다. 그러나 대학은 그보다 훨씬 전인 12세기 무렵에 생겼음을 우리는 상식으로 알고 있다. 그러나 그 대학이 처음부터 교양인의 양성을 중심으로 하여 교양교육이 그 교육의 본질이었다는 점은 그다지 알려지지 않았다. 여기서는 대학의 역사부터 살펴보도록 하자.

그리스 로마 문명이 그 시대가 지나간 후 처음으로 후대에게 알려진 시기는 12세기였다. 그전까지 그리스 로마 문명은 이슬람 세계에서만 알려졌고, 서양에서는 알지 못했다. 이슬람은 아라비아반도에서 시작되었으나 622년, 마호메트가 메카로부터 메디나로 이주하면서 거대한 이슬람제국을 형성하기 시작했다. 그래서 이슬람 달력의 원년은 622년이다. 먼저 당시 최대 세력이었던 동로마제국(비잔틴제국)을 함락하고, 8세기에는 아프리카 북쪽 지방으로부터 이베리아반도(현재의 스페인과 포르투갈)를 점령했다. 이어 이슬람은 지금 프랑스와 스페인의 국경을 형성하고 있는 피레네산맥을 넘어 갈리아, 즉 현재의 프랑스 일부까지 지배했다. 그 결과 이베리아반도와 시칠리아(현재는 이탈리아)는 완전히 이슬람화되었다.

이에 대해 유럽은 이베리아반도에서 이슬람을 내쫓기 위한 운동을 시작했으나, 그것이 완전히 이루어진 것은 1492년이어서 8백 년이나 긴 세월이 소요되었다. 그 운동이 시작된 지 350~400년 정도 지난 12세기에 스페인의 마드리드와 톨레도가 이슬람의 지배를 벗어났다. 그때 그곳에 새로운 기독교 사회를 만들고자 파견된 사제들이, 이슬람 세력이 버리고 간 책들을 발견했다. 아라비아어로 쓰인 그 책들 속에 예를 들면, 아리스토텔레스의 저서들이 있었다. 이어 그 책들을 라틴어로 번역하는 사업이 12세기 톨레도에서 시작되고, 그것은 마침내 전 유럽으로 퍼져나갔다. 이렇게 유럽에 그리스 로마 문명이 알려지면서 유럽에 처음으로 대학이 생겨났고 본격적인 학문이 시작되었다.

그 책들은 8~9세기에 이슬람이 비잔틴을 통해 받아들인 그리스 문헌을 아라비아어로 번역한 것들이었다. 따라서 12세기 유럽인들은 그리스 문헌의 원전을 찾기 시작하고 그리스어를 학술어로 받아들였다. 그래서 가령 철학과 수학을 뜻하는 그리스어인 philosophia와 mathematica가 그대로 각각 라틴어로 정착했다. 그 본래의 뜻은 각각 '지식을 사랑하기'와 '획득된 지식'이었으나. 동시에 아라비아어나 학문도 유럽어와 학문으로 받아들여졌고, 특히 수학 분야에서 그러했다.

여기서 우리는 그리스 로마 또는 이슬람의 학문과 교육 세계를 검토할 지면은 갖지 못하나, 그것이 전통적으로 교양인의 양성을 중심으로 한 것이었음을 주목할 필요가 있다. 가령 플라톤의 수많은 대화에 등장하는 소크라테스나 플라톤 자신, 그리고 플라톤의 제자인 아리스토텔레스의 학문이라는 것은 지금 우리가 보기에 바로 교양의 그것이었다. 소크라테스의 유명한 대화란 자신의 무지를 알게 하는 참된 교양인을 기르고자 한 것이라고 해도 과언이 아님은 이미 널리 알려진 상식이다.

그러나 그리스 로마의 교양인 전통은 중세에 기독교 세력이 성립되고 그것이 전파됨에 의해 기독교적인 교양으로 전환되었다. 사실 어떤 종교보다도 강력한 신의 계시이자 생활의 윤리로 기능한 기독교 세계에서 교양은 윤리나 도덕과 일치된 것이었다. 따라서 그 중세를 단순히 암흑의 시대라고만 볼 수는 없다.

유럽 대학의 교양교육

서양의 중세 끝 무렵인 12세기에 시작된 대학은 최초에 특별한 건물도, 사무실도, 학생증도 없었으나, 곧 두 가지 형태로 나누어졌다. 그 하나인 파리대학형은 교수들이 조합을 만들어 과거 귀족이 살았던 빈집에서 함께 머물고, 이어 학생들도 그곳에 함께 머문 것이었다. 그 빈집을 뒤에 영국에서는 컬리지라고 불렀다. 우리는 이를 보통 학부라고 번역하나, 우리의 학부와는 달리 컬리지는 모두 하나의 독립된 대학으로서 여러 학문을 다루었다. 가령 컬리지마다 철학이나 수학이나 법학을 가르쳤다. 그러나 그 어떤 학문이든 사실 교양인의 차원에서 가르쳐졌음을 우리는 주의할 필요가 있다.

12세기부터 대학에서는 라틴어가 대학인의 공통어가 되었음은 우리도 익히 아는 사실이다. 지금 서양에서 사용하는 라틴 알파벳이 8~9세기에 정비됨으로써 유럽이라는 하나의 통일 개념이 성립되었다. 이어 라틴어로부터 그 방언처럼 여러 나라의 말이 만들어졌다. 그래서 유럽 여러 나라 말은 모두 라틴어, 그리스어, 아라비아어로부터 그 어원을 공통적으로 갖는다. 라틴어가 모든 학문과 교양의 기본이 된 전통은 지금까지도 유럽에서는 변하지 않고 있다. 그리고 문법과 논리, 문장을 잘 쓰기 위한 수사학이 교양에 덧붙여졌다. 이를 흔히 '3과목trivium'이라고 한다. 3과목과 함께 교양을 이루는 또 하나는 '4과목quadrivium'이었다. 즉 천문학, 산수, 기하학, 음악이었다. 그래서 영어의 교양과목을 말하는 liberal arts나 그 라틴어인 arte liberales는 보통 '자유 7과목'이라고 번역한다.

여기서 '자유'라는 말이 붙은 이유는 그것이 노예가 아닌 '자유인'의 것이라는 이유에서였다. 즉 그리스 로마 시대로부터 요리, 건축, 회화, 시 등의 기술은 노예가 하는 것이고, 자유인은 언어와 자연을 추구하는 '자유로운 기술'을 추구한다는 것이었다. 여기서 그 언어란 신의 언어인 『성경』을 읽기 위한 것이고, 자연의 탐구도 신이 창조한 또 하나의 책인 자연에 대한 탐구를 뜻했다.

여기서 중요한 점은 언어나 자연의 탐구가 결코 실용적인 차원이 아니라, 원리적인 차원에서 탐구되었다고 하는 점이다. 이는 지금 우리가 교양이라는 것을 곧잘 실용적인 차원에서 이해하는 경향, 우리 역사에서 말을 빌리자면 이른바 허학이 아니라 실학이라는 측면에서 이해하는 것과 다르다는 것을 뜻한다.

이러한 원리적인 교양 중심의 대학 교육은 19세기에 와서 변화했다. 그 이유 중의 하나는 유럽 특유의 대학 예비교육이 존재하게 된 점이다. 즉 독일어권의 김나지움과 프랑스어권의 리세가 그것이었다. 이를 우리나라에서는 고등학교라고 하나 사실은 다르다. 그곳의 졸업 자격을 얻으면 대학 입학이 가능하여 즉시 대학에 입학할 수 있게 되기 때문이다.

리세나 김나지움은 한국의 초등학교 고학년부터 고등학교까지의 10년 정도를 다니는 곳으로, 거기에서 충분한 지식인이 되기 위한 기초 자격인 그리스어나 라틴어를 비롯한 충분한 교양을 몸에 익힐 수 있었다. 따라서 그것은 당시 미국의 liberal arts college에 상당한 것으로 여겨져 유럽 대학에서는 미국 대학에서처럼 교양과정이 별도로 필요 없게 되었다.

일제강점기 때는 일본이나 조선의 고등학교도 유럽의 김나지움이나 리세와 유사했으나, 지금 일본이나 한국의 고등학교는 전혀 다르다. 과거의 고등학교는 유럽에서처럼 엄선된 극소수의 학생들이 대학에 들어가기 위해 준비하는 곳이었으나, 지금은 고교 졸업생 대부분이 대학에 진학하기 때문이다. 즉 지금의 고등학교 교육은 엘리트 교육도 지식인 교육도 아니다. 심지어 그 기초교육조차 기대하기 힘들다. 따라서 일본에서나 한국에서는 교양교육을 대학이 담당하지 않을 수 없게 되었으나, 문제는 대학조차 강제 교육 비슷한 상황이라는 점이다.

미국과 한국대학의 교양교육

흔히 한국의 대학과 교양교육은 미국에서 비롯되었다고 하나 사실은 전혀 다르다. 미국에는 두 가지 유형의 대학이 있다. 하나는 영국 식민지 시대에 설립된, liberal arts college라 불리는 사립 명문 대학이고, 또 하나는 19세기 후반부터 설립된 주립대학이다. 우리에게도 유명한 하버드, 예일, 프린스턴, 콜롬비아 등의 소위 아이비리그 대학들이 전자에 속한다. 그 대학들은 중세의 7과목 중심과 같은 교양교육을 실시하지는 않으나, 전문가 양성이 아닌 엘리트 시민을 양성하기 위해 학과의 구별 없이 폭넓게 학문을 가르치는 기관이라는 점에서는 중세 대학의 전통을 잇고 있다고 말할 수 있다. 그리고 법률가나 의사와 같은 전문가를 키우는 것은 대학을 졸업한 뒤 '스쿨'에서 담당한다. 이 '스쿨'을 우리는 보통 대학원이라고 번역하나 우리의 대학원에 해당하는 과정은 따로 있고, 어디까지나 전문가를 양성하는 특별한 교육기관이라고 보아야 한다.

한국에서 지금 논의되고 있는 법과대학원이나 의과대학원이 그런 스쿨을 모방한다는 것인데, 문제는 우리의 경우 대학이 liberal arts college가 아니라는 점에 있다. 즉 미국에서는 liberal arts college를 통해 4년간 성숙된 시민이자 엘리트로서 충분한 교양교육을 받은 자가 전문가가 되기 위해 스쿨에 들어가나, 우리의 대학 교육은 그런 교양교육 기관이 아니라는 점에 문제가 있다.

우리는 해방 후 미국 대학을 모방했다고 하나, 학과의 구별 없이 폭넓게 학문을 가르치고 특히 교양을 중시하는 liberal arts college가 존재한 적이 없이 사실 미국의 스쿨에 해당되는 법대나 의대 또는 기타의 대학이 있었을 뿐이다. 그 공통의 교양과정이란 것은 사실 각 단과대학이나 학부는 학과의 기초과목 정도에 불과했다.

한때 우리 대학에도 교양학부라는 것이 있었고 지금도 그 이름이 남아 있으나, 지금의 그것은 소속 교수나 학생도 없이 교양과목을 듣는 학생들의 성적관리 기구 정도에 불과하다. 과거에는 거기에 속하는 교수가 있었던 적이 있으나, 그 교수들이란 학과에 속하지 못하고 전공 아닌 교양을 담당하는 소위 '2류 교수' 취급받아 모두들 학과로 가기 위해 노력한 결과 지금은 그나마 존재하지 않는다. 그래서 가령 본래는 학과가 없어서 교양과정에서 철학을 가르친 교수들이 철학과를 만들어 전공과정에서 철학을 가르치게 되었다. 그 결과 많은 대학에서 철학과가 생겨나고, 심지어 대학원 석·박사과정까지 생겨났으나, 최근에 와서는 취업난 등으로 학생 모집에 어려움을 겪고도 있고, 심지어 철학과가 없어지고 해당 교수들이 교양과정 담당으로 되돌아가는 경향이 나타나고 있다.

당시 나는 그런 교양과정 교수들에게 학과 설립을 하지 말고 교양 수업에 충실하기를 바란 적이 있다. 나는 그 학과 설치에 문제가 있었다고 말하려는 것은 아니나, 충실한 교양교육을 그때부터 모색했으면 좋았으리라는 유감을 지금도 버리지 못하고 있다. 이는 나 자신이 법학과 교수직을 포기하고 교양학부로 옮기고자 한 생각을 그때부터 했고, 결국 그렇게 했기 때문이기도 하다.

최근 한국이나 일본의 교육 정책당국은 앞에서 말한 전문가 양성을 위한 스쿨 제도의 도입과 함께 학부에서는 교양교육을 중시하려는 정책을 취하고 있는 듯이 보여 다행이다. 전체적으로 보면 미국 대학식으로 돌아가자는 것으로 보인다. 그러나 이는 소위 아이비리그 대학을 모방하려는 것으로 우리의 현실에 반드시 부합하는 것일지 의문이다. 특히 지방 대학의 경우 학생들이나 학부모들은 바라지 않는 바이리라. 여하튼 교양교육은 그것대로 충실하게 될 필요가 있을 만큼 지금까지 문제가 많았던 점을 누구도 부정할 수 없다.

교양이란 무엇인가?

국어사전에서는 '가르쳐 기름'이란 뜻의 교양이라는 것을 영어로 culture라 표기하고 있다. 그러나 그런 뜻의 영어라면 도리어 learning이 알맞을 것이다. 물론 일반적으로 문화를 뜻하는 culture나 learning이 교양이라는 것에 해당하는 영어는 아니다.

교양이란 말에 가장 적합한 외국어는 독일어의 Bildung이다. 이는 영어의 building에 가까운 것으로서 '만들어 세운다'는 뜻이다. 그러나 건물이 아니라 '자신을 만들어 세운다'는 뜻이다. 즉 '자신을 닦는다'라는 수신修身의 뜻이다. 이는 자신을 '간다', '경작한다'는 뜻에서 영어의 cultivate에 통하나, Bildung은 그것보다 더욱 '굳은' 또는 '튼튼한' 느낌을 준다.

이렇게 본다면 '교양'은 지식과는 무관하고 도리어 경험과 가깝다. 따라서 어떤 직업인이라도, 자기중심을 확고하게 갖고, 자신을 확고하게 만들어 세울 줄 아는 것이 교양이다. 그러나 여기서 특히 중요한 점이 언제나 자신을 고정하지 않으며 열린 마음으로 세상을 바라보고, 타인이 말하는 것을 이해하고자 노력하며, 현실의 많은 사실을 경험하면서도 비판할 줄 아는 분별심을 기른다는 것이다. 이는 독일에서 괴테를 비롯한 여러 작가가 쓴 교양소설이라고 하는 것의 내용일 뿐만 아니라, 교양을 쌓는 기본적 태도로서 매우 중요한 것이기 때문이다.

이러한 교양의 형성은 앞에서도 말했듯이 가정과 사회에서 그 기초가 형성되는 것이겠으나, 더욱 중요한 것은 사실 가정을 떠나 하나의 독립된 인격으로서 스스로를 닦고 기르는 것이다. 따라서 흔히 말하는 사춘기 이후의 반항기에 형성하게 되는 자기 수련이 교양의 핵심이리라.

이러한 수련에 독서가 필수적이라는 점은 새삼 강조할 필요가 없다. 가령 단테의 『신곡』을 모르는 사람은 없겠으나, 그것을 읽어본 사람도 거의 없으리라. 그것을 교양을 위한 교양도서의 하나로 꼽지 않을 사람이 없을 것이나 사실 그 긴 시집을 끝까지 읽기란 여간 고역이 아니다. 그러나 14세기에 쓰인 그 책에는 재미있는 부분이 많다. 가령 『지옥편』에는 서양 학문의 두 기둥이라고 하는 플라톤도 아리스토텔레스도 지옥에 떨어졌다고 묘사되어 있다. 즉 악을 위해서도, 선을 위해서도 일하지 않은 사람들이라면 지옥에 떨어진다는 것, 다시 말해 자기실현에 노력하지 않은 사람이면, 즉 어쩌면 교양이 없으면 지옥에 떨어진다는 것일지도 모른다.

여하튼 단테를 읽는다는 것은, 또는 다른 문학작품을 읽는다는 것은, 또는 다른 예술을 감상한다는 것은, 인간과 세상에 대해서 다르게 생각하는 방법을 배운다는 점에서 교양을 쌓는 좋은 방법이라는 것이 틀림없다. 그 결과 자신을 반성하고 무엇을 해야 하는지를 다시 성찰하는 기회를 갖게 된다. 물론 문학이나 예술은 반드시 그런 기능만을 담당하는 것은 아니지만 그런 기능을 한다는 것도 무시할 수는 없다.

제 3 장

21세기의 일리치 부활

일리치 사상의 음미

　지금까지 살펴본 일리치의 견해는 그 어느 때보다 오늘날 더 관련성이 높다. 현재 우리가 가지고 있는 것은 인간 사회의 육체에 깊숙이 트라우마가 있는 상처 표면의 피상적인 반창고뿐이다. 아이들은 배신당하고 있으며 인류의 미래는 불확실하다. 변화에 대한 이야기가 많지만 조급함은 거의 없다. 지금 절실히 필요한 것은 교육 양동이를 비우고 시스템을 정비하여 과감하고 극적이며 과감한 조치를 취하는 것이다. 우리는 학교만이 교육을 제공할 수 있으며 기술과 지식 습득은 전통적인 학교에서 공식적으로 수행되어야만 신뢰할 수 있다는 개념을 믿도록 세뇌되었다. 켄 로빈슨Ken Robinson의 말처럼 "학교는 창의성을 죽인다." 그리고 일리치의 말처럼 "학교는 배우고자 하는 타고난 성향을 왜곡시킨다."

　하버드의 혁신 전문가이자 베스트셀러 작가인 토니 와그너Tony Wagner는 우리에게 필요한 것은 더 많은 교육이 아니라 다른 종류의 교육이라고 지적한다. 우리 아이들과 인류의 미래를 위해 우리는 아이들을 교육하기 위해 학교에 대한 대안을 찾기 시작해야 한다. 앞에서 인용하지 않은 일리치의 지혜를 보여주는 말을 다시 읽어보자.

학교는 현대화된 프롤레타리아의 세속종교가 돼왔고, 과학기술시대의 빈민에게 그들의 영혼을 구제한다고 약속하지만, 그 약속은 실현될 수 없다. (학교39)

학교는 다음의 가정에 입각해 만들어지고 있다. 즉 인생의 모든 것에는 비결이 있고, 인생의 질은 그 비결을 아는 것에 달려 있으며, 그 비결은 오로지 질서 정연한 과정을 따라야 알 수 있고, 교사만이 그 비결을 적절하게 밝힐 수 있다는 것이다. 학교화된 심성의 개인은 세계를 분류된 묶음의 피라미드로 보고 적절한 가격표를 가진 사람만이 그것에 접근할 수 있다고 생각한다. (학교153)

학교는 가르침을 받는 것이 필요하다는 것을 주입하여 청소년들이 그들의 삶을 소외시키는 제도화에 적응하게 한다. 이를 한 번 배우게 되면, 사람들은 독립적으로 성장하기 위한 동기를 상실하게 된다. 그래서 그들은 상호연관성에 대해 더 이상 매력을 느끼지 못하게 되고, 제도적 정의에 의해 미리 결정되기 이전에 인생이 제공하는 경이로움에 대해 스스로 문을 닫아버리게 된다. (학교102)

일리치에 의하면 미국 대학교는 역사상 최초로 가장 포괄적인 입회 의례의 최종 단계가 되어왔다. 역사상 어떤 사회도 의례나 신화 없이 존재할 수 없었으나, 미국 사회처럼 그 신화에의 입문이 어리석고 오래 끌며 파괴적이고 값비싼 경우는 처음이라고도 비판한다. 또한 현대 세계문명은 교육이라는 이름으로 그 기본적인 입문 의례를 합리화할 필요성을 발견한 최초의 문명이라고 한다. 따라서 일리치에 의하면 개인 공부나 사회평등이 학교화라는 의례에 의해 향상될 수 없다는 점을 이해하지 못하면 교육의 개혁을 시작할 수 없다. 즉 학교가 무엇을 가르친다고 해도 강제적인 학교 교육이 필연적으로 소비자사회를 재생산한다는 사실을 이해하지 못하면 그 소비자사회를 극복할 수 없다는 것이다. (학교87)

> 학교 교육이 의존하는 두 번째의 중요한 환상은 대부분의 공부가
> 가르침의 결과라는 것이다. 가르침이 어떤 상황의 공부에 기여할
> 수 있음이 사실이다. 그러나 대부분이 사람들은 그 지식의 대부분
> 을 학교 밖에서 얻는다. 그리고 학교에서 얻는다는 것은, 몇몇 부
> 유한 나라에서 평생을 학교 안에 갇혀 있는 기간이 점점 길어졌다
> 는 의미에서일 뿐이다. (학교43)

일리치에 의하면 많은 학생들, 특히 가난한 학생들은 자신들에게 학교가 무엇인지를 직관적으로 알고 있다. 그러나 학교는 그들이 과정과 실체를 혼동하도록 '학교화'한다. 이처럼 과정과 실체가 혼동되면 새로운 논리, 즉 노력하면 노력할수록 더욱더 좋은 결과가 생긴다던가, 단계적으로 올라가게 되면 반드시 성공한다는 식의 논리가 생겨난다. 그런 논리에 의해 '학교화된' 학생들은 수업을 공부라고, 학년 상승을 교육이라고, 졸업장을 능력의 증거라고, 능변能辯을 새로운 것을 말하는 능력이라고 혼동하게 된다. 뿐만 아니라 학생의 상상력까지도 학교화되어, 가치 대신 서비스를 받아들이게 된다. 즉 병원의 치료를 건강으로, 사회복지를 사회생활의 개선으로, 경찰 보호를 사회 안전으로, 무력 균형을 국가안보로, 과당경쟁을 생산적 노동으로 오해하게 된다. 그 결과 건강, 공부, 존엄, 독립, 창조 자체는, 그런 목표에 봉사하는 것이라고 강변强辯되는 제도의 수행보다 열등한 것으로 정의된다. 그리고 병원, 학교, 기타 시설의 운영에 더 많은 자원을 퍼부어야 건강, 공부, 존엄, 독립, 창조를 개선할 수 있다고 생각하게 된다. (학교23~24)

학교는 교육을 위해 이용할 수 있는 자금, 사람, 선의를 독점하고, 나아가 학교 외의 제도들이 교육에 관여하지 못하게 한다. 노동, 여가, 정치, 도시생활, 심지어 가정생활도 교육수단이 되는 대신, 그것들이 전제하는 관행이나 지식을 학교에 의존한다. 동시에 학교와 학교에 의존하는 다른 제도들은 막대한 비용을 매겨 다른 쪽을 기능하지 못하게 한다. (학교36)

일리치는 매우 현대적이고 산업주의의 지배받지 않는 미래 사회에 대한 이론을 만들기 위해서는 자연적인 규모와 한계를 인식할 필요가 있다고 주장한다. 그런 한계 내에서만 기계가 노예를 대신할 수 있음을 인정해야 하고, 그 한계를 넘어서면 기계가 새로운 노예주가 된다는 것이다. 오로지 그런 한계 내에서만 교육은 인간이 만든 환경에 인간을 적응시킬 수 있다. 흔히 보편적인 것이라고 보는 학교, 병원, 교도소는 이러한 한계 너머에 존재한다. 정치는 에너지나 정보의 동등한 투입이 아니라 오로지 일정한 한계 내에서만 최대의 산업적 산물의 분배를 다루어야 한다. 이러한 한계를 일단 인식하게 되면 사람, 도구, 새로운 집단 사이의 삼각관계를 만들 수 있다. 일리치는 현대 기술이 관리자가 아니라 정치적으로 서로 연결된 개인에게 봉사하는 사회를 '절제의 사회'라고 부른다.

세기말의 일리치 부활

세기말의 일리치 부활

일리치는 1970~80년대에 범세계적으로 인기가 높았지만 그 후 그 현상은 사그라졌다. 그러나 여전히 일리치의 논의는 중요하다는 것을 가령 프라카쉬나 에스테바가 1998년에 출간한 『교육 탈출: 토착문화 속 공부로서의 삶』[14]과 같은 책에서도 읽을 수 있다. 뿐만 아니라 많은 사람들이 일리치의 논점을 진전시켜 왔다. 한국에서도 세기말에 일리치와 가장 가깝다고 할 수 있는 존 홀트의 책, 그리고 비학교론의 선집이라고 할 수 있는 『학교를 버려라』[15]등이 소개됐다.

최근 우리나라에서도 널리 읽히고 있는 미국인 저자인 웬델 베리[16]는 『인민에게는 무엇을?』(1990)[17]에서 교육열로 인해 고향을 떠나야 하는 일이 초래하는 심리적이고 문화적인 충격에 대해 말한다. 새로운 학교나 사회에서는 전통적인 고향의 문화를 계승하기는커녕 그것과는 철저히 단절돼 오로지 돈벌이가 될 전문직에 취업하기 위한 학교 교육을 강요당한다. 그 결과 교실 수업에 중독된 인간은 그가 따야 할 졸업장이나 자격증이 많을수록 졸업은 어려워지고 이에 따라 일할 기회도 줄어들며 자격증이나 졸업장의 가치도 하락한다. 그중 극소수는 무사히 졸업하게 되어도 제멋대로인 국제통화시장의 동향에 좌우되는 값싼 최저임금을 받는 것에 그치고 나머지는 실업 상태에 빠진다.

일리치가 '인간을 무력하게 만드는 전문직'이라고 부른 외부 경제에 의해 지역의 학교 교육은 지역사회의 경제를 파괴한다. "학교는 정부의 경제와 경제의 정부에 봉사한다." 지역사회를 황폐화시킨 교육은 "전문가 집단과 직업주의"에 의해 시작된다. 교육자에게도 피교육자에게도 "지역적인 것은 단지 소비를 위한 상품시장, 인간과 자연의 '천연자원' 공급지로서만 존재한다." 그 결과 지역문화는 "야비하고 야만적이며 미신적이고 실리적인 목적과는 무관한 것으로 표현된다." 이는 간디가 살았던 인도와 같은 소위 제3세계에서만 문제가 되는 것이 아니라 베리가 말하듯 미국의 지역사회에서도 일어나고 있는 문제다. 간디의 인도가 영국에 의해 식민화됐듯이 미국의 지역사회도 도시에 의해 철저히 식민화되어 있다. "당치도 않은 기억상실이 시골을 침식해" "토지의 지식과 기억이 도시에 유출돼 판에 박은 영업과 오락과 교육을 둘러싼 말들의 영향으로 그것들은 망각된다." 전문직 경제로 이익을 얻는 극소수의 인간들이 있는 반면, 대부분의 사람들은 지역의 지식과 기억을 상실하게 된다. 전문가는 이를 "진보를 위해서, 아직은 값싼 대가다"라고 하며 무시하고 그런 지역의 실패는 민속연구사업의 대상으로 타락한다.

....

14 Madhu Suri Prakash, Gustavo Esteva, *Escaping Education: Living as Learning within Grassroots Cultures*, Peter Lang, 1998

15 기영화 김선주 옮김, 나무심는사람, 2004. 원저는 Matt Hern, *Deschooling Our Lives*, New Societies Publisher, 1996

16 미국의 농부이며 시인이자 작가이자 현대 문명의 비판. 영문학을 전공하여 한때 대학 강단에 서기도 했으나 고향 켄터키로 돌아가 현대적 농법을 거부하고 전통적인 방법으로 땅을 일구며 성실한 농부로서 살아가고 있다. 그는 낭만적인 전원생활이나 조화로운 자연을 역설하지 않고 공동체의 보존과 지역경제의 활성화라는 현실적인 과제를 중시한다.

17 정승진 옮김, 『나에게 컴퓨터는 필요 없다』, 양문, 2002

그런 학교 교육의 결과 세계는 하나의 단일문화로 획일화되고 있다. 아직도 세계에 존재하는 5천 개 정도의 언어는 절멸 위기의 생물처럼 위태로운 상황에 처해 있고 어디에서는 영어교육이 확대되고 있다. 일리치가 말하듯이 1950년부터 1970년 사이에 "매년 50개의 언어가 없어졌고 1950년 단계에 말해진 언어의 절반은 박사학위 논문 주제로서만 살아남았다."

이러한 상황에서 학교 교육의 가치에 대한 회의는 다시 나타나고 있다.

스스로 배우고 익히기

일리치가 주장하는 학교 없는 사회란 학교 교육에 대한 맹신을 파기하고자 하는 하나의 사상운동이다. 그것은 모든 교육은 학교에서 이루어진다는 전제하에 학교 교육을 학년별로 짜인 교육과정의 틀 안에서 가르칠 목적으로 강제적인 감호 통제를 행사하는 제도적 구조로 본다. 그곳에서는 한 학년씩 올라감에 따라 교육적 진전이 있다는 환상이 작용한다. 그러나 학교는 억압적이고 인간을 소외시키며 비인간화하는 곳으로서 기존사회의 유지라는 목적을 위해서 존재할 뿐이다.

일리치가 말하듯 학교는 현대의 종교이다. 교회는 지상에서 착취 받는 자들에게 하늘나라의 천국을 약속한다. 학교도 교육을 통한 평등을 약속한다. 교회와 학교는 실제로 극소수에게 이익을 부여하나 평등의 환상을 심어준다. 서구나 미국에서도 빈곤한 가정이 부유한 가정보다 더 많은 교육세와 사회보장비를 부담한다. 곧 부유한 사람들을 위해 가난한 사람들의 돈을 착취한다. 교육은 경제적 착취를 합리화한다. 가난한 사람들은 머리가 나쁘고 능력이 부족해서 교육에서 실패했고 낙오했다고 생각한다. 그리하여 교육에 대한 맹신이 더욱 뿌리 깊게 심어진다. 그 단적인 실례가 한국의 교육병, 교육중독이다.

이에 반해 '학교 없는 사회'는 인간이 무엇을 배우고 싶을 때 그것을 나름대로 배울 수 있는 것을 모색하는 사회이다. 곧 자신의 목표와 관련된 일을 더욱 쉽고 빠르게 사회에서 배우는 것이다. 인간은 스스로를 가르칠 수 있다. 그는 사회화되지도 않고, 훌륭한 시민이나 사회적 역할을 모색하지도 않고 배우고 싶은 기술을 배울 수 있다.

이와 관련하여 일리치의 친구였던 교육학자 존 홀트가 그의 『학교를 넘어서』와 관련해 했던 다음 이야기는 인상 깊다.

> 나 자신이 납득할 수 있는 교육에 대한 정의란 없다. 『학교를 넘어서』라는 제목으로 말하고 싶었던 점은, 특수한 장소에서, 모든 수단을 사용하면서 행해지도록 누군가가 설계한 과정이 아니라는 것이다. 그것을 한마디로 정의할 수 있는지는 모르겠다. 나로서는 주변 세계와의 교류에 의해 그전보다 사물을 알고 현명하게 되며 사물에 관심을 가지고 능력이나 기능도 몸에 익혀 자각적으로 되는 과정이라고 말하고 싶다. 말하자면 인생에는 큰 흐름이라는 것이 있기 때문이다. 즉 나는 매우 많은 것을 공부하고 있는데 이는 내가 살아가고 일하며 놀고 친구들과 함께 있는 과정을 통해 공부하는 것이다. 그 과정에 단절은 없다. 그 전체가 하나의 과정이다. "살아가는 것"이라고 표현하지 않는다면 '교육'의 정의에 알맞은 말을 하나 고르기란 불가능하다.[18]

홀트가 '학교를 넘어서'라고 한 것은 강제 교육과 강제된 공부로서 그것

----

18 A. Falbel, 1993, Learning? Yes of course. Education? No thanks, Growing without Schooling, 92, pp. 13~14

을 그는 '전제이고 인간의 마음과 정신에 대한 범죄'라고 하며 "교육에서 도망갈 수 있도록 모든 사람을 해방시켜라. 하고자 하면 누구나 할 수 있다"고 말한다. 홀트가 죽기 직전까지 계속 발간한 『학교화되지 않은 인간의 성장 Growing without Schooling』은 학교화에서 도망친 수많은 미국인의 이야기를 담았다.

홀트는 그 보기로 자신이 독학한 첼로 공부에 대해 다음과 같이 말한다. 즉 첼로를 공부하는 그를 보고 사람들이 "첼로 켜는 것을 공부한다learnig to play cello"라는 하는데, 이 말은 그런 뜻에 이어 "첼로를 켜고 있다"는 다른 과정이 있음, 즉 "첼로 켜는 것을 익힐 때까지 연습have learned to play"해 "켠다"라는 기묘한 생각을 하게 됐다. 홀트는 이를 난센스라고 하며 그것은 하나의 과정에 불과한 것이지만 이를 '행함doing'에 의해 '공부한다learnig'는 것으로 해명하면서 그밖에는 달리 공부하는 방법이 없다고 한다. 즉 무엇인가 처음 시작할 때는 미숙하지만 필요한 경우 언제나 연습하는 끝이 없는 과정이 공부라는 것이다.

나는 일리치나 홀트와 함께 학교를 거부하는 것은 누구에게나 가능하고 그것이 누구의 장래를 결정할 수 없다고 생각한다. 청소년을 학교 교육의 공포로부터 지키고자 하는 사람들이 늘고 있고, 더욱 늘어서 학교 없는 사회가 한국을 비롯하여 세상의 모든 나라에서 이루어지길 빈다.

나아가 우리 사회가 서비스 제도에 의존하는 구조적 경향으로부터도 곧 벗어나길 바란다. 이는 성장과 발전의 한계를 명백하게 설정하는 것에 의해 비로소 가능하다. 그런 한계가 없는 무한한 성장과 발전은 이미 우리가 보아온 대로 사회양극화, 물질적 오염화, 심리적 무능화를 초래하고 있음은 명백하다. 이를 극복하기 위한 학교 철폐는 우리 시대의 가장 중요한 과제다.

라틴아메리카의 현대 교육

최근 유엔 산하 중남미·카리브 경제위원회(CEPAL)가 펴낸 보고서에 따르면 중남미 5~12세 어린이 중 절반에 가까운 46%는 가정에 인터넷이 없다. 2019년 기준 중남미 전체 인터넷 보급률은 66.7%인데, 소득 수준이 가장 높은 계층의 인터넷 보급률은 81%인 반면 소득 최하위층의 보급률은 38%에 그쳤다. 빈부격차, 도농 격차가 고스란히 교육 격차로 이어지는 상황이다. 코로나19로 교육 격차가 커지는 것은 전 세계 공통의 우려지만, 원래도 빈부격차가 크고 빈곤층이 두꺼운 중남미에선 더 심각한 문제다. 대다수 학생이 학업을 지속할 수 있는 기회가 주어졌지만, 전반적인 학업 수준 하락과 사립학교와의 격차 확대 우려도 나오고 있다. CEPAL은 코로나19로 인한 계층 간 격차 확대를 막기 위해 디지털 기술에 대한 보편적인 접근권이 보장되어야 한다고 강조했다. 이를 위해서는 디지털 접근을 위한 엄청난 예산 투자가 필요하다. 이러한 현실을 보면 일리치의 '희망'은 빗나간 듯이 보인다.

제4차 산업과 일리치

모든 종류의 교육은 사회의 문제를 해결하기 위해 학습자의 사고와 활동 수행에 상당한 변화를 줄 것으로 예상된다. 동시에 학습자는 학습한 내용을 개인의 열망을 달성하는 수단으로 사용할 수 있어야 한다. 또한 학습 환경은 학습자의 잠재력과 동기가 위협받고 훼손되지 않도록 하는 데에도 중요하다. 그러나 현대 교육 시스템은 학습자의 기대를 충분히 수용하고 충족시키는 데 크게 실패했다. 너무 많은 형식이 학습자를 소홀히 하여 교실이 단조롭고 영감을 주지 않기 때문이다.

일리치는 학교가 중앙집중화, 경직성, 관료적 성격, 순응 및 불평등으로 인해 교육에 적합하지 않다고 선언했다. 그에 의하면 학교 교육 시스템은 학습자가 기술을 습득하는 것을 방해할 뿐만 아니라 학습 요구를 억제한다. 이러한 형태의 학습은 대부분의 학습 과정이 실용적이지 않고 따라서 효과적인 학습을 제한하기 때문에 실현이 가능하지 않다. 오늘날에도 대부분 국가의 교육 시스템은 학생들에게 특정 교육 수준을 달성했음을 표시하는 인증서를 제공하도록 설계되었다. 수료증이 졸업자의 사회적 지위를 높이는 주요 요건이자 취업의 도구가 되었기 때문이다. 그러나 우리 교육은 자격을 갖춘 졸업생을 만드는 데 실패했다.

일리치가 제시하는 교육 문제는 학교의 벽을 넘어 확장된다. 우리가 살고, 일하고, 상호 작용하는 방식에 전례 없는 영향을 가져온 4차 산업 혁명이 가져온 현재 문제를 해결하는 데 교육은 도움이 되지 않는다. 사회의 미래를 위협하는 대규모 이직, 사이버 보안 문제 및 해킹이 있다. 또한, 세계화로 인한 실업률은 개발도상국과 선진국 모두에서 더욱 증가하고 있지만, 정규 학교 교육은 청년들이 자신의 전문 분야에서 취업하는 데 도움이 되지 않는다.

정규교육의 근본적인 변화를 통해 학습자는 단순히 교육만 받는 것이 아니라 스스로 학습을 만들고 교육의 파트너가 될 수 있는 더 많은 기회와 네트워크를 가져야 한다. 따라서 다양한 형태의 무형식 교육에서 습득한 비판적 사고, 창의성 및 다중 문해력은 일반적으로 청소년들이 21세기에 제시되는 변화에 발맞추기 위한 기반이 된다.

대안교육은 현대 사회에 영향을 미친 가장 치명적인 전염병 중 하나인 코로나바이러스의 최근 발생과 같은 문제를 억제하기 어려울 것으로 추정되는 사회에 직면하더라도 교육 활동을 계속할 수 있도록 하는 열쇠다. 대부분의 정부가 공중 보건 비상사태로 학교와 대학을 폐쇄함에 따라 전 세계의 교육자와 학생은 새로운 코로나바이러스의 전례 없는 파급 효과를 느끼고 있다. 그 결과 전 세계적으로 수억 명의 학생들이 전염병으로 인해 혼란을 겪었다. 위기가 지속되는 가운데 일부 국가, 특히 부유한 국가에서는 원격 교육, 홈스쿨링과 같은 대안교육을 실시하고 있다.

일리치에 대한 이해

일리치에 따르면 정규 학교 교육은 지역사회 내에서 교육과 학습을 방해한다. 정규 학교 교육은 또한 학습자에게 교육에 대해 잘 알고 있는 인증된 교사의 지시를 따를 의무를 부여한다. 학교 시스템으로 인해 사회 전체가 강제 교육 과정을 해석하는 전문가의 제도화된 서비스에 의존하게 된다. 학교 교육의 패러다임은 학습자의 다양한 기술을 촉진하는 데 실패하고 오히려 동일하고 쓸모없는 지식을 재생산한다.

따라서 졸업생들이 우리가 가정하는 무지와 빈곤에서 해방되는 것만으로는 충분하지 않다. 일리치는 형식 학교를 통해 학습에 심각한 역설이 있었다고 주장한다. 즉 학습자는 과정과 내용을 혼동할 뿐만 아니라 가르치는 것과 학습을, 학년 향상을 교육으로, 졸업장을 능력으로, 유창함과 새로운 것에 대해 말하는 능력을 혼동하도록 교육받는다. 이러한 교육은 학교뿐 아니라 대학에서도 생활과 경험을 통해 습득하는 무형식, 우발적 학습과 달리 특징적으로 나타난다.

현대 교육에서는 대부분의 어린이가 학교에 등록하여 문서로 명시된 성적과 수료증으로 측정되는 가치 있는 학습을 하고 있다는 믿음이 있다. 학교에 다니지 않은 사람들에게 그들의 지식과 기술은 사회에 쓸모없는 것으로 간주된다. 그러나 일리치는 학습이 다른 사람의 조작에 의해 획득된 인간 활동이라고 비판한다. 그리고 대부분의 학습은 교육의 결과가 아니라 의미 있는 환경에서 학습자의 참여다. 급진적 교육학자들은 대부분의 기술과 지식이 학교 밖에서 자발적으로 습득되어야 한다고 믿는다. 이 주장의 배경이 되는 이유는 우리가 일상생활에서 알고 행하는 대부분이 학교 교육의 산물이 아니기 때문이다. 오히려 동료, 멘토 및 커뮤니티로부터의 교훈이다. 비학교화의 꿈은 커뮤니티가 원하는 교육을 받고 부담 없이 배울 수 있도록 하는 것이다. 가장 중요한 것은 중앙집중식 커리큘럼의 제약 없이 학습과 교수 모두를 향상하도록 설계된 대중이 쉽게 사용할 수 있는 새로운 네트워크를 만드는 것이다.

일리치는 학교가 모든 사람에게 평등한 교육의 질을 제공한다고 하지만 가난한 아이가 부유한 아이를 따라잡기는 어렵다고 본다. 가난한 학생은 학업 향상을 위해 학교에만 의존할 때까지 뒤처지게 된다. 빈곤 국가는 교육과 같은 공공 서비스에 접근하는 데 더 많은 사람들에게 더 가시적인 영향을 미친다. 그는 라틴아메리카에서 모든 어린이의 3분의 2가 빈곤 제약으로 인해 5학년을 마치기 전에 학교를 그만둔 반면, 미국에서는 그렇지 않다고 주장한다. 또는 재정적, 행정적 또는 교육적 자원에 불리한 모든 사람들은 동료, 멘토, 그리고 그들이 알고 있는 것을 기꺼이 공유하고자 하는 사람들로부터 배울 기회가 있다.

자유로운 학습 환경에서 학습자는 무엇을 공부할지, 언제 어떻게 공부할지를 자유롭게 결정할 수 있다. 이러한 환경에서 학습자는 사회에 적극적으로 참여하고 정규 학교 교육보다는 모방, 견습, 모델링 및 대화를 통해 다양한 기술을 배울 기회가 제공된다. 사회변화를 지원하기 위해 강제 교육에 반대하고 학교에 대안을 제시하는 것은 생활방식의 주장으로 간주되어서는 안 되며, 다른 세계에 대한 명백한 주장이어야 한다. 즉 학습자의 자유를 침해하고 억압하는 학교제도를 개혁해야 한다. 학습자는 자신의 학습 요구를 충족시키기 위해 스스로 학습을 만들어야 한다.

공부망의 이해

일리치에게 공부망은 각 개인이 장소와 시간의 제한 없이 배우고 지식과 기술을 교환할 수 있는 기회를 의미했다. 일리치는 공부망을 사회를 응집력 있는 학습 기회로 변화시킬 수 있는 정규 학교 교육의 대안으로 간주한다. 좋은 교육 시스템은 일생 중 언제든지 배우고자 하는 사람들에게 자원에 대한 접근을 제공해야 한다. 그들이 알고 있는 지식과 기술을 기꺼이 공유하려는 사람들에게 권한을 부여하고, 그들로부터 배우는 데 관심이 있는 사람들이 사회의 망을 탐색할 수 있도록 돕는다. 또한 대중에게 문제를 제시하고자 하는 모든 사람들에게 자신의 도전을 알릴 기회를 제공해야 한다.

학습자는 강제 교육 과정에 자신을 국한하거나 수료증 또는 졸업장 보유 여부에 따라 차별을 받아서는 안 된다. 모든 사람은 인간의 경험을 통해 평생 학습을 강화하도록 설계된 가정이나 커뮤니티 센터에서 제공되는 교육을 받을 권리가 있다. 일리치는 학교 참석자가 학교에 다니지 않는 학생들보다 삶의 기회에 더 많이 접근할 수 있다는 개념을 비판한다. 따라서 일리치는 교육 시스템이 학습자가 학습 목적으로 쉽게 이용할 수 있는 공공장소에서 제한 없이 학습에 접근할 수 있는 채널을 만들어야 한다고 제안했다.

일리치의 이론은 학습을 원하는 각 개인이 수행해야 하는 효과적인 학습을 위한 네트워크의 사용을 강조한다. 교육자로서 인증되지 않은 교사는 신뢰할 수 있고 좋은 교육 환경을 제공받아야 한다. 이를 쉽고 체계적으로 하기 위해서는 일반인에게 개방된 무료 기술 센터를 만들어 기술 교류를 제도화할 수 있는 유인책이 있어야 한다고 권고했다.

기술 교환 센터는 주로 견습 프로그램에 참여하기 위한 전제조건을 전달하는 것을 목표로 해야 한다. 공부망 역할을 하는 교환 센터는 의도한 목표를 달성하기 위해 긍정적인 태도를 가진 숙련된 사람들을 필요로 한다. 이것은 박물관, 도서관 등의 사람들을 참여시켜 수행할 수 있다.

라이머는 부모와 고용주가 사람들의 학습을 돕는 책임을 다시 시작해야 하는 점이 디스쿨링 의제의 중요한 임무 중 하나라고 말했다. 진정한 교육은 가정과 직장에서 이루어지기 때문에 배우고자 하는 청소년들에게 모범, 상담가, 지도자, 멘토, 교사의 역할을 맡아야 한다. 따라서 홈스쿨링과 직장은 정규 학교 프로그램에 참석하지 않는 사람들을 위한 학습 센터 역할을 할 것이다. 이러한 교육은 학습이 지속적인 과정으로 인식되기 때문에 학습, 삶, 일 사이에 분리가 없음을 증명한다. 개인은 둘 중 하나의 프로세스가 끝날 때까지 기다리기보다 배우는 동시에 작업해야 한다. 이 사명을 달성하는 가장 좋은 방법은 가정과 직장을 학습 센터로 제도화하는 것이다.

디스쿨링 사회의 실천

일부 국가에서는 일리치의 공부망을 교육에 이를 채택하고자 계획했다. 예를 들어, 인도는 학습의 범위를 넓히기 위해 비정규 교육 프로그램을 수립하기 위한 계획을 수립하기 위해 열린 전국 회의에 이어 1975년 이래로 디스쿨링 프로젝트를 실행하는 가장 중요한 중심지가 되었다. 디스쿨링 프로그램에서 수행된 활동은 통신 과정, 기능적 문해 프로그램, 위성 교육 텔레비전 사용 및 지역 사회 개발 프로젝트에 국한되지 않았다.

이와 유사하게, 미국은 1973년 중등 교육 개혁 보고서(브라운 보고서)에 관한 국가 위원회를 통해 지역사회에서 대안교육의 필요성에 대해 인식했다. 더 많은 학습은 무료 환경에서 제공되어야 했다. 예를 들어, 멘토링, 거리 아카데미, 행동 교육, 학업 및 직업 견습, 벽 없는 학교가 진정한 학습을 위한 접근 방식으로 사용되었다. 미니애폴리스는 가족들이 대안적 접근 방식을 통해 교육을 받은 지역 중 하나다. 한편, 1972년 캐나다 온타리오의 고등교육위원회(Wright Report)는 공식 시스템을 넘어 모든 사람에게 교육을 제공하는 데 큰 움직임을 보였다.

일리치가 제안한 네트워크에는 학습자가 학습할 수 있도록 교육적 객체를 저장할 수 있는 컨텍스트 생성, 전문가가 학습자와 지식을 공유하는 기술 교환 센터, 유사한 관심사를 가진 학습자가 서로를 찾는 피어 매칭 및 참조 서비스가 포함된다. 이는 기술의 눈부신 발전을 특징으로 하는 4차 산업혁명이 가져오는 변화에 대처하기 위해 노력해온 교육의 새로운 접근 방식으로 디스쿨링 아이디어로 고려할 가치가 있음을 시사한다.

코로나19 이후 일리치의 부활

왜 다시 일리치인가?

앞에서 보았듯이 학교에 대한 일리치의 비판은 제도화에 대한 광범위한 비판의 일부다. 그는 의료, 수송 및 도시 계획, 교회에서도 그 영향을 추적한다. 그에 의하면 교육, 건강관리와 같은 서비스는 전문가만이 제공할 수 있는 것으로 간주된다. 비록 그가 이 용어를 사용하지 않았지만, 일리치를 아나키스트로 보는 것이 공정할 것이다. 그는 제도 대신 비공식적이고 분산된 네트워크를 선호한다. 제도는 필연적으로 전문 엘리트를 위해 권력을 유보하지만 네트워크는 비계층적이다. 네트워크는 자율성, 자유 및 자긍심을 조장한다. 그는 아무도 다른 사람에게 무엇을 언제 배워야 하는지 지시할 권리가 없다고 주장한다.

여기서 일리치의 주장은 생태학적 문제에 대한 그의 관심을 반영하기도 한다. 그는 제도화가 자연환경의 파괴로 이어지는 소비주의와 과도한 에너지 사용의 형태를 만들어낸다고 주장한다. 그것은 경제 성장에 대한 광범위한 '광기'와 저항해야 할 과학적 '진보'에 대한 해로운 믿음을 반영한다. 그러나 여기에서 그의 목표는 자본주의보다는 주로 산업주의다. 그는 마오쩌둥의 중국에 대해 다소 양면적이지만 소련 공산주의도 서구 자본주의만큼 책임이 있다고 생각한다.

일리치는 학교를 하나의 제도로 지속적으로 비난한다. 대부분의 학습이 학교 밖에서 이루어지며 많은 사람들이 우리에게 효과적으로 가르칠 수 있다고 주장하는 그는 학교와 더 넓은 범위의 교육 시스템은 끊임없이 교수와 학습에 대한 독점을 주장한다고 비난한다. 그러한 특권의 학교 학습은 어린이를 무력하게 만들고 어린이는 교사의 권위에 의존하게 되어 자율성을 더욱 무력화시킨다. 나아가 그는 학교 교육이 사회적 평등에 전적으로 적대적이라고 주장한다.

그는 교육 개혁자가 아니었다. 그는 자유주의적 '자유 학교'(오늘날의 '자유 시장' 학교가 아니라 1960년대 후반에 등장한 대안학교)에 반대한다. 그는 '진보적' 교육학이나 커리큘럼에 대한 급진적 접근에 관심이 없다. 그리고 그는 '교육 기술자'라고 부르는 사람들을 거부한다. 그는 이 모든 것을 '교육 사회', 즉 교육을 '교육자가 관리하는 제도적 과정의 결과'로 보는 관점의 기본 문제의 연속이라고 본다.

이것은 네트워크에 대한 그의 강조가 교육 기술에 대한 열광적인 지지를 받는 것을 막지 못했다. 월드 와이드 웹이 등장하기 거의 20년 전, 그는 인터넷을 상상했다. 특히 그는 대안교육 인프라를 구성할 수 있는 4가지 종류의 '학습 웹'을 식별했다. 교육 대상에 대한 참조 서비스, 박물관 및 도서관에 대한 접근 제공, 사람들이 특정 전문 지식을 제공할 수 있는 기술 교환, 학습자가 협력 학습을 위해 파트너에게 연락할 수 있는 동료 연결, 마지막으로 일반 교육자를 위한 참조 서비스, 급여를 받는 전문가일 수도 있고 아닐 수도 있는 '교사'에게 연락할 수 있는 수단을 제공한다.

이러한 웹은 기존 리소스(도서관, 박물관, 교과서 및 프로그래밍된 교육 형식)를 사용하지만 근본적으로 분산된 방식으로 사용된다. 학습자는 커뮤니티 '기술 센터'의 컴퓨터 데이터베이스에 관심 분야를 게시하고 커피숍에서 다른 학습자(또는 잠재적 교사)를 만나는 상상을 한다.

그의 학교 없는 유토피아는 주로 호혜성, 공정성 및 선의에 따라 작동하는 듯이 보인다. 어떤 점에서 그는 사람들이 교육적 '바우처'(심지어 'edu-credit 카드'까지)를 사용할 수 있다고 제안했는데, 이는 나중에 교육적 '자유 시장' 옹호자들이 선호하는 아이디어가 되었다. 그러나 일리치의 유토피아는 이윤 동기가 마법처럼 결여된 세상이다. 사람들이 어떻게 생계를 꾸릴 수 있는지 또는 어떤 서비스나 개인을 신뢰할 수 있는지를 어떻게 알 수 있는가에 대한 물음과는 관련이 없다.

일리치의 기술 분석은 결정적이지 않다. 그는 컴퓨터(다른 도구와 마찬가지로)가 사용 방법에 따라 학습에 긍정적 또는 부정적 결과를 초래할 수 있다고 주장한다. 그럼에도 불구하고, 그의 주장은 디지털 창의성에 대한 열광자들에 의해 널리 채택되었다. 테크노 애호가들이 채택한 또 다른 핵심 아이디어는 일리치의 '도구' 개념이다. 그러나 도구는 결코 '기술'에 국한되지 않는다. 그는 컨비비얼한 도구와 산업용 도구를 구분한다. 전자는 '사람 사이의 자율적이고 창의적인 교제와 환경과 사람의 교제'를 허용한다. 반면 산업용 도구는 조작 또는 지배의 수단으로 사전 정의되고 사전 프로그래밍된 방식으로만 사용할 수 있다.

'감시 자본주의' 시대에 이러한 유토피아적 상상과 현대 인터넷의 현실 사이의 대조는 거의 언급할 필요가 없다. 궁극적으로 인터넷은 일리치가 말한 컨비비얼한 기술이 아니다. 그러한 도구는 제한적이다. 즉, 사용이 간편하고 개별 제어가 가능해야 한다. 인터넷은 일리치가 '근원적 독점'이라고 부르는 것(즉, 피할 수 없게 됨)으로 기울어지며, 이를 특히 대기업이 지배하게 되면 더욱 그렇게 된다. 그리고 그 기반 시설은 사용자가 통제할 수 있는(또는 반드시 이해해야 하는) 수단이 전혀 없다.

마지막으로 일리치는 자신의 비학교화 유토피아를 실제로 실현할 것이라고 상상하는 방법을 명확하게 보여주지 않는다. 그는 젊은이들이 자발적으로 학교 중퇴로 인해 제도화에 반대할 것이라고 암시한다. 시스템은 실패할 것이고, 그들은 자신의 학습과 성장에 대한 책임을 져야 한다는 것을 어떻게든 깨닫게 될 것이라고 본다. 그러나 그는 자신의 대안적 제도(공부망)이 '아직 존재하지 않는 사회에 봉사하기 위한 것'이라고 보는 것 같다. 그럼 여기서 어떻게 거기로 갈 수 있을까?

팬데믹과 일리치

2020년 많은 학생들이 물리적으로 학교에 출석하지 않았음에도 불구하고 학교 폐쇄로 인해 학교가 없어지지는 않았다. 그러나 그들은 교육의 목적에 대해 아주 강렬하고 골치 아픈 방식으로 몇 가지 근본적인 질문을 제기했다. '학습 손실'과 아이들이 '따라잡기'의 필요성에 대한 모든 현재의 이야기에 대해, 학교는 교육 자체를 초월하는 기능을 가지고 있음이 분명하다. 즉 양육 기능을 가지고 있다. 아이들을 수용하고 거리에서 그들을 보호하기 위해 존재한다는 것이다. 학교를 '개학'해야 하는지 여부에 대한 논쟁에서 이것이 또한 경제적인 문제라는 것이 매우 분명해졌다. 아이들이 학교에 가야 어른들이 일을 하고 경제 기능을 유지할 수 있다.

한편, 학교 폐쇄 기간 동안 사라지고 기술로 쉽게 대체될 수 없는 학교의 기능이 몇 가지 더 있다. 대부분의 아이들은 다시 학교로 돌아가고 싶어 하는데, 검색 연습 기술을 연마하거나 더 강력한 지식을 섭취하기 위해서가 아니라 친구들을 만나기 위해서다. 홈스쿨링을 하는 부모든 Zoom 화면이든 상관없이 성인의 감시로부터 벗어날 수 있는 능력은 큰 안도감으로 다가왔다. 이것이 암시하는 바와 같이, 학교 교육은 교실에서 일어나는 일을 제외하고 어느 정도 사교성 및 사회화 측면에서 중요한 기능을 수행한다.

토니 브렛슬린Tony Breslin의 책 『폐쇄의 교훈Lessons from Lockdown』은 가장 최근이자 가장 긴 폐쇄 기간 이전에 작성되었지만 여기에서 문제가 되는 몇 가지 문제에 대한 좋은 개요를 제공한다. 브렌슬릿은 상세한 연구를 바탕으로 학생, 학부모, 교사의 경험의 긴장과 복잡성, 그리고 '교훈'을 미래의 실천으로 이어갈 필요성을 지적한다. 많은 주요 문제는 세 그룹 모두의 정신건강과 관련이 있다. 특히 젊은 사람들에게 고립의 경험은 스트레스가 많았다. 교사와 학부모에게 원격 학습은 추가적인 압박과 긴장으로 완전히 새로운 작업량을 추가했다.

폐쇄 기간 동안 기술사용의 초기 현실은 비상 대응의 문제였다. 장비 및 연결에 대한 접근, 데이터 보안 및 개인 정보 보호, 효과적인 온라인 학습 방법에 대한 질문은 거의 고려되지 않았다. 교사들에게 제공되는 훈련은 거의 없었지만 제대로 대처하지 못했다는 이유로 자주 조롱을 받았다.

그러나 이러한 어려움은 또한 기술의 사용으로 인해 더욱 강조된 기존의 불평등 패턴을 반영하기도 한다. 다양한 이유로 일부 부모는 특히 기술 자체를 사용하는 데 있어 다른 부모보다 가정 학습을 훨씬 덜 지원할 수 있다. 불우한 배경의 아동, 장애 아동, 학대를 받거나 문제가 있는(또는 단순히 더 과밀한) 가정환경에 있는 아동이 특히 심한 타격을 받았다. 영국 정부가 결국 랩톱 컴퓨터를 배포하기 시작했지만 초기 노력은 완전한 실패였다. 그리고 인터넷 연결은 많은 사람들에게 중요한 문제로 남아 있다.

이 외에도 (기술 애호가들이 자주 제안하는 것처럼) 새로운 형태의 학생 중심 학습을 촉진하기보다는 온라인 학교가 실제로 대화와 대화에 참여하고 서로 협력하는 학생의 능력을 저해함으로써 보다 교사 중심적인 접근 방식을 촉진했다고 주장할 수 있다. 기술은 인간과의 접촉과 대면 상호작용에서 학습과 교사의 노동을 제거했다. 교사는 효과적으로 기술 관리자가 되었다. 기술은 또한 다양한 방식으로 저항한 학생뿐 아니라 교사와 학부모에게도 강력한 감시 수단이 되었다.

한편, 기술에 대한 의존은 고등교육과 학교에서 교육 시스템의 지속적인 민영화에 대한 또 다른 알리바이를 제공했다. 다른 많은 영역(특히 의료 자체)에서와 마찬가지로 팬데믹은 큰 시장 기회를 제공했다. 그리고 몇몇 경우에 부패의 명백한 증거가 있었다. 물론 이것은 국가 행위자, 세계 경제 정책 제도, 컨설팅 회사, 소위 자선 활동가 및 금융 서비스 부문의 강력한 네트워크를 통해 추진되는 훨씬 장기적인 프로젝트다. 그러나 대형 기술 회사들은 이제 이러한 공교육의 아웃소싱에서 중요한 역할을 하게 되었다. 특히 '데이터화'의 논리가 교육을 지배하게 됨에 따라 소규모 영리 제공업체가 많은 콘텐츠를 제작할 수 있지만 하드웨어와 인프라를 제공하여 막대한 수익을 창출하고 있는 것은 Microsoft, Google 및 Amazon이다. 그리고 그러한 회사들에게 학교는 훨씬 더 크고 수익성이 좋은 국내 시장으로 가는 관문일 뿐이다.

간단히 말해서, 이것은 일리치가 말한 '학교 없는 사회'의 분산된 무정부 상태 또는 선전 기술 개척자들의 사이버 유토피아적 상상과는 매우 먼 길이다. 그러나 다른 많은 분야나 지역에서와 마찬가지로 여기에서도 팬데믹이 현실에 대해 유익하고 훈계를 가할 기회를 제공했을 수 있다.

따라서 우리는 다시 일리치를 읽을 필요가 있다. 그가 말한 디스쿨링 소사이어티는 적어도 일종의 사고 실험으로서 가치가 있다. 훨씬 더 길고 광범위한 역사적, 세계적 관점을 취함으로써 우리가 당연하게 여기는 범주와 개념에 의문을 제기하는 데 도움이 된다. 아동이란 무엇이며 교사는 무엇이며 교육은 무엇인가? 특히 왜 우리는 주로 학교의 맥락에서 학습을 생각하는 경향이 있는가? 학교는 매우 특정한 형태와 조직 구조를 가진 특정한 종류의 제도인가? 실제로 학교란 무엇인가? 팬데믹의 경험은 이러한 논쟁을 날카롭게 했다.

지난 50년 동안 일리치의 책을 읽은 많은 독자들은 주요 전제에 대한 공감이나 불일치와는 관계없이 사회를 대규모로 디스쿨링하자는 제안이 헛된 꿈이라고 믿었다. 그러다가 2020년 갑자기 100년 만에 가장 큰 전염병이 크게 유행하는 한가운데서 전 세계 대부분의 학교가 문을 닫았고 수백만 명의 어린이가 집에서 공부하기 시작했다

여기서 일리치가 제안한 사회의 디스쿨링이 마침내 정책 설계를 통해서가 아니라 지난 20년 동안 정보 통신 기술(ICT)의 확산과 2020년의 바이러스를 통해 일어났다고 주장하는 사람들이 나타났다. 이들은 코로나19가 일리치의 기본 요구 사항, 예측 및 권장 사항의 대부분을 충족했다고 주장한다. 그러나 이들 중 많은 사람들이 놓치고 있는 것은 그것이 일리치가 공식화한 방식과 정확히 일치하지 않는다는 점이다. 일리치는 협력적이고 대화적인 방식으로 공동으로 조직된 새로운 교육적 접근을 주장했다. 반면 오늘날 미국에서 목격되고 있는 것은 기존의 (대면) 학교에 대한 대안으로 이미 성장하고 있던 원격 공부, 홈스쿨링, 마이크로스쿨링 및 언스쿨링 등이다.

가. 원격 공부

원격 공부는 통신 연구로 시작된 이래 1세기 이상, 그리고 나중에는 라디오와 텔레비전을 통해 사용되어온 원격 교육 방식의 최신 방식이다. 원격 공부는 본질적으로 비동시발생적asynchronous이지만 인터넷에 크게 의존하며 교사와 학생, 학생과 학생 간의 동시발생적 상호작용을 허용한다. 20세기의 원격 교육이 주로 성인과 고등교육을 중심으로 이루어졌다면, 21세기의 원격 교육은 특히 현재의 공중 보건 위기의 결과로 어린이와 청소년에게 그 범위가 확대되었다. 여기서 원격 공부는 기존 학교 수업의 확장으로 교사가

제공하는 자료, 내용 및 지도로 수행된다. 비록 아이들이 물리적으로 학교에 다니지 않더라도, 학교는 여전히 표준에 기반한 커리큘럼을 처방하고, 학생을 위한 주간 일정을 구성하고, 성취를 인증하는 과정의 중심에 있다.

인터넷을 통한 원격 공부의 동시발생적 차원으로 인해 학생들은 교사와 다른 학생들을 화면에서 볼 수 있다. 이 공부 모델은 온라인 지시 회의 공간을 제공하는 다양한 기술 커뮤니케이션 플랫폼에 의존하며 그 지시는 종종 비디오, 모듈, 토론 게시판 및 학생 프레젠테이션을 통해 전달된다. 책임과 성적을 추적하고 가족과 의사소통하기 위해 교사는 다른 포털을 사용한다. 코로나19에 대응하여 원격 공부 모델이 급증했다. 학교가 원격 공부로 이동함에 따라 장치 및 광대역 접근성을 해결하는 데 어려움을 겪었고 인터넷 회사는 더 많은 공공 핫스폿, 저렴한 요금, 심지어 저소득 지역 전반에 걸쳐 개방형 연결을 제공하기 위해 학교 및 커뮤니티와 협력해야 했다. 오늘날 원격 공부는 정규교육 전달의 일반적인 통로가 되었으며 학생, 가족 및 교직원의 안전을 보호하는 데 중요한 기여를 했다. 그러나 몇 가지 예외를 제외하고 원격 공부는 대면 교육이 제공하거나 의무화한 것에서 크게 혁신되지 않았다.

나. 홈스쿨링

홈스쿨링 환경에서 부모는 자녀 교육의 위치를 제어하지만 여전히 규정된 커리큘럼, 교과서 및 학년 할당에 의해 안내된다. 부모는 교사보다 더 많은 자율성을 갖고 보충 자료와 개인화된 공부 경험을 추가할 수 있지만 교실에서 교사처럼 행동한다. 홈스쿨 모델 내에서 공부하는 학생들은 종종 수업과 과제 사이에 더 많은 시간과 속도를 할당할 수 있다. 이 모델에서 홈스쿨링을 받은 학생들은 교실 환경에서 동료들과 덜 접촉하지만 때때로 현장 공부 및 유사한 비공식 공부 기회를 위해 다른 홈스쿨링 학생들과 합류한다. 미국에서는 현재 약 2백만 명의 어린이(전체 12학년까지의 인구 중의 3.5%)가 홈스쿨링을 받고 있으며 그 수는 2021년까지 천만 명에 이를 것으로 예상된다. 전염병의 여파로 많은 가정에서 엄격한 학교 후원 원격 공부 모델 대신 홈스쿨링 모델을 선택했다. 팬데믹 기간 동안 가족 작업 일정과 요구 사항을 고려하여 홈스쿨 모델을 통해 학생과 가족은 유연한 공부 기회와 일정을 만들 수 있다.

그러나 비판적 관점에서 홈스쿨링은 민주주의에 해로운 영향을 미치는 세 가지 주요 단점이 있다. 첫째, 홈스쿨링은 학생의 공부 경험과 다양한 공부 기회를 육성하는 가정 기반 시설이 필요하다. 따라서 사회의 문화적, 사회적, 경제적 자본의 상당한 비대칭을 고려할 때 홈스쿨링은 교육 불평등을 강화하는 데 기여할 수 있다. 둘째, 홈스쿨링에서 아이들은 다른 가치 체계를 접하지 않고 가정의 가치, 습관 및 신념만 알고 있다. 이것은 학습자를 무수한 문화, 교육학 및 신념 체계에 노출하는 공간으로서의 공부망이라는 일리치의 개념과 반대된다. 셋째, 홈스쿨링은 또래와의 사교 및 사회적 정서적 공부를 위한 제한된 기회를 제공하며 그룹 작업과 협력을 희생시키면서 개인주의적 접근을 강화할 수 있다.

다. 마이크로스쿨링

2010년경에 시작된 최근의 현상인 마이크로스쿨링은 홈스쿨링과 사립학교의 합성이다. 이 모델은 현재 많은 지역에서 팬데믹 포드(pandemic pods) 또는 공부 포드(learning pods)라고 불리는 것을 조직하는 온라인 그룹과 함께 전염병 상황에서 번창했다. 전통적인 학교 시스템에 대한 대안을 찾고 있는 같은 생각을 가진 소규모 학부모 그룹에 의해 4~12명의 학생이 모이는 과거의 원룸 학교를 재창조한 것으로 간주될 수 있다. 전용 공간이 없으며 일반적으로 홈 로테이션으로 작동한다. 마이크로스쿨은 교사(예: 공인 교사)를 고용하거나 학부모가 협동 모드에서 교사로 교체할 수 있다. 마이크로스쿨은 홈스쿨링을 믿지만 동료와의 상호작용의 가치를 높이 평가하거나 작업 일정으로 인해 홈스쿨링 요구를 관리할 충분한 시간이 없는 부모에게 대안을 제공한다. 커리큘럼은 일반적으로 지역 교육 제도에서 파생되지만 추가 자료로 보완될 수 있다.

팬데믹 기간 동안 마이크로스쿨의 수는 클러스터 모델과 일치하기 때문에 크게 증가하여 가족 간의 노출을 최소화하면서 학생들에게 사회화 및 공부 경험을 허용했다. 2020년에는 파트너 가족, 커리큘럼 및 교사 고용의 조정을 포함하여 마이크로스쿨 또는 포드를 조직하는 데 도움을 제공하는 온라인 회사가 유입되었다. 홈스쿨링의 경우와 마찬가지로 마이크로스쿨링 모델은 자원(시간과 돈), 공간(집에서 충분히 모이는 공간), 주제 제공의 한계로 인해 많은 가족이 포드에 참여할 수 없기 때문에 민주주의에 부정적인 영향을 미칠 수 있다. 지식(자격을 갖춘 교사를 가르치거나 고용하기 위해). 더욱이, 마이크로스쿨링 모델은 동일한 사회경제적 그룹에 속한 가족을 한데 모으는 경향이 있으므로 그룹 외 상호작용에 대한 교류 기회는 제한된다.

라. 언스쿨링

언스쿨링은 가정이 공식 커리큘럼에 거의 의존하지 않고 학생들이 무엇을, 언제, 어떻게, 왜 배우고 싶은지 선택하는 홈스쿨링에 대한 특별한 접근 방식이다. 언스쿨링은 아이들이 천성적으로 호기심이 많고 열정적으로 그들의 관심을 따를 것이라는 가정을 전제로 한다. 몬테소리 접근 방식과 유사하게 언스쿨링은 아동 주도 공부를 촉진하고 부모는 커리큘럼 선택 및 교육 과정에서 뒷자리에 앉는다. 일부 가족은 요리, 정원 가꾸기, 쇼핑과 같은 일상 업무를 공부 기회로 받아들인다. 다른 모드에서는 비디오, 블로그 및 모듈을 제공하는 사이트 또는 특정 주제를 중심으로 한 리소스(예: 내셔널지오

그래픽)를 제공하는 사이트의 형태로 온라인 공부를 통해 주제를 탐색한다. 미국에서는 홈스쿨링 가정의 약 20%가 공식 커리큘럼에 거의 또는 전혀 의존하지 않고 비공식 '언스쿨링' 접근 방식을 사용하는 것으로 추정된다.

팬데믹 시기 학교 폐쇄 기간 동안 일부 가족의 경우 기본적으로 언스쿨링 접근 방식을 채택했다. 일부 성인은 집 밖에서 일해야 하기 때문에 많은 어린이가 자신의 창의성과 온라인 공부 및 오락 선택에 맡겨졌다. 원하는 공부 목표 또는 전체 교육자에 대한 약간의 안내와 촉진된 노출이 없으면 창의성, 문제 해결, 비판적 사고, 탐색적 공부에 대한 노출 등과 같은 언스쿨링의 전반적인 목표가 도태된다. 이러한 임시 상황에도 불구하고 4가지 모델(원격 공부, 홈스쿨링, 마이크로스쿨링 및 언스쿨링) 중에서 언스쿨링이 일리치가 『학교 없는 사회』에서 개발한 아이디어와 이데올로기적 유사성을 갖는 모델이라고 주장할 수 있다. 언스쿨링은 원래 일리치의 가까운 동료인 존 홀트 John Holt가 개발했다. 홀트는 쿼르나바카의 CIDOC에서 그를 여러 번 방문하여 학교 교육에 대한 비판적 접근 방식과 대안 모델 설계에 대한 오리엔테이션을 공유했다. 그러나 홀트는 그들에게 뚜렷한 임무가 있다고 믿었다. 그는 일리치를 환상의 예언자로, 자신을 일리치의 비전을 현실로 변환할 수 있는 능력을 갖춘 실용적인 전술가로 보았다.

홀트는 1970년대에 디스쿨링이라는 용어가 많은 사람들에게 너무 급진적으로 인식된다는 것을 깨닫고 '언스쿨링'이라는 용어를 만들었다. 그는 언스쿨링을 디스쿨링을 향한 전략적 단계로 개념화했다. 언스쿨링은 아이들을 학교에서 데려가는 것이고 디스쿨링은 학교를 강제하지 않는 학교로 만들기 위해 법률과 정책을 변경하는 것을 말한다. 홀트(Growing Without Schooling 1, 1977)에게 언스쿨링은 사회 개혁과 사회변화에 관한 것이며, 이와 관련하여 언스쿨링은 모든 연령대의 사람들이 배우고 함께 살 수 있는 공간을 만들거나 회수해야 한다고 주장했다. 듀이, 린드먼, 일리치, 홀트 등의 아이디어에 따라 현대의 언스쿨링 학생들은 교육이 삶과 동일선상에 있어야 한다고 주장하며 교육 활동과 비교육 활동을 인위적으로 분리하는 것을 거부한다.

언스쿨링은 디스쿨링 사회에 대한 일리치의 아이디어와 공부망 제안에 가장 가까운 관행일 수 있지만 몇 가지 문제가 제기될 수 있다. 첫째, 언스쿨링이 원래 지역사회와 세계에서 공부로 개념화되었지만 실제로는 종종 홈스쿨링으로 나타난다는 것이다. 이러한 점에서 우리는 언스쿨링에서 홈스쿨링에 대해 제기된 몇 가지 비판을 발견할 수 있다. 그중에는 다른 아이들(특히 다른 사회경제적 그룹, 문화 및 배경을 가진 아이들)과의 사회화를 위한 상대적으로 부족한 기회, 엘리트주의의 위험(많은 부모가 경험, 지식 및 자원(장치 및 연결 포함)이 없기 때문에) 등이 있다. 또한 성인 생활에 매우 유용한 많은 교과과정 내용을 놓칠 수 있다.

코로나19 이후 새로운 교육사상의 모색과 일리치

많은 국가가 여전히 코로나19로 인해 휘청거리거나 앞으로 2차 또는 3차 물결이 예상되는 상황에서 이러한 모델의 확장 및 변동이 예상된다. 그러나 팬데믹 기간 동안 학교와 가족이 채택한 다양한 공부 모델은 아직 일리치의 디스쿨링 개요를 이행하지 못했다.

언스쿨링을 제외하고 이러한 모델은 학교 건물에서 교수-공부 프로세스를 제거했을 수 있지만 인증에 대한 강조와 교육 경험을 제공하기 위해 표준화된 커리큘럼 및 기술에 대한 의존에 반드시 도전하는 것은 아니다. 물론 기술이 본질적으로 좋거나 나쁜 것은 아니다. 일리치가 『학교 없는 사회』에서 경고했듯이 기술은 "독립성과 공부 또는 관료주의와 교육"을 촉진할 수 있다. 학교는 공부 자원의 문지기가 되어서는 안 되지만 많은 가정, 특히 저소득층은 지침, 장치 및 연결을 위해 학교에 의존한다. 앞에서 논의된 모델(일부 언스쿨링 방식 제외)은 여전히 어떤 형태로든 형식화된 공부 목표를 고수한다. 왜냐하면 학생들은 자격 증명을 위해 통과해야 하는 국가의 표준화된 시험 정책에 구속되기 때문이다. 대부분의 경우 이러한 모델에서 인증된 개인은 공부 콘텐츠를 제공하고 학생들에게 교육적 경험을 제공하여 지식의 은행을 유지하고(프레이리) 졸업장 또는 자격 증명에 대한 조건부로 지식을 흡수한다. 또래와 다양한 공부 기회가 없으면 사회적 상호 작용의 흡수와 민주화 전략의 제한도 발생한다. 이러한 각각의 공부 모델은 디스쿨링에 대한 일리치의 일부 비전과 어느 정도 유사하게 보이지만 사실은 많은 차이를 보인다.

50년 전에 글을 쓰면서 일리치는 전통적인 학교 시스템에 대한 이러한 모든 대안을 예측할 수 없었다. 그가 오늘날 살아 있다면 이러한 대안 모델에 대해 그가 무엇을 말할지 아는 것은 흥미로울 것이다. 일시적인 유행인가, 아니면 규모와 인기가 계속해서 성장할 것인가? 더 중요한 것은 규범적 관점에서 볼 때 그가 상상했던 공부망에 한 발짝 더 다가가는 것인가, 아니면 한 발짝 떨어져 있는 것인가? 더 민주적이고 평등한 사회에 기여할까, 아니면 불평등을 강화할까? 학생들이 다양한 아이디어를 들을 가능성이 제한된 젊은 세대에 자신의 문화적, 정치적 가치를 주입하는 가족의 사회적 영향은 무엇일까? 이러한 경험에서 비롯된 이러한 새로운 관행이 향후 공부 및 교육의 개념을 재개념화할 수 있을까?

우리는 이러한 새로운 대안(특히 언스쿨링) 중 일부가 자율적 개발과 참여하는 학생의 권한 부여에 긍정적인 기여를 할 수 있다고 제안하지만, 동시에 우리는 그들이 다음으로 이해되는 집단적 해방 프로젝트를 손상시킬 수 있음을 인정한다. 기회의 재분배와 사회적, 경제적, 문화적 목표의 갱신을 통해 좀 더 공정하고 숙고적이며 평등하고 민주적인 사회를 구축할 수 있다. 대안 모델은 확실히 이 프로젝트에 에너지, 창의성 및 혁신을 가져올 수 있으며,

특히 불평등을 강화하는 신자유주의 시장 논리가 아닌 해방적 접근 방식에 의해 인도되는 경우 장려하고 축하해야 한다. 그러나 해방 프로젝트에는 민주적이고 포용적인 공교육 시스템과 혁신적인 교육 모델도 필요하다.

끝으로 우리는 해방적인 사회 교육 프로젝트가 두 가지 동시 작업을 포함해야 한다고 주장한다. 첫 번째 과제는 협력 공부망, 학교 교육 해제 관행 및 기타 협력 준비와 같은 학교 시스템 외부의 창의적인 예시적 실험의 개발을 육성하는 것이다. 두 번째 과제는 좀 더 높은 수준의 평등, 자유 및 참여를 촉진하기 위해 보다 대화식, 학생 중심 및 프로젝트 기반 교육학적 접근 방식을 구현하고 교육 제도 및 교육 시스템을 민주화하는 것이다. 사회적 혼란의 이 순간은 우리에게 좀 더 평등한 사회와 교육 시스템을 상상할 기회를 제공하고, 가능한 범위에서 원하는 미래를 가져오기 위해 의미 있는 행동을 취할 수 있게 할지 모른다.

다른 제도의 변화

쓸모없는 직업들

코로나19 이후 각국 정부는 '필수 노동자' 목록을 만들어 발표하고 이들에 대한 보호 조치에 착수했다. 보건의료 종사자, 돌봄 종사자, 배달업 종사자, 환경미화원 등이 꼽혔다. 전문 경영인(CEO), 경영 컨설턴트, 감사 책임자, 홍보 전문가 등은 여기 포함되지 않았다. 회장이나 사장, 방송인, 언론인 등은 제외된다는 것이다. 법률가도 제외되지 않을까? 언택드 사회에 변호사가 필요한 분쟁이 뭐 그리 많이 생길까?

데니스 뇌르마르크와 아네르스 포그 옌센이 펴낸 『가짜 노동Pseudowork』[19]은 일리치가 말한 전문가보다 더 넓은 직업인 지식 집약 노동, 즉 사무직 노동을 가짜라고 주장한다. 즉 "필수 노동자 중 많은 수가 형편없는 임금을 받는 반면, 온갖 종류의 컨설턴트들은 돈을 긁어모으고 있는 역설"을 지적하며 "노동의 대부분이 우리가 믿고 싶어 하는 것보다 훨씬 더 의미 없는 신기루"라고 주장한다.

---

19 이수영 옮김, 자음과모음, 2022.

데이비드 그레이버는 『불싯 잡 - 왜 무의미한 일자리가 계속 유지되는가?Bullshit Jobs: A Theory』에서 영국인의 1/3이, 네덜란드인의 40%가 자신의 일이 세상에 무의미하다고 대답했다고 한다. '일만을 위한 일'의 증가로 태어난 직업들, 사모펀드 CEO, 광고 조사원, 보험 설계사, 법률 컨설턴트, 기업 법무팀 변호사 등이다. 그레이버에 의하면 금융자본주의의 성장에 의해 실질적인 상품의 생산보다는 시스템에 따라 자원을 이동시키는 것으로 유지되는 정치 경제적 구조가 불평등한 부의 분배와 불싯 잡을 양산했다. 그는 불싯 잡으로 범벅된 불싯 사회의 탈출구로 기본소득을 제안한다. 생계와 노동의 연결고리가 끊어져야 노동 윤리에 대한 고찰이 들어설 자리가 생긴다는 취지에서다.

『당신의 차와 이혼하라 - 자동차 중독 문화에 대한 유쾌한 반란』

2004년 케이티 앨버드의 『당신의 차와 이혼하라 - 자동차 중독 문화에 대한 유쾌한 반란』이 나왔다.[20] 그 내용은 다음의 목차가 잘 보여준다.

    1. 눈먼 사랑: 우리는 어떻게 해서 차와 결혼하게 되었나?

        제1장 넋을 잃고 빠져들다 : 자동차의 출현

        제2장 다른 상대들이 밀려나다 : 비자동차 교통수단의 쇠퇴

        제3장 탐욕스러운 자동차가 교외를 점령하다 : 도로와 교외지구의 확산

        제4장 로맨스의 열기를 유지하기 위해 : 마케팅과 광고의 역할

        제5장 이건 사랑이 아니라 중독이야! : 오늘날의 관계

    2. 이혼 사유 _ 자동차와의 결혼생활이 왜 삐걱거리는가?

---

20 박웅희 옮김, 돌베개

『**의료를 반대한다**』

　건강에 대한 적절한 이해는 사회적, 정치적 도전이며, 공중 보건에 대한 현대 사회 의학의 접근과 건강 접근은 보다 일반적으로 이를 최소화하는 경향이 있어 고립된 개인을 건강의 주요 단위로 만든다. 일리치는 집단 건강 접근법을 주장하고 의료 헤게모니에 도전하는 데 앞장섰다. 제도의 역생산성, 비례성에 대한 그의 이론과 희소성의 경제학에 뿌리를 둔 의료 모델에 대한 그의 비판은 1970년대에 인기가 절정에 달했을 때와 마찬가지로 오늘날에도 적절하다.

첫째의 역생산성부터 살펴보자. 의료에 대한 일리치의 주장을 담은 『병원이 병을 만든다』는 다음과 같이 요약될 수 있다.

건강은 상품이 아니다.
시민/환자는 수동적인 소비자가 아니다.
의사와 의료 전문가는 도구가 아니다.
병원과 의사의 수술은 공장이 아니다.

이상의 구절들은 우리가 다니는 병원의 벽에서도 쉽게 발견할 수 있는 구호들이다. 그러나 실제로 그러한 것들이 잘 지켜지고 있는가? 도리어 그 반대가 아닌가? 미국의 저명한 소아과 의사인 로버트 멘델존Robert Mendelsohn[21]은 『의료를 반대한다: 9명의 의사가 말한다Dissent in Medicine : Nine Doctors Speak out』[22]에서 "내가 진단한 초음파, 예방 접종, 환경오염, 양수 천자amniocentesis(임산부의 양수를 채취하여 태아의 질병 여부를 알아보는 진단), 병원 분만, 알레르기 치료 및 기타 의학의 거의 모든 것을 볼 때 의사가 전혀 변하지 않은 것이 분명하다. 그들은 단순히 다른 새로운 실수를 저지르고 있을 뿐이다."라고 했다. 그러한 깨달음 이후, 그는 의료 종사자로서의 자신의 주요 역할은 그가 봉사하는 사람들과 그들의 가정 또는 자연적 지역과 개인적 네트워크의 건강 생산 능력을 대체하지 않도록 하는 것임을 알게 되었다.

멘델존은 「인민의 의사The People's Doctor」라는 칼럼으로 미국에서 높은 명성을 누리던 1979년 "의사들이 행하는 치료가 때로는 질병보다 더 위험하다"

---

21 멘델존과 같은 성격의 공공 의사로 모유 수유와 자연 분만 운동을 벌인 마리안 톰슨(Marian Thompson)을 들 수 있다.

22 Mendelsohn RS. Dissent in medicine, nine doctors speak out. New York: McGraw-Hill; 1985. p. 187.

라는 내용의『나는 현대의학을 믿지 않는다 - 어느 의사의 고백Confessions of a Medical Heretic』[23]을 썼다. 그 책의 목차를 살펴보고 그 의미를 생각해보자.

<의사가 환자를 진찰할 때>

건강 검진은 일종의 의식이다 / 청진기의 정체 / 마네킹도 살리는 기술 / 엑스레이에 의한 의식 / 점의 의식과 신의 계시 / 숫자에 집착하는 의사들 / 환자는 실험 대상인가 / 병을 만들어내는 사람들 / 의사는 과격한 치료를 좋아해 / 건강 검진에 얽힌 환상 / 의사만 믿고 있어서는 안 된다 / 의사로부터 내 몸을 보호하기 위해서는

<의사가 약을 처방할 때>

항생제가 죽음을 부른다 / 환자를 위한 약인가 제약회사를 위한 약인가 / 약물 남용이 초래한 비극 / 스테로이드제의 부작용 / 경구 피임약과 에스트로겐은 안전한가 / 의사도 강압제를 복용할까 / 신약의 수상한 계략 / 약에 찌드는 아이들 / 의사가 약에 연연하는 이유 / 부작용 없는 약이 있을까 / 약의 작용과 부작용 / 약과 사이좋게 지내기 전에 / 약의 피해로부터 아이들을 지키려면 / 상식을 저버리는 의사들의 논리

<의사가 메스를 잡을 때>

의미 없는 수술이라니 / 의사는 어떻게 하여 출산에 관계할 수 있었던 것일까 / 오전 9시부터 오후 5시까지의 출산 / 의학의 진보라는 환상에서 깨어나라 / 의사의 사정에 따라 행해지는 수술 / 의식으로서의 수술 / 수술로부터 내 몸을 지키려면

---

23 로버트 S. 멘델존, 남점순 옮김, 문예출판사, 2000. 같은 취지의 저자 책으로는『병원에 의지하지 않고 건강한 아이 키우기How To Raise a Healthy Child in Spite of Your Doctor』김세미 옮김. 문예출판사, 2005 : 여자들이 의사에게 어떻게 속고 있나 - 어느 의사의 고백Male Pracive : How Doctors Manipulate Women, 문예출판사, 2005. 한국에서는 이런 책들을 찾기가 어렵다.

<새로운 의학을 위하여>

생명의 핵심을 보는 시각 / 생명을 축복하는 의학 / 생명의 중개자로서의 의사 / 모든 것은 가정에서부터 / 생활 공동체를 중요시하는 의학 / 새로운 의학의 씨앗 / 새로운 의학을 만들어갈 의사들

르네상스적 자유인 일리치

앞에서 살펴본 일리치의 삶을 다시 요약해보자. 일리치는 1926년, 오스트리아의 빈에서 태어났다. 아버지는 가톨릭을 믿는 크로아티아인 토목기사였고 어머니는 포르투갈계 유대인이었다. 빈에서 소년 일리치는 프로이트의 손을 잡고 산보하면서 정신분석학에 대한 이야기를 듣기도 했고, 어린 시절부터 반나치 저항운동에 참여하기도 했다. 그의 가족은 1942년 나치의 인종법 시행에 따른 유대인 박해를 피해 이탈리아 피렌체로 건너가 일리치는 피렌체대학교에서 생물학을 공부하고 신부가 되기 위해 로마 바티칸 그레고리안대학교에서 신학과 철학을 공부했다. 그 뒤 오스트리아의 잘츠부르크대학교에서 역사학을 공부했다.

그의 폭넓은 지식과 십여 개의 언어에 능통한 언어능력이 인정되어 바티칸의 국제부에 들어갔으나 곧 사퇴하고, 가톨릭 관료주의와 배타적인 보신주의를 비판하기 시작했다. 이어 1951년 미국으로 가서 뉴욕 중심가 아일랜드—푸에르토리코 교구에서 신부로 일했다. 원래 아일랜드인들이 중심이었던 그 교구에 푸에르토리코 이주민들이 대량으로 들어오자 생긴 문화 변용에 대해 일리치는 주목하고 미국 문화와 히스패닉 문화의 중개자이자 교육가로 활동했다. 이어 1956년부터 1960년까지 푸에르토리코의 가톨릭대학교 부총장으로 일하면서 상호문화 교육을 확대하고, 라틴아메리카에서 활약하는 사제들을 위한 집중 훈련센터를 설립했다.

그러나 1960년, 산아 제한에 반대하는 지사 후보자에게 투표하지 않도록 요구한 가톨릭 측과 대립하여 부총장직을 사임하고 도보로 라틴아메리카를 횡단하였다. 이어 1961년 멕시코의 쿠에르나바카에 문화교류 자료센터를 세우고 1964년부터 1976년까지, 특히 라틴아메리카에 초점을 맞춘 '기술사회에서의 제도적 선택'에 관한 여러 세미나를 주재하여 수많은 지식인들과 학생, 성직자와 지식인과 토론했다. 또한 미국의 라틴아메리카 외교정책과 바티칸의 라틴아메리카 선교정책에 대해 비판했다. 그 결과 1968년에 바티칸에 의해 종교재판에 가까운 심문을 받았고, 결국 1969년 초 '정치적인 부도덕'을 이유로 사제직을 박탈당했다. 그 후 독일과 멕시코를 왕래하면서 저술 및 강의 활동을 하고, 또한 세계 각지에서 반핵운동 등의 각종 사회운동에 참여했다.

그는 이 세상 모든 일에 대해 가장 근원적으로 스스로 생각하고 스스로 행동하여 현실에 대한 근본적 비판을 도발하면서도 결코 유머를 잃지 않는 르네상스적 인간의 전형이었다. 그가 비판한 현실은 바로 발전의 종교를 섬기다가 본래의 자율성을 잃고 타율화된 인간의 세상이었다. 그것이 본격적으로 시작된 1960~70년대에 그는 그 비판의 선두에 나섰으나 도리어 타율화는 더욱 진행되어 1980년대 이후 그는 잊혔다. 그러나 그가 2001년 3월, 유네스코가 연 '발전을 그만두고, 다시 세계를 만들자'는 심포지엄에 참석하여 신자유주의 세계화 반대운동의 기수인 프랑스의 죠제 보베 옆에 앉아 발표를 했을 때 세계는 다시 그에게 귀를 기울였다.

1992년 일리치가 암에 걸리자 의사는 진통제의 대량 투여에 의한 치료를 제안했으나, 그는 그런 치료는 일을 못 하게 한다는 이유에서 거부하고 스스로 아편을 먹으면서 10년 동안 일했다. 그는 어려서부터 세상을 떠돌며 모든 권위와 제도에 저항하는 삶을 살았다. 청빈한 생활 속에서 무한한 자유와 평등만이 지배하는 대화를 통해 사람들과 함께하는 삶을 살다가 2002년 독일 브레멘에서 죽었다.

일리치는 제도철학자가 아니라 자율의 사상가이자 행동인, 지극히 세밀하게 분화된 제도학문의 한 분야를 담당하는 학자가 아니라 자신이 필요하다고 생각하는 주제라면 그것에 대한 모든 학문의 접근을 검토하고서 자신만의 생각이 있을 때만 그것을 발표한 진정한 의미의 독창적인 학자, 게다가 소위 학문적 글쓰기에 전혀 연연하지 않고 유머와 시적인 비유까지도 자유롭게 구사한 참된 글쓰기의 문인이었다. 그는 참으로 보기 드문, 특히 우리 사회에서는 더욱더 보기 힘든 전인적, 르네상스적 인간이 틀림없다.

그러나 자신의 좁은 학문영역에 메이기는커녕 그런 태도를 벗어나 여러 학문 분야를 종횡으로 오갔다고 해서 그를 찬양할 필요는 없다. 그런 정도의 학자도 한국에서는 참으로 보기 드물지만 더 중요한 문제는 그가 자신을, 자신의 삶을, 자신의 가족을, 자신의 친구를, 자신의 학문을, 자신의 직업을, 자신의 경력을, 자신의 시대를, 자신의 세계를 어떤 식으로든 규정하지 않고 그 모든 것들로부터 완전히 벗어난 자유인이었다는 점이다. 그래서 일리치 책을 읽는 것은 즐겁다. 어떤 분야에도 사상에도 관념에도 주의에도 계보에도 구속되지 않는 참된 해방의 책이기에 읽기 좋다. 특히 그에게는 어떤 고정 관념도 없어 좋다.

아니 그는 모든 고정 관념의 파괴자다. 그러기에 그는 위대하다. 그런 파괴자를 좀처럼 용납하지 않는 한국에서 그가 널리 읽히지 못하는 이유도 그 때문이다. 서양의 교육도 점수주의나 은행주의에 매달려 있지만 그래도 한국 정도는 아니다. 그래서 한국에서는 고정 관념의 파괴자를 보기 어렵다. 반면 그런 만큼 일리치는 한국과 같은 나라에서 더욱 소중하다. 일리치를 모방하자는 것이 아니라 일리치같이 독창적이고 근원적이며 파괴적인 학자를 가능하게 만드는 자유롭고 자치적인 대학 또는 학문 풍토의 형성이 필요하다. 물론 그것은 대학이나 교육만의 문제가 아니라 나라 전체, 사회 전체의 문제다. 요컨대 이 천박한 물질주의를 벗어나지 않으면 안 된다.

그러나 동시에 그런 일리치의 특징 탓으로 그는 난해하다. 그래서 여러 가지 해석이 가능하다. 가령 『학교 없는 사회』가 모든 학교를 부정한 것인지 아니면 특정한 학교를 부정한 것인지에 대해서 논쟁이 있다. 1974년 프레이리와 벌인 논쟁에서 프레이리가 자유와 해방의 실천으로서의 교육과 사육과 조종의 교육, 즉 은행형 교육을 구별하고 전자의 교육을 주장했을 때 일리치는 교육이란 말 자체의 사용을 그만두자고 제안하며 교육이란 전 세계 민중을 유치하게 만드는 현대 제도라고 했다. 그가 『학교 없는 사회』에서 교육의 대안으로 주장한 공부의 네트워크란 것도 교육이나 학교라고 보는 사람도 있으나 적어도 이는 현대적인 의미의 교육은 아니다. 여하튼 나는 일리치에 의하든 프레이리에 의하든 우리 교육에 대해서는 긍정할 점이 하나도 없다는 점만은 분명하다고 믿는다.

문제는 제도와 도구를 좋은 것과 나쁜 것으로 구별하는 것이 아니라 그 자체의 권력성을 비판해야 한다는 점이다. 교사라는 직업과 교육이라는 행위, 또는 의사라는 직업과 의료라는 행위 그 자체의 권력성을 무시하는 한 좋은 교육이나 의료나 교통은 관리사회의 질서유지에 봉사할 뿐이다. 따라서 권력적 지배가 자유, 자치, 자연의 사회로 돌아감이 본질이다.

인간 일리치

앞에서도 이야기했지만, 몇 년 전 일리치가 독일 브레멘시로부터 평화상을 받았을 때 행한 연설은 감동적이다. 연설은 그 상을 수여하는 식장의 디너파티, 그 식사, 포도주, 음악, 그곳에 모인 사람들, 그 화려한 분위기에 대한 묘사로 시작됐으나, 뒤이어 곧 그가 브레멘에 갈 때마다 묵었던 친구 집의 자유롭고 소박하고 개방된 축제와 같은 분위기의 이야기로 바뀌었다. 시상식장의 엄숙하고 권위주의적인 분위기와는 전혀 다른 우정과 환대의 자리야말로 그가 희구한 새로운 세상의 묘사였다.

이런 이야기를 들은 그곳 관계자나 관중들은 일리치를 어떻게 생각했을까? 만일 우리나라에서 그랬다면 무례하다고 야단났을지도 모른다. 그러나 일리치는 평생 그렇게 살았다. 그의 공식 직함은 신부나 교수 같은 것이었는데 교수로서는 물론이고 신부로서도 그는 파격적인 사람이었다. 그의 직위에서도 그는 훌륭했고 사람들의 존경을 받았지만, 보통의 신부나 교수, 특히 한국의 권위주의나 형식주의에 찌든 그들과는 철저히 다른 자유인이었다.

앞에서도 말했듯이 일리치는 평생 현대 산업 사회에 대한 고정 관념을 파괴하고자 한 사상가였다. 특히 학교는 교육 장애물이고, 병원은 건강에 장애물이며, 근대화가 빈곤을 없애기는커녕 빈곤을 근대화하고, 국가교육에 의해 국민의 언어능력은 쇠퇴한다고 주장한 것을 여기서 다시 강조해도 무방하다. 이러한 근본적 비판은 일리치가 위 연설에서 말한 '환대 문화 hospitality culture'로부터 비롯되었다. 이는 시험문화가 지배하는 대학과는 반대되는 것으로, 누구나 자유롭고 평등하게 참여하는 친구 집의 토론 문화에서 비롯되는 것이었다.

앞에서 말했듯이 에리히 프롬은 일리치 사상을 휴머니즘적 근원주의라고 불렀다. 그의 근원적 비판이 항상 인간을 위해 인간에게 더욱 큰 활기와 기쁨을 주려고 하는 것이기 때문이었다. 그러나 그 내용은 천부적 인간성에 대한 믿음과 그것에서 나오는 자유와 평등이라고 하는 민주주의적 이념이다. 그런 점에서 일리치를 근원적 휴머니스트, 근원적 민주주의자라고 할 수 있다.

그러나 일리치를 누구보다도 잘 이해했으리라고 생각되는 프롬조차 일리치에 대해서는 두 손을 들었을 정도로 일리치는 근원적이었다. 일리치가 멕시코의 쿠에르나바카에 살았을 때 프롬도 그곳에 살고 있었고 특히 일리치의 이웃 동네에 살았기 때문에 두 사람은 매우 친했다. 프롬은 당시로서는 세계에서 가장 급진적인 사상가의 한 사람이었다. 그러나 그는 일리치가 학교화를 신화를 창출하는 의례라고 말하자 충격을 받아 2, 3주 일리치를 만나려고 하지 않았을 정도로 일리치의 사상은 급진적이고 근원적인 것이다.

일리치가 평생 이상으로 삼은 인간상은『학교 없는 사회』마지막 7장에서 그가 이상적인 것으로 말한 에피메테우스적 인간상이리라. 그것은 인간의 본성과 인격이 선하다는 것을 믿는 희망의 존재로 재물이 아니라 인간을 사랑하는 인간이다. 반면 프로메테우스적 인간상은 희망이 아니라 기대하는 존재로 인간보다 재물을 사랑하고 제도에 기대하는 존재다. 프로메테우스적 인간상은 과학, 기계, 전자계산기, 컴퓨터에 의존한다. 일리치가 희망을 강조하는 이유는, 기존의 생활양식을 극복하고 진실한 인간의 욕구와 본성에 더욱 깊이 감동할 줄 아는 새로운 생활방식을 창조함에 있어 인간의 자유와 능력을 강조하기 때문이다.

특히 교육 분야에서 일리치는 교육 시스템의 대안을 모색하는 데 관심이 있는 학자들과 실무자들에 의해 오늘날에도 여전히 논의되고 있으며, 많은 사람들이 그를 20세기의 주요 '혁명적' 교육자 중 한 명으로 간주한다. 일리치가 강제 교육을 비난하는 이단적인 행위를 저지른 것에 대해 교육계는 '침묵'(즉, 교육 담론에서 배제되어 크게 잊힌)했다는 평가도 있으나, 이 글을 쓰는 2022년 7월 8일, 구글에서 '이반 일리치'를 검색한 결과 125만여 건의 결과가 나왔고 그중 절반이 지난 10년 동안 인용된 것이다. 마찬가지로『학교 없는 사회』를 검색하면 16만여 건의 결과가 생성되었으며 이 인용의 약 절반도 지난 10년 동안의 것이다. 이는 일리치가 과거의 어떤 순간에 교육 담론에서 소외되었을 수 있지만 그의 작업에 대한 새로운 관심이 생겨났음을 시사한다. 더욱이 코로나19와 전 세계의 갑작스러운 휴교 상황에서 많은 관찰자들이 일리치, 특히『학교 없는 사회』의 아이디어를 재발견하고 있다. 그러나 이러한 경향이 범세계적인 것이기는 하지만, 한국에서는 반드시 그렇다고 할 수 없다.

일리치에 대한 비판

물론 일리치에 대한 비판도 만만치 않다. 우리나라에 일반적인 교육 정책적 시비는 접어둔다고 하여도, 세계적으로 일어나고 있는 찬양에 대응된 정당한 비판을 얼마든지 열거할 수 있으나, 일리치를 보수, 반동, 낭만, 전근대, 반과학, 환상, 중세예찬, 사이비가톨릭 등으로 몰아세우는 극단적 태도는 대체로 무식하기 짝이 없는 교조적 좌, 우익의 얘기라는 점을 지적해둘 필요가 있다.

기존의 일리치에 대한 비판은 다음 몇 가지로 요약할 수 있다. 첫째, 인간관에 대한 비판으로서, 그가 미래의 인간을 무조건 성선적인 존재로 낙관한다는 것이다. (엘리아스34) 그러나 일리치가 인간이 본래 선한 존재라고 믿는 것은 분명하지만 과거에는 그렇지 않았고 미래에만 그렇다고 말한 적이 없으니 이는 잘못된 비판이다. 일리치는 인식의 변화로 새로운 사회를 만들 수 있다고 할 뿐이지 미래에는 무조건 인간성이 착하게 된다는 식의 말을 한 적이 없다. 물론 인식의 변화로 새로운 사회가 만들어져도 인간은 과거처럼 다시 제도의 노예가 될 수는 있다. 이 점까지 일리치가 말하고 있지는 않지만 그렇다고 해서 이를 이유로 그를 비판할 수는 없다. 둘째, 사회관에 있어서 일리치는 새로운 사회의 기준을 설정함에 실패하고 중세로의 환원을 주장했다는 비판인데 그것도 현재에 대한 일리치의 비판처럼 비판받을 수 있다는 점이다. (엘리아스60) 그러나 일리치는 『학교 없는 사회』에서도 중세적이거나 농촌적인 과거로 돌아갈 수 없음을 분명히 밝히고 있고, 그가 주장하는 소박한 자율의 사회를 확보하기 위해서도 현대적인 민주적 절차가 필요하다고 주장한다.

문제는 그런 민주적 절차가 쉽지 않다는 것이다. 일리치는 이를 위한 정치적, 법적 제도를 설명하고 있지만 그것으로 충분하다고 볼 수 있을지 의문이다. 그래서 일리치는 비판과 부정에 그치고 그 극복방안을 제안하지 못했다는 비판을 받는 것도 무리가 아니다. 그러나 가령 프레이리에 비해 일리치는 더욱더 비폭력적이고 평화적인 문화적 혁명을 주장한다.

일리치는 법이 민중을 기만하고, 그들에 대한 제도를 제도의 지배를 정당화시키는 데 이용되고 있으며, 법은 민중의 이해관계에 역행하는 산업체제로 인해 타락하고 있음을 충분히 지적하면서도, 법은 불가피한 폭력에 대한 유일한 대안이라고 주장한다. 일리치에 의하면 인류 역사에 공식적인 법의 구조가 인간 발전에 기여해왔고, 그것이 "진실을 말하는 가장 강력한 수단이고, 또 생산에 대한 산업주의적 지배가 암처럼 우월하게 되는 것을 우상숭배의 궁극적 형태로 탄핵하는 가장 강력한 수단"이다.(절제212) 이는 존 롤즈 정의론의 이론에 따른 것으로서 지나치게 순진하다는 비판을 받을 여지가 충분히 있다. 여하튼 법만으로 질서는 유지할 수 없고 교육적 노력 등이 필요하게 된다. 가령 자율공생 사회에서도 성장의 한계에 의한 학습권 등 자유의 제한이 필연적으로 있어야 한다. 이는 일리치가 "공부하는 사람의 자율성-무엇을 배울 것인가를 스스로 결정하는 주도권, 그리고 타인에게 쓸모 있는 것이 아니라 자신이 원하는 것을 배울 수 있는 천부의 권리"[1]라고 보는 학습권을 분명히 침해하는 것이다. 즉 우리에게는 타인에게 무엇을 배우라고 요구할 권리가 없고, 이는 그 요구가 그 사람의 이익을 위한 것이라고 해도 마찬가지라는 것이다. 일리치는 그런 학습권이 교육이 자유시장에 방치되는 경우에는 제한될 수 있다고 보았지만 이는 동시에 일리치에 대한 가장 강력한 비판이 되기도 한다.

일리치는 1973년 학교 제도가 전 세계적인 정신병원이나 전 세계적인 교도소와 이름만 다를 뿐인, 교육, 교정, 순응이 동의어로 간주되는 전 세계적 교사 시대의 도래보다는 낫다고 생각했다. 나는 일리치가 무엇보다도 그러

---

1 일리치, "학교를 없애면 어떻게 될까", (탈학교논쟁29). 번역은 수정됨.

한 도그마를 극복한 자유스러운 지성이라고 보고, 그의 제도혁명론이 참된 인간의 권리=인권을 찾는 길임을 확신하고 있다. 이와 같이 깊고 넓은 위기를 타개하기 위해서는 산업적으로 제도화된 현대의 문명을 전화시켜야 한다. 학교에서부터 교통, 의료, 성, 노동에 이르기까지 일리치의 지향은 '제자리에 돌려놓기'이다. 그것은 어쩌면 근원을 향한 향수이고 잃어버린 대지로 향하는 귀향이다. 문화를 민중에게, 인간에게 되돌리고자 하는 그의 외침은 더욱 확산될 수 있다. 예컨대 사법제도, 관료제도, 군대 따위에도. 나아가 현대 문명 전반에 걸쳐 그의 비판은 통렬한 해부로 이어질 수 있다

요컨대 기본적으로 무엇이 문제인가? 그것은 서구의 역사 및 가치에 대한 재검토이다. 특히 서구 근대를 재평가하여 우리들의 삶을 근본으로부터 다시 살펴보자는 것이다. 그 기초에 있는 적극적인 개념이 '고유한' 가치이고, 자립 자존의 사회이다.

그러나 그것은 어떤 추상(유토피아)이 아니라, 제도화된 오류를 극복하고 반드시 세워야 할 우리의 생활 그 자체이다. 일리치의 용어로는 각각 자신의 방법으로 소비나 산업으로부터 '전선을 뽑는 것unplugging'이다. 이제 우리는 각자가 '아니다'라고 하는 것을 배워야 한다.

일리치에게 유토피아는 없다. 그러나 그는 언제나 희망을 가지고 있다고 했다. 유토피아는 누구의 머릿속에서 나와 이렇게 하라고 시키는 것이나 자신의 마음속에서 나와 스스로 해보려는 것이다. 일리치는 그러한 희망을 인류에게 걸고 있다.

삶의 행복을 꿈꾸는 교육은 어디에서 오는가?

미래 100년을 향한 새로운 교육

● **교육혁명을 앞당기는 배움책 이야기** 혁신교육의 철학과 잉걸진 미래를 만나다!

| 혁신학교 | 성열관·이순철 지음 | 224쪽 | 값 12,000원 |

혁신학교 — 성열관·이순철 지음 | 224쪽 | 값 12,000원

행복한 혁신학교 만들기 — 초등교육과정연구모임 지음 | 264쪽 | 값 13,000원

서울형 혁신학교 이야기 — 이부영 지음 | 320쪽 | 값 15,000원

혁신교육, 철학을 만나다 — 브렌트 데이비스·데니스 수마라 지음 | 현인철·서용선 옮김 | 304쪽 | 값 15,000원

대한민국 교사, 어떻게 가르칠 것인가? — 윤성관 지음 | 320쪽 | 값 15,000원

아이들을 어떻게 가르칠 것인가 — 사토 마나부 지음 | 박찬영 옮김 | 232쪽 | 값 13,000원

모두를 위한 국제이해교육 — 한국국제이해교육학회 지음 | 364쪽 | 값 16,000원

경쟁을 넘어 발달 교육으로 — 현광일 지음 | 288쪽 | 값 14,000원

혁신교육 존 듀이에게 묻다 — 서용선 지음 | 292쪽 | 값 14,000원

다시 읽는 조선 교육사 — 이만규 지음 | 750쪽 | 값 33,000원

교실 속으로 간 이해중심 교육과정 — 온정덕 외 지음 | 224쪽 | 값 13,000원

대한민국 교육혁명 — 교육혁명공동행동 연구위원회 지음 | 224쪽 | 값 12,000원

포스트 코로나 시대의 교육 — 성열관 외 지음 | 224쪽 | 값 15,000원

내일 수업 어떻게 하지? — 아이함께 지음 | 300쪽 | 값 15,000원

핀란드 교육의 기적 — 한넬레 니에미 외 엮음 | 장수명 외 옮김 | 456쪽 | 값 23,000원

한국 교육의 현실과 전망 — 심성보 지음 | 724쪽 | 값 35,000원

독일의 학교교육 — 정기섭 지음 | 536쪽 | 값 29,000원

교실 속으로 간 이해중심 통합교육과정 — 온정덕 외 지음 | 224쪽 | 값 15,000원

초등 백워드 교육과정 설계와 실천 이야기 — 김병일 외 지음 | 352쪽 | 값 19,000원

학습격차 해소를 위한 새로운 도전
보편적 학습설계 수업 — 조윤정 외 지음 | 240쪽 | 값 15,000원

● **경쟁과 차별을 넘어 평등과 협력으로 미래를 열어가는 교육 대전환!** 혁신교육 현장 필독서

학교의 미래, 전문적 학습공동체로 열다 — 새로운학교네트워크·오윤주 외 지음 | 276쪽 | 값 16,000원

마을교육공동체 생태적 의미와 실천 — 김용련 지음 | 256쪽 | 값 15,000원

학교폭력, 멈춰! — 문재현 외 지음 | 348쪽 | 값 15,000원

학교를 살리는 회복적 생활교육 — 김민자·이순영·정선영 지음 | 256쪽 | 값 15,000원

삶의 시간을 잇는 문화예술교육 — 고영직 지음 | 292쪽 | 값 16,000원

미래교육을 디자인하는 학교교육과정 — 박승열 외 지음 | 348쪽 | 값 18,000원

참된 삶과 교육에 관한
생각 줍기